KB023793

철학 치료

철학,
병든 시대를
견디게 하는 힘

철학

Philosophical counseling

치료

김진국 지음

한티재

'동도서기'(東道西器)

3년 이상 지속되던 코로나19 대유행이 잦아들면서 지긋지긋하던 거리두기가 해제되고, 몇 년간 잃고 살았던 얼굴 반쪽을 되찾은 지도 벌써 2년째, 코로나 대유행 이전과 이후의 사회가 어떻게 달라졌는지 평가를 내리기는 아직 이르지만, 기껏 3년에 불과한 시간인데도 사회 전반에 적지 않은 변화가 생겼고, 또 변화가 지속되고 있음을 절감한다.

어쨌든 지금 당장은 코로나19가 더 이상 시민들의 일상을 방해하진 않겠지만 그렇다고 해서 인류가 세균이나 바이러스의 위협에서 완전히 벗어난 것은 아니다. 인간의 눈에 한갓 미물에 불과한 바이러스가 또 어떤 모습으로 진화하여 우리 일상으로 파고들지 아무도 알 수 없다.

사실 인류의 역사는 질병에 의해 전복되기도 하고 질병 때문에 진보되기도 하는, 계급투쟁이 아닌 질병투쟁의 역사라고도 할 수 있다. 그래서 각각의 시대마다 그 시대를 특징짓는 질병이 있다. 중세의 질병은 페스트, 르네상스 시대에서 근대로 이어지는 시기에는 매독이 있었고, 19세기 말에서 20세기 초는 콜레라와 결핵의 시대였다. 21세기로 넘어와서도 세균과 바이러스에 의한 감염병은 변신에 변신을 거듭하며 인류를 괴롭히고 있다. 다만 근대 이전과는 달리 방역위생체계가 발달하고 예방백신이 개발되어 있는 데다, 세계보건기구와 같은 국제기구가 지구촌 전체의 감염병 관리체계를 가동하고 있기 때문에 아무리 전염성 강한 감염병도 중세의 페스트나 19세기의 콜레라, 결핵처럼 사회체제를 위협할 수준에는 이르지 못하고 있다. 그 대신 감염병과는 차원이 다른 신종 질병들이 인류의 평온한 일상을 위협하고 있는 것이 20세기 이후의 특징이다.

감염병 이외에 질병의 양상이 지난 시대와 달라진 점은 아무래도 암을 비롯하여 고혈압, 당뇨와 같은 생활습관병과 치료 효과가 선명하지 않은 만성질환이 득세하고 있다는 사실을 꼽을 수 있겠다. 그렇지만 뭐니 뭐니 해도 현대는 정신질환의 시대라고 할 수 있다. 불안신경증, 우울증, 조울증, 정신분열증, 자폐증, 과잉행동주의력결핍증후군ADHD, 외상성스트레스증후군PTSD, 분노조절장애, 인격장애, 폭식증, 거식증, 소진증후군, 사이코패스, 소시오패스…. 인간의 인격과 정신을 갉아먹는 이 모든 문제들이 20세기 이후에 생긴 현상들이고, 21세기로 접어들면서 숙지는 것이 아니라 상황은 점점 더 나빠지고 확산되는 추세를 보이고 있다.

2023년은 우리나라가 마침내, '묻지 마 칼부림', '묻지 마 폭행'이 때와 장소를 가리지 않고 일어날 수 있는 나라가 되었고, 앞으로 더 많이 더 자주 일어날 가능성이 있는 사회임을 확인한 해라고도 할 수 있다. 현재 우리 사회에 우울증으로 진단받고 치료받는 사람의 수가 100만 명을 넘어섰고, 정신질환으로 치료받는 사람들의 수도 점점 늘어나고 있으며, 그들 중 상당수가 청소년들이다. 정부도 사태의 심각성을 뒤늦게 깨달았는지 전 국민을 대상으로 하는 정신건강검진제도를 도입하겠다는 발표를 했다.

• • •

현재 우리나라의 의학 기술 수준이나 시설만 놓고 보면 세계 어느 나라와 견주어도 손색이 없다. 가계뿐 아니라 보험재정에서 지출되는 의료비 규모도 어마어마하다. 그러나 우리나라 국민들의 삶의 만족도는 OECD 국가 중에서 꼴찌 수준이다. 게다가 한국 사람의 절반 이상은 객관적 검사 결과와 무관하게 자신이 건강하지 않다고 생각한다. 이것은 우리 주변에 심신미약자들이 그만큼 많다는 의미이고, 정상과 비정상의 경계에서 방황하다가 한순간 비정상의 나락으로 굴러떨어질 위험을 안고 사는 사람이 지천에 숨어 있다는 말이다. 이런 현상은 의학 기술이야 최고요 최첨단일지는 몰라도 그 기술이 우리나라 사람들의 몸과 마음에 깊이 새겨진 생채기를 어루만져 주지 못하고 있다는 증거라고 할 수 있다.

21세기의 첨단의학은 더 이상 파헤칠 게 없을 만큼 인간의 몸을 속속들이 발라냈다. 늙음과 죽음을 재촉하는 유전자까지 찾아냈다. 그래서 질병은 물론 늙음과 죽음까지도 물리칠 수 있는, 영원한 삶이 가능하리라는 기대를 가질 수 있는 세상이 된 것이다. 그런데 왜 불안과 우울의 정동이 온 세상을 무겁게 짓누르고 있을까? 왜 스스로 삶을 포기하는 사람들의 행렬은 줄어들지 않고 있는 것인가? 일상생활에서 행복감을 느끼지 못하는 사람이 왜 이리도 많은가? 이 질문에 의학은 답을 할 수가 없다. 의학의 시선은 피부 속 몸 안에만 갇혀 있기 때문이다. 문제는 항상 인간의 피부 밖에서 일어난다.

그래서인가. 사람들이 행복을 찾기 위해 의료 시장을 벗어나 다른 시장을 기웃거린다. 그 시장의 규모가 점점 커지고 있다. 힐링 시장이다. '힐링'을 수식어로 단 온갖 상품들이 시장에 쏟아져 나와 심신이 지친 사람들의 눈길, 손길을 끌고 있다. 급기야 대학 강단에만 갇혀 있던 철학과 인문학까지 치유와 힐링의 대열에 합류하고 있다.

'인문 치유', '철학 상담', '임상 철학', '철학 실천', '철학 치료'라는, 과학적(의학적) 사고에 젖어 있는 의사들에게는 조금은 낯설고 쉽게 수용하기 어려운 용어들과 개념들이 유통되고 있다. 시대와 세계와의 불화로 말미암아 심신이 피폐해진 사람들에게 자연과학에 기초한 정신분석과 그에 따른 처방의 효과가 한계를 드러내고 있다는 문제의식에서 비롯된 인문학자들의 학문실천의 한 방편이겠지만, 의사에게는 뜨악한 느낌이 드는 것은 어쩔 수 없다. 하지만 의학이 선명한 답을 주지 않는 한, 이런 추세는 더 확산될 것 같다는 생각도 지울 수가 없다.

인간이 어떤 존재이며 어떻게 살아가는 것이 건강한 삶인가라는 물음에 대해 그 누구도 명쾌한 답을 할 수는 없겠지만, 의사가 줄 수 있는 답은 극히 제한된 수준이다. 의사가 바라보는 인간의 몸은 생물학적인 몸에 국한된 것이기 때문이다. 인간은 몸만이 아니라 정신이 결합해야만 온전한 삶을 꾸려갈 수가 있다.

물론 정신의학자들이 인간의 정신을 분석한다고는 하지만 분석 내용은 서양의, 주로 유럽 사람들의 정신을 분석한 것으로 지금 한국 사람의 심성과 정신세계에 적용하기에는 적절하지 않은 부분이 많다. 하지만 오랜 세월 우리는 아무런 의심 없이 프로이트와 융, 아들러 같은 유럽 정신분석가들의 이론으로 한국 사람들의 정신세계를 진단하고 분석해 왔다.

프로이트와 융, 아들러가 분석한 유럽 사람들의 정신은, 영국의 역사학자 에릭 홉스봄Eric Hobsbawm(1917~2012)이 이름을 붙인 『혁명의 시대』,『자본의 시대』,『제국의 시대』를 거쳐『극단의 시대』였던 1차, 2차 세계대전을 겪으면서 주조된 유럽 사람들의 정신이며, 더 깊이 들어가면 페스트 대유행으로 유럽 인구가 절멸의 위기까지 내몰렸던 중세까지 거슬러 올라가야 한다. 그런 유럽의 역사가 한국 사람들의 심성에 직접 영향을 끼친 것은 없다. 게다가 프로이트가 정신분석의 틀로 삼았던 오이디푸스 콤플렉스는 한국 사람들의 정신세계와는 아무런 상관이 없다.

한국 사람들의 정신세계에 가장 강력한 영향을 끼친 사건들은 '일제강점'과 '한국전쟁' 그리고 20세기 막바지에 터진 '외환위기'라고 할 수 있다. 한국인 특유의 집단 콤플렉스는 이 세 가지 역사적 사건에 뿌리가 있다. 그 사이에 '3·1 만세운동', '4·19', '5·18', '6월항쟁', '촛불시위'에서처럼 불의와 부조리에 대한 한국인 특유의 저항의식이 드러난 적이 있으나, 1997년 외환위기 이후 모든 가치가 경제가치로 획일화되면서 그마저도 희석되고 말았다. 그래서 허무주의와 물질주의가 팽배한 사회가 된 것이다. "민주주의가 밥 먹여 주나"라는 냉소 가득한 '허무주의'와 너나없이 부자가 되려는 '물질주의', '대박 심리'로 표출되는 '한탕주의'는 외환위기 이후 우리 사회에 넓게 퍼진 강박신경증이라고 할 수 있다. 그러므로 한국 사람들의 콤플렉스와 신경증을 분석하기 위해서는 오이디푸스 신화가 아니라 '조센진', '빨갱이', '부동산 불패'의 신화가 형성된 역사를 먼저 살펴보아야 한다. 한 민족의 집단 무의식이 뿌리를 내리고 있는 신화를 달리 표현하면 역사라고 할 수도 있기 때문이다.

이 책은 이런 문제의식에서 출발하여 현재 한국 사람들의 미약한 심신 탓에 일어나는 자살, 가족 살인, 혐오 범죄, 묻지 마 살인, 초고령 사회의 노인 문제와 같은, 우리 사회의 온갖 부조리에 대한 처방을 의학 기술이 아니라 문학이나 철학과 같은 인문학에서 찾아보려는 의사의 다소 무모한 시도라고도 할 수 있다.

· · ·

　이 책은 크게 세 갈래로 나누었다. 첫 번째는 현재 우리 사회에서 쉽게 마주치는 심신미약자들, 불안·우울과 같은 정동장애에 시달리는 사람들, 갖가지 정신질환에 시달리는 사람들의 사례들을 살펴보는 한편, 프로이트의 정신분석학이 가진 한계를 비판적으로 검토해 보는 글들이다. 그리고 프로이트나 융과 같은 유럽의 정신분석학자들이 파악하기 힘든 한국인 특유의 콤플렉스와 그 뿌리를 파헤쳐 보았다.

　두 번째는 일제의 강점과 한국전쟁, 그리고 외환위기가 한국인 특유의 콤플렉스와 어떤 연관성을 갖고 있는지를 분석해 보는 글들이다. 특히 일본의 근대화 과정과 한국의 근대화 과정을 비교해 보면서 일제의 한반도 강점에 따른 부정적 영향, 즉 일제 잔재가 아직까지 한국인의 정신세계에 얼마나 깊은 생채기를 남겨 놓고 있는지를 살펴보았다.

　한국의 20세기가 전통과 근대, 현대가 뒤섞인 시대였다면, 21세기의 대한민국은 전통이 무기력해진 시대라고 할 수 있다. 반만년을 이어져 오던 전통의 힘을 뺀 것은 시장의 힘이었다. 일제강점과 한국전쟁을 거치면서도 면면히 유지되어 오던 전통의 가치와 철학 — 유불선儒佛仙 — 은 시장 원리를 최고의 가치로 여기는 신자유주의 철학에 의해 뒷방으로 완전히 물러났다. 법과 제도 이전에 우리 사회를 지탱해 주던 전통의 규범이 무력해진 것이다. 그 결과로 나타난 것이 폭을 가늠하기 힘든 계층 양극화와 가족과 가정의 해체, 무규범 상태의 난폭함과 혼란이라고 할 수 있다. 이웃과의 연대가 단절되고, 제도적 복지에 앞서 만신창이가 된 몸을 의탁할 수 있는 마지막 보루였던 가정까지 무너진 뒤 피붙이 사이의 유대감마저 고갈되면서 '각자도생', '각자도사'의 시대가 열린 것이다. 이런 상황에서는 불안하지 않고 우울하지 않은 사람을 찾는 것이 더 어렵지 않을까.

현재 우리나라 사람들이 겪고 있는 마음의 병과 상처는 의사의 처방으로 해결될 문제는 아닌 것 같다. 세균이나 바이러스 때문에 생긴 문제가 아니라 시장을 성전으로 떠받드는 철학으로 생긴 문제이기 때문이다.

전통으로부터 멀어진 우리는 지금 서구화된 문명인처럼 살고 있긴 하지만 그것은 어디까지나 우리가 빌려 쓰고 있는 페르소나, 즉 흰색 가면일 뿐 가면 뒤에 숨어 있는 우리의 자아는 쉴 새 없이 전통으로 미끄러졌다 되돌아오기를 반복한다. 스스로 체감하지 못하는 자아분열이 반복되면서 콤플렉스는 누적되고 더 단단해진다.

이때 필요한 것은 나를 되돌아보는 성찰이다. 서기西器에 함몰되어 있는 '나'를 동도東道로 성찰해 보는 것이다. 19세기 말 나라의 운명이 난파선처럼 요동칠 때 국체를 지키기 위해 일부 지식인들이 내세운 대책이 서양의 문명을 받아들이되, 전통의 가치관으로 나라의 정체성을 지키자는 '동도서기'東道西器였다. 끝내 국권을 상실하는 바람에 '동도서기론'은 허황한 구호에 그치고 말았지만, 당시의 시대정신마저 폄훼할 이유는 없다.

지금 우리 사회의 정신건강에 심각한 문제가 생긴 이유 중의 하나는 서양 문명·서양철학과 어떻든 한국 사람일 수밖에 없는 '나'의 정체성 사이에 생긴 깊고도 넓은 '분열' 때문이다. 그 처방으로 19세기의 동도서기론을 이 시대의 감각에 맞게 재생시켜 봄이 어떨까 싶다. 그 가능성을 타진하는 글을 세 번째 큰 갈래로 묶었다.

길게 서술해 놓긴 하였지만 막상 문학이나 철학, 인문학이 과연 처방이 되고 대안이 될 수 있을까에 대한 물음에는 확신이 없다. 이 각박한 시절에 웬 철학이며 인문학이냐고 반문할 수도 있다. 지나간 시대의 철학이나 고전을 읊조림으로써 자신의 품격과 교양 수준을 과시할 수 있을지는 몰라도, 인문 철학이 밥이 되지 않고 돈이 되지 않는 것은 동서고금의 변하지 않는 역사이긴 하다. 취업 준비를 하는 청년들에게, 실직자들에게 "철학을 하라!" 권하는 것은 땀으로 밥을 먹지 않는 책상물림들의 현실성 없는 이야기일지도 모른다. 다만 지쳐서 누더기가 되어 버린 몸과 마음을 잠시나마 추스르고, 자신을 되돌아볼 수 있는 여유를 줄 수는 있으리라 믿는다. 그런 여유가 시대의 유행처럼 번지고 있는 '힐링'의 본질일 것이며, 요즘처럼 수상한 한 시절을 무탈하게 건너갈 수 있도록 하는 마음의 힘을 기르는 한 방편이 될 수도 있지 않을까.

그런데 마음 한번 달리 먹으면 온 세상이 단박에 바뀔 수도 있다(念頭稍異 境界頓殊)고도 하는데, 문제는 사람의 마음이 도대체 무엇일까 하는 것이다.

· · ·

이 책의 글들은 사람의 마음에 대한 글이다. 마음 중에서도 상처받고 병든 마음에 관한 글들이다. 그런데 무엇을 마음이라 할 것인가.

마음이란 단 한 순간도 머무르지 않는 것이어서 몸속 어디에도 저장되지 않는 것이라 마음은 물론 정신까지도 분석의 대상이 될 수가 없다. 고정된 물질이 아니기 때문이다. 그래서 나도 알 수 없는 내 마음을 누가 어떻게 분석하고 치료한다는 것인가.

마음이나 정신은 나와 너의 관계, 나와 세상과의 관계에 대한 내면의 반응이라고 할 수 있고, 내면의 반응이 몸을 통해 몸짓이나 태도로 드러나는 것이다. 그런 마음이나 정신이 저장된 곳은 어디일까? 몸은 아니다. 몸을 아무리 샅샅이 뒤지고 현미경으로 들여다보아도 마음이나 정신은 흔적조차 찾을 수 없다.

나는 문학이 시대에 반응하는 인간의 마음, 시대의 정신을 담아 놓은 기록물이라고 생각한다. 그런 점에서 보면 속절없이 흘러가 버리고 마는 인간의 마음과 지나간 시대의 정신을 이해하고 분석하기에는 소설 이상의 교재는 없는 것 같다. 이 책에 인용된 자료 중에 국내외 소설이 많은 이유는 이 때문이다.

독일의 노벨상 수상 작가인 토마스 만Thomas Man(1875~1955)의 작품, 『마의 산』에는 이런 구절이 있다. "무릇 인문성 일반, 즉 인간의 존엄성, 인간 존중 및 인간의 자기 존중은 말과, 즉 문학과 떨어질 수 없는 관계에 있다. (중략) 정치도 문학과 관계 있다는 말이며, 아니 더 나아가 정치는 인문성과 문학의 동맹과 통일에서 비롯된다."

대역병 페스트가 중세 유럽 사람들을 할퀴고 간 상처를 아물게 했던 처방은 과거의 마음들을 담아 놓았던 그리스 로마의 고전에 숨어 있었다. 중세 유럽의 인문학자들은 고전 속에 숨어 있던 마음을 찾아 현재의 감각에 맞게 재생·부활(르네상스)시킴으로써 미래로 나아갈 처방을 제시한 것이다. 그 미래가 지금의 서구 문명이고, 당시의 처방을 우리는 인문주의라고 부른다.

우리 민족의 지난 한 세기는 우리 자신과 우리 것에 대한 열등 콤플렉스를 품고 서구 문명을 정신없이 좇아간 한 세기였다고도 할 수 있다. 쉼 없는 달음박질 끝에 이제 숨이 찬 거다. 지친 거다. 몸이 만신창이가 된 거다. 그렇다고 해서 뜀박질을 멈출 수도 없다. 무한경쟁 시대이니까. 그렇다고 언제까지 앞으로

만 달려 나갈 것인가.

이 시대의 지친 몸과 피폐해진 마음을 다스리는 처방은 서양 사람들의 말과 글이 아니라 우리의 고전, 우리의 문학, 우리의 인문학의 말과 글에 숨어 있을 것이다. 그것을 찾아 상처 난 몸과 마음을 쓰다듬는 것이 바로 '철학 치료'의 과정이 아닐까 싶다. 이 작업은 내 개인의 '힐링'뿐 아니라 우리의 일상을 구속하는 정치, 나아가 정치가 만들어 놓은 세계를 바꾸는 힘이 될 수도 있다. 토마스 만이 "정치는 인문성과 문학의 동맹과 통일에서 비롯"되는 것이라고 했으니까.

'항용유회'亢龍有悔. 청용의 용트림이 서기瑞氣를 드리우며 시작된 갑진년에 주역의 한 구절이 떠오른다. 어느 틈에 이순을 훌쩍 넘긴 나이인지라 더 오를 곳은 없고 가파르고 아찔한 하강의 길만 남았다. 뒤돌아보니 오롯이 빚만 남은 삶인 것 같다. 그 빚은 쉽게 갚기 힘든 마음의 빚들이다. 남은 빚들이 옹이가 되고 앙금이 되어 쌓인 게 콤플렉스다.

천상에 계신 부모님, 그리고 아내 정경숙, 딸 나연, 아들 시연, 형제들, 살가운 벗들, 이웃들, 나를 아는 모든 사람들에게 빚을 졌기에 내가 지금 이렇게 살아 숨쉬고 있는 것이리라. 더 오르려 애쓸 때가 아닌 것 같다. 고마움을 알고 미안함을 알고, 원망과 미움을 버리고, 수치를 알아 그칠 바를 알 때 마음의 빚, 콤플렉스도 가벼워지고, 그나마 남은 삶에는 후회와 허물을 조금은 덜 남길 수 있으리라. 그래서 마지막 순간까지 수신, 수행, 수양이 필요한 거다. 그 방편은 우리 정신의 고향인 동도東道에 숨어 있으리라 짐작한다.

이 책에 인용된 외국 서적의 번역에는 매끄럽지 못한 부분이 많을 것으로 생각한다. 독자 제현의 혜량을 바란다. 그리고 동양 고전의 경우, 한문을 병기하지 않고 전체 문맥에 어울리게 한글로 풀어 쓰는 것을 원칙으로 하고, 인용 출처는 인용 소설과 함께 책 말미에 밝혀 두었다. 나머지 인용문은 각주로 처리했다. 어려운 여건 속에서도 기꺼이 원고를 받아 주신 도서출판 한티재 오은지 대표에게 감사의 뜻을 밝힌다.

청용의 해, 갑진년 여름 초입의 어느 날
김진국 쓰다

차례

한국인의

Philosophical counseling

콤플렉스

세로토닌인가, 플라톤인가
피폐한 몸, 황폐한 마음, 병든 자아
광기 또는 미쳤다는 것에 대하여
프로이트주의
유럽인과 비유럽인의 콤플렉스

1장 세로토닌인가, 플라톤인가

행복을 처방합니다

"하이데거여, 키르케고르여, 안녕."

이 말은 항우울제인 프로작이 시장에 출시되고 난 뒤 영국의
한 일간지(《가디언》 2002)가 이 약을 소개하면서 내놓은 기사 때문
에 사람들의 입에 오르내리기 시작했다.[*] 선택적 세로토닌 재흡
수억제제SSRI로 분류되는 향정신의약품, 프로작이 시장에 출시
된 이후 유럽에서부터 폭발적인 반응이 일어났다. 일명 '행복을
만드는 약'Happy Drug이라고도 소개된 이 약이 우울증뿐 아니라
강박성 장애, 폭식증, 신경성 무식욕증, 공황장애와 같은, 현대
인의 모든 정신질환을 단박에 해결할 수 있다는 듯이 요란을 떨

[*] 에드워드 쇼터, 『정신의학의 역사』, 최보문 옮김, 바다, 2020, 539쪽.

었다. 뇌세포에서 분비되는 신경전달물질에 불과한 세로토닌이 인간의 행불행을 결정하는 전지전능한 물질로 추켜세워진 것이다. 그래서 철학에서 다루는, 방대한 세계에 홀로 내동댕이쳐진 인간의 운명적인 고통이라고 할 수 있는 불안까지도 이 한 알의 약으로 해결할 수 있을 것처럼 떠들어댔으니, 하이데거나 키르케고르 같은 철학자들과 그들의 책이 발붙일 틈이 어디 있겠는가. 게다가 자신의 몸매를 날씬하게 다듬고 싶어하는 여성들에게 비만치료제로도 처방되어, 여성들에게 자신감을 심어 주는 약인 것처럼 알려지기도 했다.

프로작이 시장에 출시되자 국내에서는 의료계뿐 아니라 출판계에서도 덩달아 '세로토닌' 광풍이 불었다. 대형 서점의 서가에는 세로토닌과 관련된 서적들이 수북이 쌓여 있었고, 제약회사의 홍보물보다도 더 낯간지럽게 세로토닌의 효능을 찬양한 책도 있었다. 그래서 시중에는 "세로토닌하라"는 유행어가 만들어질 정도였고, 실지 '세로토닌하라'라는 제목*으로 책을 쓴 원로 정신과 의사는 모든 정신질환 ― 우울증, 자살, 강박증, 중독, 공격성, 충동성, 섭식장애, 공황장애, 만성피로증후군, 수면장애 ― 을 몽땅 '세로토닌 결핍 증후군'으로 묶어 버리는, 어마어마한 지적 내공을 과시하기도 했다.** 우리나라가 OECD 국가

---

* 이시형, 『세로토닌하라』, 중앙북스, 2010.
** 이시형, 『세로토닌의 힘』, 이지북, 2016, 30쪽.

중에서 최고의 자살률을 기록하는 이유가 한국인의 뇌세포에서 분비되는 세로토닌의 분비량이 다른 나라 사람들과 견주었을 때 턱없이 부족한 탓인가?

세로토닌 열풍은, 1980년대 후반 88올림픽을 전후하여 미국에서 활동하던 한국인 의사가 느닷없이 국내 방송가에 등장하여 '엔돌핀' 하나로 행복 전도사 노릇을 하던 풍경과 절묘하게 일치한다. 엔돌핀은 진통 성분의 모르핀계 호르몬으로 몸에 상처가 생기거나 통증이 유발되는 상황이 되면 우리 몸에서 정상적으로 분비되는 내분비 호르몬이다. 그런데 재미 의사 이상구는 엔돌핀이라는 호르몬을 자신이 최초로 발견한 것처럼 '사랑의 호르몬'이라고 떠벌리고 다녔고, 방송 매체는 그 장단에 멍석을 깔아 주었던 것이다. 여기에 더하여 그는 건강을 지키는 생활 방식으로, 일명 'NEWSTART 운동'을 제안했다.

'NEWSTART 운동'이라는 게 사실 특기할 만큼 참신한 내용이라기보다는 누구나 알고 있는 건강 상식을 영어 단어의 첫 글자만 따와 하나의 단어로 재조합한 것*을 방송 매체를 통해 유통시킨 것에 불과한 것이었지만, 보통 사람들에게는 낯선 '엔돌핀'이라는 단어와 상승작용을 일으키면서 국민들의 관심이 폭증했다. 1980년대 이후 생활수준이 높아지면서 사람들이 건강

---

* 건강식(Nutrition), 운동(Exercise), 깨끗한 물(Water), 햇빛(Sunshine), 절제(Temperance), 맑은 공기(Air), 휴식(Rest), 신뢰(Trust).

에 대한 관심이 높아진 것도 하나의 원인으로 작용했을 것으로 짐작된다. 보리차나 숭늉을 마시던 우리나라 사람들이 육각수를 마시고, 시장에서 '등푸른 생선'을 찾기 시작했던 것도 그 무렵이다. 그런데 온 나라를 들썩거리게 만든 엔돌핀 박사는 어느 날 홀연히 시청자들의 시야에서 사라졌다.

이상구 신드롬이 한바탕 휩쓸고 지나간 뒤 10년도 채 지나지 않아 우리나라 사람들의 몸에서 엔돌핀이 한도 끝도 없이 분비되는 일이 벌어졌다. 1997년, 외환위기가 온 것이다. 구조조정으로 온몸을 찢어발기는 듯한 고통에 시달리는 사람들이 무더기로 길거리에 쏟아져 나왔다. 실직과 가정 해체, 노숙으로 내몰린 사람들의 몸에는 자연스레 엔돌핀이 넘쳐흘렀을 것이다. 극한 상황에서도 몸의 균형을 잡아 주려는 우리 몸의 생물학적 '항상성'Homeostasis이 작동했을 것이므로….

결핍으로 말할 것 같으면 경제적 결핍보다 더 절박하고 비참한 결핍이 있을까마는, 지금 우리 사회는 절대적 빈곤을 고민해야 할 수준이 아니다. 경제력으로만 평가하자면 OECD 국가 중 10위권이고, 국민 기본소득이 선거 쟁점이 될 정도의 경제대국으로 성장해 있다. 게다가 우리나라의 의료 수준은 기술을 수출할 수준에 도달해 있고, 전 국민을 대상으로 하는 국민건강보험 제도는 온 세계가 부러워할 정도이다. 그래서 겉모습만 봐서는 엔돌핀은 물론이고 세로토닌이 결핍될 이유가 전혀 없다. 그런데도 왜 많은 사람들이 원인을 헤아리기 힘든 아픔과 고통에 시달리고 있는 것일까? 왜 이들의 상처와 아픔에 대해 그렇게 자랑하던 'K 방역'도, 'K Medical Health system'도 아무런 도움을 주지 못하는지, 십 년 넘게 지속되고 있는 OECD 국가 최고 수준의 자살률은 왜 꺾일 조짐조차 보이지 않는 것인지….

우리나라에서 최근 5년간 우울증 환자는 꾸준히 증가하여 2023년에 이르러 드디어 100만 명을 넘어섰다.* 그중에서도 젊은 층의 유병률이 특히 두드러진다. 프로작의 효능을 넘어서는 세로토닌계 항우울제 종류도 다양하게 출시되어 있고, 병의원에서 처방을 받는 것도 그리 어려운 일이 아니다. 그런데도 상황은 호전되어 간다기보다는 오히려 악화일로에 있다. 우울증은 병의원에서 전문의의 상담과 약물 치료로 쉽게 호전되고, 얼마든지 건강한 사회생활을 할 수 있다는 게 정신의학 전문의들의 일관된 주장이다. 하지만 심신미약자들은 갈수록 늘어가고 불안과 우울증, 정신질환으로 병의원을 드나드는 사람들의 수는 줄어들 기미조차 보이지 않는다. 이런 상황을 틈타서 의사 출신의 정치인은 전 국민을 대상으로 정신건강검진을 전면 시행해야 한다며 묻혀 있던 자신의 존재감을 드러낸다.** 만약 전 국민 정신건강검진을 시행하여 문제가 있거나 비정상으로 진단될 사람들은 어떻게 할 것인가? '광기의 시대'처럼 정신병동에 감금할 것인

---

* 「우울증 환자, 첫 100만 명 넘어… 20대 여성이 가장 많다」,《한겨레》2023. 10. 3.
** 「안철수, '묻지 마 칼부림'에 "전 국민 정신건강검진 전면 도입해야"」,《세계일보》2023. 8. 7.

가? 대책 없이 내지르고 보는 의사 출신 정치인의 정치적 발언에 불과하긴 하지만, 전 국민을 대상으로 정신건강검진을 시행해야 한다고 주장할 만큼 우리나라 국민들의 정신질환이 심각한 사회 문제가 된 것만은 틀림없는 것 같다. 정부도 이에 화답하듯 '전 국민 정신건강정책 혁신방안'을 내놓기도 했다.

세로토닌하라? 세로토닌했더니…

프랑스 소설가 미셸 우엘벡의 작품 『세로토닌』은 품격은 없으나 돈은 좀 있는 46세 독신 남성, 플로랑클로드 라브루스트가 '세로토닌'했던 이야기가 주제다. 그는 농업대학을 졸업한 뒤 농산부의 농산기술자로 취업한다. 그의 신분은 비정규 위촉직이긴 하지만, "수없이 많은 숫자의 늪에서 헤매지 않고 핵심을 곧장 파고들며 주요한 몇 가지 요소들만 뽑아내는 능력" 탓에 고액의 연봉을 받는다. 하지만 고액의 연봉이라야 받는 족족 다달이 월세와 관리비를 지불하고 동거녀가 청구하는 생활비를 주고 나면 정확히 월급의 90퍼센트가 소진되는 수준이다. 물론 자녀들의 학원비에 늙은 부모의 요양 간병비까지 감당해야 되는 한국의 동년배 봉급생활자들보다는 훨씬 나은 형편이지만.

그는 독신이지만 스무 살 아래의 일본 여성 유주와 동거를 하는데, 유주는 난교파티에 드나들고 심지어 자기 집까지 남자들을 불러들여 난교파티를 즐기는가 하면, 수간獸姦까지 즐기는 젊은 여자다. 그런 유주와 동거를 하는 이유는 단 하나, 사랑 없는 육체의 탐닉이다.

플로랑클로드는 마흔여섯 살이 될 때까지 자신의 의지로 삶을 통제해 본 적이 없었고, 또 앞으로의 삶 역시 무기력과 고통 속에서 의기소침하게 보내게 될 가능성이 많음을 절감하고 정신과 의사를 찾아간다.

정신과 의사는 그에게 자살 충동을 느낀 적이 있는지를 묻고는 1세대 세로토닌 흡수억제제보다 기능이 향상된 항우울제 캄토릭스를 처방한다. 그러고는 "예쁘장한 매춘부 두 명이 와도 장담을 못 한다"면서 캄토릭스의 "짜증나는 점"이 바로 발기부전이라는 부작용이라고 설명하면서도 약은 함부로 끊지 말라고 경고한다. 인간사의 모든 행불행을 리비도 하나로 설명했던 프로이트가 들었으면 치료약이 아니라 독약이라고 기겁을 할 소리였다.

의사는 발기부전이 생기는 이유가 "캄토릭스 매개로 생성된 세로토닌은 자연적인 세로토닌과 달리 테스토스테론 합성을 억제"하기 때문인데, 원인이 과학적으로 밝혀진 게 없으니 "왜 그런지는 묻지 말라"고 너무도 당당하게 내지른다. "과학적으로 확신이 있을 때까지 기다리려면 시판할 수 있는 의약품은 단 한 종도" 없을 거라며. 사실이 그렇다면 과연 의학이 과학이라고 할 수 있을까? 의사의 저 설명은 의사로서 설명의 의무를 충실히 했으니 문제가 생기더라도 함부로 소송 걸지 말라는 이야기이다.

플로랑클로드는 세로토닌을 했음에도 불구하고, 직업상 "특권계급의 미신"과 싸우다가 지쳐 자신의 업무에 염증을 느끼고, 세상에 절망한 나머지 사표를 내고는 자발적 실종을 선택한다. 그가 싸웠던 특권계급이란 "시장의 자유를 위해서라면 죽을 수도 있는" 사람들을 말한다.

우리나라의 이런 특권계급들은 "경제는 정부가 살리는 것이 아니라 시장이 살리는" 거라는 미신에 찌들어 있고, 입만 열면 자유! 자유! 자유!를 외친다. 이것은 "세상을 자신들만의 존재로 채우고 싶어하는 사람"들 특유의 심리체계로 '자유의 병리학'이라고 부르기도 한다.* 법조인이 권력을 잡고 판사, 검사 출신들이 정부 요직을 장악하면 자연스레 법치국가가 완성된다고 믿는 사람들의 사고방식이다.

40~50대의 가장들이 "한 해 만이천 명 이상이 가족을 등진 채 자발적 실종을 선택"하는 프랑스에서 플로랑클로드의 결단이 그리 극단적인 돌출 행동으로 생각되지는 않는다. 프랑스 사회의 중년 남성들이 쉽게 선택하는 도피성 자가 처방 같은 것이니까.

플로랑클로드도 남들처럼 자발적 실종을 선택하기 전에 나름대로 '세로토닌했던' 결과를 정리한다. "반으로 쪼개지는 작고

* 프란츠 파농, 『검은 피부, 하얀 가면』, 이석호 옮김, 인간사랑, 1998, 284쪽.

하얀 타원형의 알약"은 "어떤 형태의 행복감도 주지 않고, 실질적인 안도감도 주지 않"지만, 일정 기간 "인간이 살아갈 수 있도록, 적어도 죽지 않도록은 해 주는 약효를 가지고는 있다"는 정도로.

정작 플로랑클로드가 겪고 있는 문제는, 세로토닌했던 후유증으로 남성호르몬인 테스토스테론의 농도만 낮아져 있는 것이 아니라, 스트레스 호르몬인 코르티솔의 수치가 너무 높아져 있었다는 데 있었다. 검사 결과를 본 의사는 그를 "깊은 슬픔으로 죽어 가고 있는 상태"로 진단한다. 그리고 세로토닌하기를 중단해야 할 것 같다는 이야기를 하면서, 그럴 경우 "산송장"이 될지도 모르겠지만, 세로토닌을 계속하게 되면 "성생활과는 영원히 결별"해야 할지 모른다면서, 환자의 처지에서는 어느 쪽도 쉽게 선택할 수 없는 진단을 내린다.

플로랑클로드는 정신과 진료를 받기 훨씬 이전부터 성기능에 심각한 문제가 있었다. 사랑에도 실패하고 성생활에도 실패했기 때문에 더 변태적인 성생활에 탐닉했고, 그런 한편으로 자신의 의지와는 전혀 관계없는 자신의 업무에 지쳐 가는 월급쟁이였다. 그런 그가 정신과 의사와 상담 끝에 세로토닌을 했음에도 끝내 다 타 버린, 소진되어 버린 인간이 되고 말았다. 아무것도 할 수 없고, 아무것도 하고 싶은 것도 없고 아무것도 생각조차 할 수 없고 그 어떤 가능성도 남아 있지 않는 인간이 바로 '소진된 인간'이다.

그런데 우리나라의 어떤 조직에서는 사람을 하나 찍어서 인위적으로 태워 소진시켜 버리는 사례들도 있다. 이를 '태움'이라고 한다. 이 태움에는 약이 없다. 세로토닌으로는 어림도 없다. 처방은 '자발적 실종' 수준이 아니라 자발적 '존재의 소멸'이다.

웰빙과 힐링

2000년 초반부터 우리나라에 불어닥친 또 하나의 열풍은 '웰빙' 열풍이다. 영어 'Well Being'을 발음 그대로 한글로 표기한 것이 '웰빙'인데 누가 풀이한 말인지는 모르겠으나 순우리말로는 '참살이'라고 했다. 내가 가진 국어사전에는 올라와 있지 않은, 누가 만들어 낸 신조어인 것은 분명하다. 웰빙을 모르는 자의 삶은 참삶이 아니라 살아도 헛사는 삶인 것처럼….

'웰빙', 혹은 '참살이'의 요지는 한마디로 물질적 부에만 너무 집착하지 말고 삶의 질을 높이자는 것이다. 한때 웰빙족이라는 말이 나올 정도로 '웰빙'이 각광을 받긴 하였으나, 이는 '건강하게 잘 살아 보세' 정도의, 누구나 가지고 있는, 너무나도 당연하고 너무나도 자연스럽고 오랜 세월 지속되어 온, 평범한 사람들의 삶의 목표를 외국어로 분칠하여 고상하고 심오한 개념이 숨어 있는 듯이 포장한 상술에 불과했다. 허접하기 짝이 없던 'NEWSTART 운동'의 개정판 정도라고나 할까.

그 무렵 먹거리에서부터 여가 활동, 옷차림, 문화생활, 심지어 화장품, 가구에 이르기까지 '웰빙'이라는 수식이 안 붙은 상품들을 찾기 어려울 정도였지만 웰빙 소비 열풍의 결과가 어떠했는지, 얼마나 많은 사람들이 더 건강하게 '참삶'을 살았는지는 아무도 모른다. 2000년 이후 웰빙 열풍에도 불구하고 불안증과 우울증의 유병률은 계속 높아졌고, 자살률은 그때나 지금이나 단 한 번도 OECD 국가 중에서 선두 자리를 내준 적이 없고, 저출산의 조짐은 그때부터 나타나고 있었다. 웰빙족들의 시선에서 보자면 세상 헛사는 사람들이 그만큼 더 늘어난 것이다. 그런 웰빙이 시들해지자 그 자리를 대신 차지하고 들어선 것이 '힐링'이다.

'힐링 원예', '힐링 노래 대회', '힐링 글쓰기', '힐링 클래식', '힐링 이모션', '힐링 컨서트', '힐링 뮤지컬', '힐링 대학', '힐링 산행', '힐링 커피'…. 이것만으로는 부족한지 지방정부까지 나서서 '클래식 & 힐링 투어' 따위의, 언뜻 봐서는 뭘 하자는 것인지 이해하기조차 어려울 정도의, 외국어로 칠갑을 한 힐링 상품을 내놓고 있다. 심지어 몸과 마음이 병든 사람들의 힐링이 고유 업무라고 할 수 있는 대학병원에서조차 '힐링 건강검진'이라는 얄궂은 상품을 내놓고 있고, 자신을 '힐링 닥터'라고 소개하는 의사도 있다. 다른 의사가 하는 일은 힐링이 아니라면 도대체 무슨 일을 한다는 건지 잘 모르겠다. '건강검진'과 '힐링 건강검진'의 차이, 그리고 '닥터'와 '힐링 닥터'의 차이는 무엇인지? 보통 사람들이 알아듣기 쉽게 설명할 수 있는 의사가 그리 많지는 않을 것 같다.

힐링이 웰빙과 다른 점이 있다면 웰빙은 소비문화에 국한된 것이었지만, 힐링은 적극적인 치료, 치유의 성격을 담고 있다는 점이다. 심신이 병들고 지친 사람들을 의사의 진료와 처방이 아닌 방식으로 치료하고 치유하겠다는 것이다. 그래서인지 '힐링'과 함께 '케어', '테라피'라는 수식을 단 갖가지 힐링 상품들도 덩달아 시장에 넘쳐난다. 그 배경에는 너나 할 것 없이 겉모습은 화려하지만 내면은 한없이 굶주리고 궁핍한 상황에 내몰려 있는 사정과 무관하지 않으리라.

시작은 그리 멀지 않은 과거에서 찾을 수 있다. 1997년 외환위기 이후, 불과 한 세대 만에 벌어진 변화이다. 외환위기를 겪으면서 우리는 "모두 부자 되세요"라는 달콤한 유혹과 함께, "무한 경쟁시대에 살아남기 위하여…"라는 살벌한 협박성 구호에 시달려야 했다. 그리고 실지로 사람들은 부자가 되기 위해, 그리고 한쪽에서는 살아남기 위해 몸과 마음을 혹사해야 했다.

그렇게 지친 몸과 마음을 달래기 위한 치유책으로 나온 것이 '웰빙'이고, 웰빙의 약발이 떨어지고 인기가 시들해지자 그 자리에 '힐링'이 치고 들어왔다고도 할 수 있다. 그리고 힐링 곁에는 또 무슨 뜻인지 언뜻 이해하기 힘든 '워라밸'과 '헬시플레저', '웰니스'가 있다. 여기에 '웰빙'으로 잘 살다가 잘 죽자는 '웰다잉' 열풍까지 가세하고 있다. 엔돌핀이 세로토닌, 도파민, 옥시토신,

노르에피네프린으로 바뀐 과정과 똑같다. 정신질환의 유병률이나 자살률 변화에는 그 어떤 영향도 주지 않았다는 사실도 똑같다. 프로작과 달리 성기능에 전혀 영향을 주지 않고 상실의 슬픔까지도 치료해 준다는 부피로피온(웰부트린) 성분의 약도 시판되었지만, 지금 우울증 치료에는 별로 쓰이지 않고 금연 치료제로 처방되고 있다.

프로작에서 플라톤으로

'웰빙'이든 '힐링'이든 이런 상품들이 심신이 지쳐 고통스러운 사람들에게 어떤 효과가 있는지 치료 효과를 확인하기도 어려운데, 여기에 '인문치료'라는 새로운 형식의 치료법이 시장에 나와 있다. 철학을 비롯하여 문학, 역사, 예술의 바탕에 깔려 있는 "인문정신과 인문학적 방법"을 활용하여 "사람들의 인지적, 정서적, 사회적 고통과 문제를 예방하고 치료"하겠다는 것이다.* 그런데 인문치료를 설명하는 두툼한 책 속에 정작 요즘 사람들이 시달리고 있는 "인지적, 정서적, 사회적 고통과 문제"의 원인이 무엇인지에 대해서는 아무런 설명을 찾을 수가 없다.

원인 분석은 제쳐 두더라도 약물 대신, 병원에 입원하여 주사

---

* 강원대학교 인문학연구소, 『인문치료의 이해』, 한국문화사, 2017, 32쪽.

를 맞는 대신, 수술을 하지 않는 대신, 그냥 시를 읽고 그림을 그리고, 음악을 듣고, 연극을 보고, 철학을 토론하고… 그러면 인지적, 정서적, 사회적 고통과 문제가 해결될 수 있을까? 어떻게? 해결된다기보다는 잠시 잠깐의 마취 효과를 얻는 데 그치는 것은 아닐까? 시를 좋아하는 사람은 예나 지금이나 시를 읽을 것이고, 영화나 그림을 좋아하는 사람은 군이 인문학자의 도움을 받지 않더라도 영화나 그림을 보러 다니면서 자신의 허기진 내면을 달래고 있을 것이다. 그런데 이런 익숙한 여가 생활에다 꼭 치료 또는 치유라는 포장을 해야만 할까?

프로작이 아닌 플라톤으로

이 말은 뉴욕의 시티 칼리지의 철학과 교수인 루 매리노프Lou Marinoff가 쓴 책, 『철학으로 마음의 병을 치료한다』*의 한국어 번역본 부제다. 루 매리노프 교수는 마음의 병이나 정신질환의 경우 약물 치료보다는 철학 상담이 더 효과가 있다고 주장하는, 임상 철학의 선구자적인 철학자로 알려져 있다. 그가 자신의 책에 붙인 부제는 철학 상담의 효과보다는 인간의 정신, 또는 마음의 문제에 대해 분자생물학적 기전에 근거한 약물 처방의 한계를 지적하고 있는 것이 아닌가 싶다.

* 루 매리노프, 『철학으로 마음의 병을 치료한다』, 이종인 옮김, 해냄, 2000.

의사의 입장에서는 과연 플라톤이 프로작을 대체할 수 있을지는 의문스럽고 또 현실성이 있는 이야기인지, 그리고 수요가 있을지에 대해서도 확신하기 어렵다. 왜 프로작 대신 플라톤이어야 하는가, 그리고 효과는 어떻게 나타나는가에 대한 납득 가능한 설명이 없으면, 이는 점점 쇠락해 가고 있는 인문학에 소생의 불씨를 지피기 위해 철학에다 치료, 혹은 치유라는 사탕발림을 한 것이라는 의구심을 떨치기 어렵다.

『세로토닌』의 주인공 플로랑클로드가 심신이 소진된 나머지 '자발적 실종'을 결심하게 된 근본적인 이유는 "단순하게 태어난 내가 복잡해진 것은 나를 둘러싼 세상, 단지 내가 너무 복잡한 세상에 이르렀고, 이 세상의 복잡함을 더는 감당할 수 없게 된" 탓이라고 정리한다. 그렇다면 요즘 사람들의 "인지적, 정서적, 사회적 고통과 문제"는 사회의 복잡성이 원인일 것이고, 처방은 세상의 복잡성을 견뎌낼 수 있는 마음의 힘을 기르거나, 아니면 세상의 복잡성을 분쇄하여 단순하게 만들거나 둘 중 하나 아닐까.

• • •

현재 한국 사회는 과잉과 결핍이 엽기적으로 교차하는 사회라고도 할 수 있다. 인터넷 강국답게 시공간의 경계가 없는 초연결사회라고 하면서도 극단적인 배제와 고립이 낯설지 않은 사회이고, 이쪽에서는 음식 쓰레기로 골머리를 앓는데, 저쪽 구석에는 끼니를 걱정해야 하는 어린아이들이 여기저기 편의점을 기웃거린다. 전 인구의 절반이 모여 사는 수도권 사람들은 공간 결핍에 고통받고, 너도나도 서울로 떠나버린 지방은 인구 결핍으로 텅 빈 집들만 괴기스럽게 남았을 뿐, '지역' 자체가 '소멸'될 위기에 떨고 있다. 서울 중심의 수도권 밖 모든 지역, 지방에는 사람은 없고 멧돼지들의 천국으로 변해 가고 있지만, 수도권 위성도시의 서울 통합 바람은 더 거세게 불고 있다.

실시간으로 쏟아지는 정보 과잉에 시달리며 살면서도 마음에 새겨 둘 글 한 줄, 온기 넘치는 따뜻한 말 한마디 듣기 어렵고, 온갖 지식과 정보는 넘쳐나는데 상식은 찾아보기 힘든 사회로 변했다. 정부 관료들은 법과 원칙을 입에 달고 사는데, 정작 국민들은 정의에 목말라한다. 위락 유흥시설에서 발산되는 조명들로 낮보다 더 밝은 밤을 밤새도록 즐길 수도 있지만, 정작 한 몸 한가롭고 고즈넉하게 쉴 수 있는 한 뼘의 공간조차 찾기도 어려운 것이 도시의 풍경이다.

스마트폰 하나로 수천 명의 사람들과 동시에 교류하면서도 외로움에 힘겨워 하는 사람들도 있다. 그들은 기계가 아닌 사람과 얼굴 마주 보고 이야기하는 것을 불편해 하기도 하고, 스마트폰을 붙들고 살면서 '유령진동증후군'이라는 신종 질병에 시달리기도 한다. 그들은 끝내 과잉 교류 속의 외로움을 견디다 못해 세상과 단절하고 스스로를 고립시켜 버리기도 한다. 그 수가 점점 늘어나고 있다. 지금 이 시대의 고독사 문제는 소외된 특수 계층의 문제가 아니다. 고령사회와 핵가족 문화는 고독사가 일반적 현상이 될 필요충분 조건이지만 고독사를 막을 현실적 대안은 뚜렷하지 않다. '각자도생'에 이어 마침내 '각자도사'의 시대가 열린 것이다. '각자도사'의 시대에 정부가 할 수 있는 일은 내버려져 있는, 악취 풍기는 주검을 신속하게 깔끔하게 처리해 주는 것뿐이다. 아무리 죄 많은 삶을 산 사람일지라도 쓰레기통을 뒤지다 죽어 간 유기견처럼 내버려둘 수는 없는 것 아닌가.

지금 우리 사회에 짙게 드리워진 불안과 우울의 정동, 분노와 혐오의 악감정은 안으로 안으로 곪아 들어갈 뿐 종합건강검진으로 진단할 수 있는 것도 아니고 첨단의료기술로 치료될 수 있는 것도 아니다. 세로토닌한다고 해서 해결될 문제는 더더욱 아니다.

그래서 많은 사람들이 자신의 '니즈'를 충족시키는 '굿즈'나 '컨텐츠', '스토리텔링'이 있는 '힐링' 시장을 기웃거리고, 입담 좋은 강사들의 인문학 강연 한 토막에서 위안을 얻으려 하는 것일지도 모른다. 하지만 이 또한 팔지 않는 물건이 없고 살 수 없는 물건이 없는 시장의 무수한 상품들 중에 느끼한 영어로 포장만 살짝 달리한 그저 그런 또 하나의 상품에 불과하다는 사실을 깨닫는 데는 그리 긴 시간이 걸리지 않을 것이다.

시장에 펼쳐져 있는 온갖 힐링 상품들이 심신이 피폐하고 영혼이 타들어 갈 정도로 소진되어 가는 사람들에게 어떤 치료 효과가 있었는지는 확인된 것은 없다. 다만 힐링 상품이 넘쳐나고 사람들이 그런 상품에 관심을 가진다는 사실은 마음의 병이든 정신의 문제든 심신이 피폐해져 가는 사람들에게 제도권 의료 체계와 자연과학에 바탕을 둔 의사들의 처방이 큰 도움이 안 되더라는 방증이 아닐까.

그런데 심신이 소진됨으로써 세상과 절연하고 자발적 실종을 결심한 플로랑클로드가 무한한 기쁨을 느낀 때가 잠시나마 있었다.

> 행동판단이 더뎌졌고 그때까지 내가 타고났다고 믿었던 공동의 도덕, 공동의 이성을 벗어나기 시작할 무렵… 책을 읽기 시작한 것이다.
>
> — 미셸 우엘벡, 『세로토닌』

그는 책을 읽으며 무한한 기쁨을 느낀다고 했다. 그가 잠시나마 행복감에 젖어 들 수 있었던 것은 '약'이 아니라 자신을 둘러싸고 있는 세상을 읽을 수 있게 만드는 '책'이었다. 그 책이 플라톤인지는 모르겠지만….

정신없는 삶

우리의 언어 습관에는 "정신없이 살아왔다"처럼 어떤 행동에 '정신없이'라는 수식어를 붙이기도 하고, 누군가를 다그칠 때

"정신 차려라"라는 말을 쉽게 한다. 이 정신은 정신의학자들이 치료와 분석의 대상으로 삼는 정신도 아니고, 헤겔이 말하는 철학적 세계관의 정신도 아니며, 정치인들이 입발림으로 내세우는 시대정신도 아니다. 물론 뇌과학에 의해 물질로 환원될 수 있는 성질의 정신은 더더욱 아니다.

"정신이 없었다"라고 하는 것은 나의 행동에 무언가가 결핍되어 있었다는 것인데, 결핍된 정신이란 게 어떤 건지 분명하게 정의하기는 어렵지만 정신이란 말을 '생각'으로 바꾸면 의미가 좀 더 선명해진다. "정신이 없었다"라는 것은 내가 "생각이 없었거나 짧았다"는 이야기이고, "정신 좀 차려라"라는 말은 "생각 좀 하고 살아라"라는 말과 크게 의미가 다르지 않다.

우리가 지금 정신없는 삶을 살고 있다면 그건 삶의 철학이 없다는 말과도 같다. 철학이란 사상가, 그중에서도 서양 사상가들의 심오하고 난해한 어록들을 다시 곱씹어서 나의 지적 허영심을 채워 주는 것이 아니라, 그냥 한가롭게 아무 일도 하지 않고 팔베개하고 드러누워서 생각하는 것이다. 삶에 대한 나의 태도를 성찰하며 나의 미래를 전망해 보는 것, 그것이 철학이다.

지금 우리가 정신없이 살고 있다면 이유는 단 한 가지! 드러누워서 생각할 여유가 없거나, 내 삶의 태도를 돌아볼 겨를도 없이 쫓기듯이 살고 있거나, 생각할 필요조차 없는 기계적인 환경에 포위되어 살고 있기 때문이다.

결국 생각이란 게 없어졌으니 말이 없어지고, 말이 없으니 이야기라는 게 없어졌다. 지금 사회에서 일어나는 모든 일상과 일상 속의 소통은 '클릭'이나 '터치'로 이어지는 간편한 손동작으로 이루어진다.

그래서 지금 우리는 이웃과 말을 하고 말과 말이 서로 이어지면서 이야기를 스스로 만들어 가는 것이 아니라, 신종 직업이라고도 할 수 있는 '스토리텔러'들이나 '컨텐츠 크리에이터'들이 이것저것 짜깁기해서 만든 '스토리텔링'이나 '컨텐츠'들을 구매 소비하고 있다. 그러면서 '힐링'되었다고 만족한 표정을 지으며 고개를 끄덕인다. 그러고는 다른 힐링 상품을 구매할 수 있는 구매력을 키우기 위해 정신없이, 경우에 따라서는 미친 듯이 일을 한다. 그러다가 결국 소진되고 만다. 자신의 몸은 물론 영혼까지도….

이때 세로토닌은 생각을 복원시켜 주지는 않는다. 사람을 무기력하고 나른하게, 그러면서 생각이 끊어지도록 만든다. 그래서 효과가 있는 것이다. 생각이 이어지지 않도록 하여 극단적인 선택을 막아 주는 효과 말이다.

지금 우리나라에는 심신미약자들이 속출하고 있다. 게다가 이들의 일탈 행위는 상식 수준을 넘어 잔혹한 범죄로 이어지기도 한다. 잔혹성마저 점점 더 심각한 수준으로 치닫고 있다. 그래서 우리는 저거 '미쳤다', '돌았다'라는 말과 함께 '세상이 미쳐 돌아간다'는 소리를 하루에 한두 번씩은 내뱉게 된다.

문제는 언론에 보도될 정도의 심각한 사례들이 아니라 곁에서 눈치조차 채지 못할 정도로 너무나도 평온하게 또 아무 일 없다는 듯, 평범한 삶을 꾸역꾸역 살아가고 있는 심신미약자들이 부지기수라는 것이다. 이런 유형의 심신미약자들은 남을 해꼬지하기보다는 대개 자신을 해꼬지한다. 자살이다. 우리 사회가 OECD 국가 중에서 최고의 자살률을 10년 이상 유지하고 있는 이유는 겉으로 드러나지 않는 심신미약자들, 특히 마음이 허약하여 자기 자신을 통제할 수 없는 사람이 그만큼 많다는 뜻이다.

이들의 허약한 마음을 달래고 지친 몸을 추스르기 위해서 약물을 써야 할까? 정신분석을 겸한 심리 치료를 해야 할까? 이도저도 별 효과는 없을 것 같다. 심신미약자들의 문제는 결코 세로토닌이 부족한 탓도 아니고, 리비도 즉 성충동이 억압된 탓도 아니다. 결핍된 것이 있다면 '생각'이다. 너나 할 것 없이 잠시 생각할 겨를도 없이, "정신없이" 살고 있는데 도대체 무엇을 분석한단 말인가? 분석할 정신이라는 게 있기나 한가.

2장 피폐한 몸, 황폐한 마음, 병든 자아

자아의 정체성

인간이란 어떤 존재인가에 대한 물음, 또 만물 그리고 세계를 구성하는 근본 원리가 무엇인지에 대한 물음은 인류가 이 지상에 모습을 드러낸 이후부터 시작된 질문이기도 하지만, 지금까지도 명쾌한 답을 얻지 못하고 있다. 철학의 역사라는 것은 그 질문에 대한 답을 얻고자 하는 현자들의 장구한 노력을 정리해 놓은 것이 아닐까 싶다.

인간이 '정치적 동물'이든, '만물의 척도'이든, '생각하는 갈대'이든, '신 앞에 선 단독자'이든, '우연히 세상에 내던져진 존재'이든, 인간이란 존재에 대한 정의와 설명이 철학자의 수만큼이나 다양한 이유는 인간은 다른 동식물처럼 쉽게 함부로 정의할 수 없는 존재이기 때문이다. 또 인간이 가진 능력만을 놓고 보면,

'호모 사피엔스'에서부터 '호모 파베르', '호모 이렉투스', '호모 루덴스', '호모 이코노미쿠스', '호모 프롬프트', '호모 디지털리스' 등 일일이 다 헤아리기 어려울 정도로 많은 인간 종을 꼽을 수 있다.

하여 인간이란 어떤 존재인가에 대한 물음에는 '인간은 정의할 수 없는 존재'라는 답이 제일 정확할 것 같다. 인간은 누구나 이 지상에 단 하나뿐인 존재이며, 재현·복제 불가능한 삶을 살다가 때가 되면 지상에서 형체가 사라지는 존재이기 때문이다. 단 하나뿐이면서도, 복제 불가능한 인간을 보편적인 개념으로 정의하려는 것 자체가 무모한 짓이다. 하물며 삶의 시간이 정지된 죽은 몸도 아니고, 단 한 순간도 고정된 상狀이 없는 살아 있는 사람을 개념의 틀에 가두는 것은 불가능한 일이다.

과연 자기가 누구인지를 선명하게 알고 있는 사람이 있을까. 내가 누구인지, 내가 어디서 와서 어디로 가는지, 내가 가고 있는 이 길이 나의 소명을 따라 올곧게 가는 길인지, 궁극에 이르면 나는 어떤 존재가 되어 어디에 머무르게 될지…. 이 질문에 확신을 가지고 답을 할 수 있는 사람은 그리 많지 않다. 답을 찾기 어려웠기 때문에 선승들은 소신燒身의 고통까지 기꺼이 감내했던 것이리라.

데카르트가 인간을 "생각하는 존재"라고 정의하기 훨씬 이전부터 동아시아 문화권에서는 '신언서판'身言書判, 네 가지 항목을 가지고 '인간됨'을 평가해 왔다. 이 네 가지 평가 항목의 밑바탕에 깔려 있는 것은 '생각'이다. 먼저 의지, 의향이라는 것은 내 생각이 나아가는 방향이다. 그런 의지나 의향이 객관적으로 드러난 것이 내 몸(身)이고, 내 의지를 나 아닌 누군가에게 전달하고자 하는 것이 말(言)이며, 그 말을 기호로 남겨 놓은 것이 글(書)이다. 내 의지를 객관적으로 실천하려고 내 말과 글, 그리고 몸이 최종적으로 내리는 결론이 곧 판단(判)이 되겠다. 그래서 인간이란 존재를 설명함에 있어 가장 중요한 기준은 동서양 구분 없이 '생각'이라고 할 수 있다.

그러나 요즘 우리는 '신언서판'으로 나를 드러내지도 않고 또 상대를 평가하려는 사람도 없다. 우리는 일상의 인간관계에서 몇 가지 간단하면서도 객관적이며 계량적 지표들을 내세워 '나'라는 존재를 증명하고, 상대의 존재를 인정한다. 그 지표들이란 대개 고향, 출신 대학, 자신의 직업과 배우자의 직업, 연봉, 아파트 소재지와 평수, 타고 다니는 차종과 배기량, 그리고 나이가 좀 든 연령층이면 자녀들이 다니는 대학, 자녀들의 직업도 중요한 평가 항목이 된다. 물론 권력자 또는 재력가들과의 친소 관계나 집안 내력을 드러내는 것도 자신의 존재를 증명하는 중요한 근거가 된다.

위에 열거한 여러 지표들 중에는 유독 내가 어떤 생각을 하는지, 즉 사유가 빠져 있다. 아날로그 시대와 달리 지금은 말과 글이 필요 없고, 생각은 인공지능이 대신하는 디지털 시대이다. 생각을 문자나 기호로 옮겨 놓는 글을 써야 할 상황이 되면

'Ctrl-C', 'Ctrl-V'를 눌러 짜깁기만 하면 되고, 그런 글로 박사학위까지 받을 수 있는 세상이다. 누가 트집을 잡으면, 일부 문장에서 "문자적 유사성"이 있으나 "의도적 표절"이라고 보기는 어렵다고 버티면 된다.

그래서인지 이 시대에는 내가 무슨 생각을 하는지, 무엇을 추구하는지, 무엇을 고민하는지는 잘 묻지 않는다. 물으면 '진지충'이라는 비아냥만 되돌아온다. 인간은 정치적 동물이라는 평가에는 동의하면서도, 대놓고 상대의 정치 성향이나 지지 정당을 묻는 사람도 잘 없다. 그 사람의 고향이나 살고 있는 지역만 살펴보면 얼추 짐작할 수 있기 때문인지…. 물음이 있다면 학생들에게는 오로지 공부 잘하는가를 물을 뿐이고, 청년들에게는 취업했는지 아니면 결혼했는지를 물을 뿐이며, 직장인들에게는 연봉이 얼마인지를 묻고, 정규직인지 비정규직인지를 묻고, 노년층에게는 노후 준비가 되어 있는지를 묻는 게 전부다.

지방에 있는 의과대학을 졸업하고 지방에 있는 병원에 고용되어 월급받는 60대 의사…. 여기에 내가 사는 지역과 아파트 평수만 공개하면 나는 누구이며 또 어떤 사람인지에 대해 대충은 짐작들을 할 것이다. 참 편리한 세상이다.

한국 사회에서는 나를 설명하는 이런 지표들을 기준으로 연고가 생기고, 친구가 생기고 이웃이 만들어지고 인맥이 구축된다. 한국 사회에서 이른바 잘나가거나 잘난 사람들이 가진 힘이라는 것은 그들이 구축한 인맥의 범위와 결집력, 그 인맥들이 동원할 수 있는 권력과 재물의 양에 따라 결정된다. 한편에서는 이런 연고의 힘을 그 사람의 능력이라고 평가하고, 그런 능력에 따른 특혜를 '능력주의'라고 포장하기도 한다.

상습적으로 학교 폭력을 저지른 학생이 아무런 징계 처분도 없이 말끔한 학적부로 대학 진학을 할 수 있었던 것은 검사 아버지의 능력 때문이었음을 모르는 국민은 없다. 능력 있는 자들의 자녀 학교 폭력 문제는 한국 사회의 능력주의가 어떤 것인지 설명해 주는, 생생하게 살아 있는 증거라고 할 수 있다.

위축된 자아

보통 누군가에게 자기 자신을 소개할 때 제일 먼저 밝히는 것이 자신이 지금 하고 있는 일이다. 하는 일은 인간이 구체적으로 자신의 자아를 드러내는 가장 중요한 증거 같은 것이기 때문에 직업이 바로 자신의 정체성을 설명하는 중요한 지표가 된다.

그런데 진료실에서 의사가 환자 또는 내담자의 사회력을 확인하기 위해 '지금 하고 있는 일'을 물었을 때 직업이나 직책 대신 "그냥"이라고 답하는 사람들이 있다. "그냥… 집에서 애 키워요", "그냥… 전업주부입니다", "그냥… 취업 준비하고 있습니다", "그냥… 공부하고 있습니다", "… 그만두고 그냥… 좀 쉬고 있습니다". '그냥'으로 시작하는 그들의 음성은 대개 주눅 들어 있거나 왠지 모르게 위축되어 있다는 느낌이 든다.

우리말 중에서 '그냥'이라는 말은 참 따뜻하고 아름답기도 하고, 세련된 논리를 뛰어넘는 투박하면서도 함부로 말 못할 무언가를 마음에서 마음으로 전해지게 하는 말이다. 느닷없이 전화를 걸어 온 여자 친구에게 왜 전화했냐고 물을 때, "그냥…" 이 한마디만 하면 모든 것이 해결된다. 더 이상 군더더기 말이 없어도 연인들의 살갑고도 반가운 만남으로 이어지는 거다. "그냥…" 좋아서 아무거나 그리다 보니 훗날 화가가 된 사람도 있고, 마음을 다잡지 못할 정도로 울적함이 있을 때 처방 중의 하나도 "그냥…" 산길을 걸어 보는 것이고, 낯선 도시에서 심신이 피폐할 지경이 되었을 때 "그냥…" 찾아가 보는 곳은 늙은 부모님들이 계신 고향집이다. 왜 그랬냐고 다그치는 아비의 노기 가득한 물음에 기어들어가는 목소리로 "그냥…"이라고 답하는 어린 아들의 말에는 반성과 함께 용서를 구하는 절박한 심정이 오롯이 담겨 있다. 그걸 못 읽으면 아비가 아닌 게다.

이 아름다운 낱말이 자신의 위축된 자아와 상처받은 자존감을 감추기 위해 사용된다는 것은 안타까운 일이다. 사람이 곧 하늘이요, 인간의 생명은 우주에 견줄 정도로 신비하면서도 거룩하고 한없이 넓으면서도 깊은 것이라고 하는데, 그렇다면 어린 생명을 키운다는 것은 우주 하나를 창조하는 어마어마한 일이라고도 할 수 있다. 그 일이 어찌 "그냥… 애 키우는" 일에 불과한 것인가. "그냥…" 저절로 자라는 생명이 도대체 어디에 있단 말인가. 그러나 지금 우리 사회에서 "그냥 집에서 애 키우는 여자"는 하나의 인격체가 아니라 그냥 있으나마나한 존재이면서도 자녀 양육에 대해서만은 무한 책임을 져야 하는 부담을 안고 살아야 한다. "그냥 집에서 애 키우는 여자"의 애가 다쳤을 때 그 여자가 제일 먼저 듣는 소리는 "집구석에서 도대체 하는 일이 뭐냐"는 거다.

· · ·

카뮈의 대표작 『이방인』은 "오늘 엄마가 죽었다"라는 싸늘한 한 문장으로 시작한다. '돌아가신' 것도 아니고 죽었다고 선언한 뫼르소의 엄마는 어떤 사람이었을까? 뫼르소와 그의 형제들을 씻기고 먹을 밥을 하고 집 청소를 하고, 옷을 빨아 입히고, 늦잠 자는 뫼르소를 깨워 책가방을 챙겨 학교로 보내는 일을 하던 사람이었다. 그런데 그 일은 일로 평가된 것이 아니라 '엄마'의 당연한 의무였으므로 일에 대한 어떤 보상도 없었다. 간혹 '헌신'이라거나 '희생'이라는 채산성 없는 말로 포장을 할 뿐.

뫼르소의 엄마는 늙어서 더 이상 헌신이나 희생을 할 수 없게 되자 세상으로부터 추방되어 요양원에 격리된 채 삶을 마감한다. 뫼르소는 그런 엄마의 죽음 그 자체와 죽음을 마무리하는 절차가 몹시 짜증이 나고 귀찮을 따름이다. 엄마의 죽음으로 일요일에 쉬지도 못한 탓에 온몸이 짜증으로 범벅이 된 뫼르소는 짜증을 더 부글부글 끓게 만든 햇빛 때문에 이유도 없이 사람을 죽이고, 재판받는 것조차 귀찮고 짜증이 나서 재판장의 극형을 순순히 받아들임으로써 지상에서 자신의 존재를 지워 버린다. 상식선에서 생각해 보면 미쳤다는 소리를 듣기에 충분하지만, 그가 정신과 진료를 받았다거나 약을 먹었다는 이야기는 없다. 이런 유형의 인간들을 우리는 보통 '사이코패스'라 부른다.

그렇다. 그냥 집에서 애 키우는 엄마는 죽었다. 대세는 엄마 대신 '워킹맘'이다. 덩달아 "워킹맘의 부캐", "워킹맘의 루틴"이라는, 도대체 무슨 뜻인지 이해할 수 없는 해괴망측한 말이 언론을 통해 유포되고 있다. 추정컨대 일하는, 다시 말해 '돈 버는', '일하는' 엄마의 자부심이나 힘겨움과 관련된 말이 아닌가 싶다.

반면에 그냥 집에서 애 키우는 여성은 자부심도 자존감도 가질 수 없다. 심각한 저출산 현상에 정부가 대책이라고 내놓는 것이 전부 일하는 엄마들을 위한 대책일 뿐이니, 그냥 집에서 애 키우는 엄마는 육아의 부담에다 경제적 궁핍이라는 이중의 고통에 시달린다. 그래서 견디다 못해 아니면 두려움 탓에 아기를 종량제 봉투에 넣어 버리거나 죽여 남몰래 파묻어 버리기도 한다. 심지어 갓 태어난 어린 생명을 창밖으로 내던져 버리기까지 한다. 누가 봐도 '미친 짓'인데, 갓난아이를 죽인 엄마는 정신병원으로 가는 것이 아니라 교도소로 간다. 동종의 전과가 있을 리도 없고, 재범의 우려도 없고, 평생 깊이깊이 반성하며 살아갈 터인데도. 그렇게 죽어 가는 어린 생명의 수가 우리가 상상하는 것 이상으로 많다.* 갓 태어난 어린 생명을 무참히 내팽개치고 도륙하는 이 나라. 지옥이 바로 여긴가 싶은데, 그래도 한쪽에서는 저출산에 인구 감소를 걱정한다.

그런데 "그냥…" 집에서 내 가족이 입을 옷을 빨고, 내 가족이 먹을 음식을 하고, 내 가족이 피곤한 몸을 누일 방을 청소하는 일을 하는 전업주부와 달리, '그냥' 그림이나 그리고, '그냥' 노래나 하고, '그냥' 글 쓴답시고 하루 종일 자판기만 토닥거리는 전업작가들에게는 지방자치단체는 물론 정부까지 나서서 온갖 지원책을 쏟아 낸다. 전업주부와 전업작가라는 일의 성격과 차이는 무엇일까.

살아 있는 몸을 가진 인간은 누구나 무슨 일이든 일을 하게 되지만, 언제부터인가 우리 사회에서 일을 한다는 것은 바로 돈을 번다는 것과 같은 뜻으로 해석되고 있다. 우주 하나를 길러 내던 '엄마'가 자존감도 없고 자기 정체성도 불확실한 "그냥 집에서 애 키우는 여자"로 바뀌게 된 것은, 생산성, 경제성, 효율성, 이런 것들이 인간에 대한 가치판단의 절대적 기준이 됨으로써 벌어진 현상이다. 이런 현상은 1997년 외환위기 이후부터 뚜렷해졌다.

엄마들의 혹독한 가사 노동은 경제성으로는 절대 평가되지 않고, 아무리 많은 일을 해도 성과가 나지 않는 '그림자 노동'에

---

* 「'유령 아동' 전수조사 결과 249명 사망… 생존 48.3%뿐」, 《조선일보》 2023. 7. 18.

불과하다.* 하지만 누군가 하지 않으면 한 가정이 유지되지 않는 그런 노동이다.

팽창된 자아

한편 그냥 집에서 쉬고 있더라도 정년 퇴직자, 특히 남자의 경우 "그냥 집에서 쉬고 있다"라고 말하는 사람은 드물다. 대개는 퇴직 전의 직장은 물론 직책까지도 밝힌다. "교장으로 퇴직하고…", "본부장으로 있다가 퇴직하고…", "부장판사, 부장검사로 퇴직하고…"라는 식이다. 개중에는 '그냥' 퇴직자의 삶을 살아가는 것이 아니라 현직에 있을 때보다 더 큰 호사와 권력을 휘두르는 사람들도 있다. 전관들이다. 전관들이 이 정도면 현직에 있는 사람들의 수준은 어떨지 길게 설명할 필요도 없다.

한 사람의 직업이 현재 그 사람의 인간성과 인격을 설명하는 근거가 될 수 있을까. 정의의 마지막 보루라는 사법부의 수장이 될 사람이 정의와는 전혀 무관한 삶을 살다가 자리에 한번 앉아

---

* '그림자 노동'(Shadow Work)은 오스트리아 출생 문명비평가 이반 일리치(1926~2002)가 현대 여성들의 가사 노동을 설명하기 위해 창안한 용어이다. 예컨대 주부가 가족의 식단을 차리기 위해 대형마트에 식재료를 구입하러 '차를 몰고 가는' 일, 즉 운전 노동이 식단을 차리는 데는 전혀 드러나지 않는 그림자 노동이다. 이반 일리치, 『젠더』, 최효선·이승환 옮김, 따님, 1996, 62~79쪽 참조.

보지도 못하고 짐을 쌌다.[*] 법도 모르는 자가 법대에 올라앉아 근엄한 표정으로 법과 원칙을 뇌까리며 온 나라에 구취를 풍겨 댈 수 없는 일이니 당연한 귀결이라고 하겠다.

직업은 어디까지나 살아가기 위해서 선택하는 수단일 뿐, 나의 직업이 곧 '나'인 것은 아니다. 요즘처럼 직업의 지속성이 보장되지 않는 시대에는 더 말해 무엇 하겠는가마는.

그런데 우리 사회에는 자신의 직업, 특히 한순간 머물다 내려와야 될 자신의 직위와 자기 자신을 동일시하는 경향들도 있다. 직업뿐 아니라 "나 ○○대 나온 사람인데…"라며 학벌을 내세워 위세를 부리거나 남을 협박하는 사람들도 있다. 협박의 수단으로 자신의 직업뿐 아니라 배우자의 직업, 부모의 직업, 재산까지 들먹이는 경우도 있다. 폭력배들만 자신의 직업으로 남을 협박하는 것이 아니다.

심지어 자기가 타고 다니는 자동차나, 자기가 사는 아파트와 자기 자신을 동일시하는 사람들도 있다. 이런 사람들은 대개 자신은 다른 사람과는 격이 다른, 특별한 사람이라고 믿는 경향이 있고, 도덕적 우월감까지 가지고 있다. 항상 자기의 위치를 '선', '정의', '올바름', '무오류'에 놓고 다른 사람을 위에서 아래로 내려다본다. 교만한 인간이 절대 자기 자신이 교만하다고 생각지 않

---

[*] 「이균용 부결 뇌관된 '비상장주식'… 판사가 "법 몰랐다" 해명에 여론 설득도 실패」, 《경향신문》 2023. 10. 6.

　　　　　　　　1부 한국인의 콤플렉스

듯이, 폭력적인 인간은 절대 자기 자신이 휘두르는 폭력이 잘못된 것이라고는 생각지 않는다. 상대방이 맞을 짓을 했다고 주장한다. 학교 폭력의 심리가 대개 이런 유형이다.

이들이 폭력을 휘두르게 되는 것은 대개 한껏 팽창된 내면의 자아와 남이 보는 외형적 자아 사이의 불일치로 말미암아 심각한 자아분열이 일어날 때이다. 거친 폭력과 함께 입에서 튀어나오는 말은 대개 "내가 누구인 줄 아느냐"이다. 그런데 폭력의 대상은 언제나 자신보다 지위가 낮거나, 불특정 사회적 약자들이다. 후배, 여성, 장애자, 아파트 경비원, 택시 기사, 택배 기사, 편의점 직원, 임시 일용직… 반면에 자신보다 지위가 높은 사람 앞에서는 다소곳하다 못해 측은하다 싶을 정도로 곱실거린다. 이들은 잔혹한 가학적 성향(사디즘)과 구토가 일어날 정도의 비굴한 피학적 성향(마조히즘)이 번갈아 나타나는 이중인격체들이다.

하지만 미친 짓이나 다를 바 없는 이런 이들의 포악함은 저지되거나 쉽게 교정되지 않는다. 반성도 없고 죄의식도 없다. 이들이 저지른 파렴치한 폭력범죄에 대해 법과 법관의 양심을 입에 달고 사는 이 나라 판사들이 반성(하는 척)하고 있다는 이유로, 동종의 전과가 없다는 이유로, 당사자가 처벌을 원하지 않는다는 이유로, 과도한 음주로 말미암아 심신미약 상태에 빠져 있었다는 이유로, 죄질은 나쁘지만 국가 경제에 이바지한 공로가 있다는 이유로, 이외에도 상식 밖의 이유를 찾아내서 면죄부를 주기 때문이다. 대부분의 국민들은 이 과정에서 '그냥' 변호사가 아니라 '전관' 변호사의 힘이 작용했을 것으로 의심한다. 하지만 물증이 없는데 어이하랴. 사법부의 판결을 존중할 수밖에. 참 가증스런 법치주의다.

분열된 자아

조남주의 소설 『82년생 김지영』의 주인공, 김지영 씨는 남아 선호 사상이 기승을 부리던 시절, 남동생의 분유 가루를 한 입 퍼 먹었다가 고추 없는 손녀가 고추 달린 손자의 분유를 먹었다고 할머니에게 등짝을 두들겨 맞으며 자란 세대다. 할머니는 가족 부양 의지도 없는 무능한 할아버지와 살면서도 할아버지가 "계집질 안 하고, 마누라 때리지 않은" 것만으로도 감지덕지하고 살았던 세대였다.

어려운 가정 형편에도 김지영 씨가 이를 악물고 공부한 끝에 입학한 대학은 'SKY'는 아니지만 온 나라 수험생들이 갈망하는 '인 서울'의 대학이었다. 하지만 문과여서 죄송하다고 해서 '문송'하다고 불러대는 인문학부. 그래도 악착같이 학점 관리를 하고 필수 자격증을 따고, 스펙을 쌓고, 가리지 않고 웬만한 기업에는 죄다 입사원서를 뿌려 댄 끝에 '작은' 홍보대행사에 취업하게 된다. 그리고 IT 계열의 '중견' 기업에 다니는 학교 선배와 결혼한 지 3년 만에 딸을 낳는다. 남편은 거의 매일 자정 무렵이 되어서야 퇴근을 하는 데다 시댁과 친정 어디에서도 도와줄 형편이 안 되자 결국 김지영 씨는 퇴사를 하고 그냥! 집에서 애 키우는 엄마가 된다.

매일 육아와 가사 노동에 시달리던 김지영 씨가 어느 날 어린이집을 마치고 나온 딸을 유모차에 태우고, 간만에 "햇볕도 쬐고 바람도 쐬게 하려고 가까운 동네 공원으로 유모차를 밀고" 간다. 날씨도 좋은데 마침 아이가 유모차에서 잠든 덕분에 모처럼의 여유를 즐기며 공원 건너편 카페에서 1,500원짜리 아메리카노 한 잔을 사서 공원 벤치에 앉았다가 느닷없이 벌레가 된다.

그때 옆 벤치의 남자 하나가 김지영 씨를 흘끔 보더니 일행에게 뭔가 말했다. 정확하지는 않지만 간간이 그들의 대화가 들려왔다. 나도 남편이 벌어다 주는 돈으로 커피나 마시면서 돌아다니고 싶다… 맘충 팔자가 상팔자야… 한국 여자랑은 결혼 안 하려고….

— 조남주, 『82년생 김지영』

그 충격 때문인지, '그냥 애 키우는 여자'가 된 자괴감 때문인지 김지영 씨는 다중인격장애자가 되어 정신과 진료를 받게 된다. 김지영 씨의 인격에 또 하나의 인격, 친정 엄마가 들어선 것이다. 김지영 씨의 인격이 이중인격으로 분열된 원인은 무엇이며, 지극히 불안정한 정신 상태의 김지영 씨에게 가장 절실한 처방은 무엇일까? 약물? 정신과 전문의의 정신분석?

동네 이발사 조만득 씨(이청준, 『조만득 씨』)는 병든 가족 부양의 짐을 혼자서 감당하며 가난과 궁핍에 시달리다 재벌 갑부가 된 망상에 빠져 정신병원에 입원까지 하게 되고, 골랴드낀(도스토옙스키, 『분신』)이라는 러시아 하급 관료는 켜켜이 쌓여 있는 관료 사회의 계급 질서에 질식할 듯 짓눌린 나머지 자신의 현실적 자아와는 전혀 다른 고급 관직자로 변신하는 망상에 빠진다. 8등관 꼬발료프 소령(고골, 『코』)의 경우, 몸의 일부인 코가 얼굴에서 떨어져 나가 정복을 입은 5등관으로 변신하여 꼬발료프 앞에 다시 나타난다. 비현실적인 이야기이긴 하지만 관등과 계급에 짓눌린 자아의 '몸'이 분열된 사례라고 할 수 있다. 몸이 분열되어 벌레로 변해 가는 극단적인 사례를 해학적으로 그려 놓은 소설은 카프카의 『변신』이다.

이 세상 누구든 자신의 분신을 상상하거나 꿈을 꾸며 살아간다. 정도의 차이가 있을 뿐이다. 그게 척박한 현실을 견디는 힘이기 때문이다. 학교 폭력에 시달리는 여린 학생이 자신이 슈퍼맨으로 변신하는 꿈을 꾸는 것은 당연한 심리적 방어기제 아닐까. 김지영 씨, 조만득 씨, 골랴드낀, 꼬발료프의 망상이나 그레고르(카프카, 『변신』)가 가족들조차 외면하는 벌레로 변해 가는 것은 자신을 옥죄고 있는 극한 상황으로부터 자신을 보호하기 위한 자기방어 기전이 작동한 것이지, 그들의 생물학적인 몸, 그중에서도 뇌에 문제가 있어서 나타난 증상들은 아니다. 그러나 정신의학은 개인을 둘러싸고 있는 법과 제도, 문화와 주변 인물들은 완벽하고 오류가 없고 건강하고 질서정연한 것이라는 전제에서 개인의 정신세계를 분석한다.

• • •

또 하나 우리가 주목해 보아야 할 것은 이 소설(『82년생 김지영』)의 마지막 대목이다. 김지영 씨의 주치의는 부부 의사다. 남편은 정신과 전문의, 아내는 남편의 대학 동기이며 남편보다 "공부도 잘하고 욕심도 많"은 안과 전문의. 그렇게 똑똑하고 장래가 촉망되는 여의사가 대학교수 자리까지 포기하고 월급쟁이 의사가 되었다가 결국 '그냥… 애 키우는 엄마'가 된다. 이유는 "수업 시간에 자꾸만 돌아다니고, 자기 국에 침을 뱉으며 먹고, 친구들의 정강이를 걷어차고 선생님에게 욕을 하는" 아들 때문에.

우리 사회의 통념에서 볼 때, 부부 의사가 경제력 때문에 자녀 교육에 문제가 생길 리는 없고, 게다가 부모의 의학 지식이 부족한 것도 아닐 테고. 무엇이 저 똑똑한 의사 부부의 아이를 포악한 성품의 '주의력결핍과잉행동증후군'ADHD으로 몰고 갔을까. 혹 "왕의 DNA"를 가지고 태어났기 때문일까?

자기 아들이 ADHD인지도 모르는 정신과 전문의…. 물론 '주의력결핍과잉행동장애'는 보는 사람의 관점에 따라 전혀 다른 진단이 나올 수도 있다. 다른 애들보다 좀더 활달하고, 장난이 심하고, 자기주장이 강한, 그래서 오히려 장래가 촉망되는 그런 특별한 아이일 수도 있다. 어디까지가 주의력 결핍으로 보아야 할지, 어느 정도의 행동이 과잉행동인지 기준이 없기 때문이다. 그래서 '주의력결핍과잉행동장애'라는 병은 순전히 제약회사의 상술이 만들어 낸 병이라는 주장도 있다.

그런데 전문직 여성에서 '그냥 애 키우는 엄마'가 되어 아들의 숙제를 봐 주다가 수학 문제를 푸는 것이 너무 즐거워, 아들 대신 수학 문제를 풀면서 즐거움을 느끼는 안과 전문의. 그는 고등학생 때 수학 영재였다.

우리나라 수험생들이 외우고 다니는 학력 서열 "의치한약수서연고…". 맨 앞의 의치한은 아마도 이 나라의 수학 영재들이 성적순대로 입학할 것이다. 그런데 입학과 동시에 수학이 전혀 필요 없는 의과대학, 치과대학, 한의과대학으로 온 나라의 수학 영재들이 미친 듯이, 그야말로 '미친 듯이' 몰려가는 이 나라의 교육 풍토를 과연 정상이라고 할 수 있을까?

의과대학에서 입학 업무를 담당하는 교수에게 물었다. 의과대학에서 전국의 수학 1등급들 다 데려가서 뭐 할 거냐고? 돌아온 대답은 "논리적인 사고…" 어쩌구였다. 의사가 될 의과대학생들에게 제일 중요한 것이 논리적 사고인가? 슈바이처가 대학 입학할 무렵 그의 수학 성적이 1등급이었는지는 모르겠으나 의사가 되기 전 그의 전공은 신학과 철학이었고, 그가 쓴 책은 수학은 물론 의학과도 전혀 무관한 예술가에 대한 평전(『요한 제바스티안 바흐』)이다. 반면에 아우슈비츠의 요제프 멩겔레Josef

Mengele(1911~1979), 731부대의 이시이 시로石井四郞(1892~1959) 같은 악마 의사들은 인간에게 일부러 극한의 고통을 주고, 그 고통의 양을 정확하게 수학으로 계산하던 의사들이었다.

의사들에게 필요한 것은 논리적 사고가 아니라 타인의 아픔에 공감하는 도덕적이며 미학적인 감수성이다. 의사가 하는 일은 고장 난 기계를 고치는 일이 아니라 인간의 고통을 달래 주는 일이기 때문이다. 정녕 의과대학생들에게 논리적 사고가 필요하다면 논리학을 가르치면 될 터. 그런데 내가 아는 상식으로 논리학은 대부분의 대학에서 철학과에 개설된 것으로 알고 있다.

김지영 씨의 주치의 아내처럼 자신의 내면에 내장되어 있는 잠재 능력을 개발할 수 있는 공부를 하지 못하고, 또 그 능력을 발휘할 수 있는 일을 하지 못하고, 그저 암기를 주된 학습 방법으로 삼는 의과대학 공부를 하고 있는 의대생, 그리고 그런 공부만을 했던 의사들이 이 나라에는 한둘이 아닐 게다. 그들의 인격도 분열되어 있을지 모른다.

부정당한 자아

50대 중반의 '전직' 초등학교 교사가 몇 달째 두통, 불면증, 무기력, 우울증에 시달리다 병원을 찾았다. 아직 정년퇴직을 하기에는 상당한 시간이 남아 있음에도 일찌감치 명예퇴직을 하고 그냥 집에 있는 평범한 주부가 되었다. 자녀들은 엄마의 손이 가야 할 나이는 벌써 지났으므로 집에서 '그냥' 애를 키울 일도 없으니 선생님의 위치에서 하루아침에 '할 일 없는 아줌마'가 된 것이다.

가장 큰 불편은 두통과 불면증, 그리고 울컥울컥 치솟는 분노와 서러움…. 원인은 단 하나, 원치 않는 퇴직, 명예 없는 명예퇴직 때문이었다. 그가 아직 한참 일을 할 수 있는 나이임에도 명예 없는 명예퇴직을 선택한 것은 자신의 뜻이라기보다는 학부모들의 민원 때문이었다. 민원의 이유는 교사로서의 자질과는 전혀 무관한 것이었다. 담임선생님의 나이가 너무 많다고 교체해 달라는 것.

그런데 자세히 살펴보면 이 초등학교 교사를 퇴직하라고 강요한 사람은 아무도 없다. 학교의 관리자요 상사인 교장·교감도, 교육청에서도 교육부에서도 퇴직을 강요한 적은 없다. 정년이 보장되는 교육공무원이었으므로 특별한 결격 사유가 없는 이상 정년이 보장될 터. 게다가 민원을 넣은 학부모가 퇴직을 강요한 것도 아니다. 학부모들이 요구한 것은 단지 담임을 바꿔 달라는 것뿐. 죄를 지어 법정에 선 피고인도 재판부기피신청을 할 수 있는 나라에서 내 아이를 가르칠 담임을 젊은 교사로 바꾸어 달라는 것은 학부모로서 당당하게 주장할 수 있는 정당한 권리라고 할 수도 있다. 학부모의 갑질형 민원으로 끝내 세상을 등지고 만 초등학교 교사들과 달리 가해자나 민원인을 특정할 수 있는 것도 아니다.

그래서다. 누구를 원망하랴. 원망의 대상은 오로지 '나이 든' 자신의 흰머리와 얼굴의 주름살뿐. 언제나 꽃다운 나이의 젊은 교사일 줄로만 알았는데 어느새 훌쩍 50대의 중년 여인이 되어 버린 허무함. 아직 얼마든지 일을 할 수 있는 능력도 있고 법과 제도로 보장되는 일할 권리도 있는데 늙음에 대해 냉정하게 벽을 쌓아 올린 세상에 대한 치끓는 분노···. 그러나 아무리 둘러봐도 분노를 표출할 대상이 안 보인다.

생각하면 생각할수록 머리는 지끈거리고 가슴이 두근거리는데 손가락 하나 까닥할 수 없는 무기력함, 날개도 없이 추락하는 자존감, 자아가 깡그리 부정당한 듯한 느낌, 그래서 길어지는 불면의 밤과 함께 베개를 흥건히 적시는 눈물, 의기소침, 엄마는 곧 무너지고 쓰러질 것 같은데, 뒤도 돌아보지 않고 성큼성큼 자기 길만 가고 있는 아들딸들에 대한 서운함, 남편은 젊을 때나 지금이나 여전히 바쁘고, 시도 때도 없이 치끓어 오르는 분노···.

이런 증상의 원인이 무엇일까? 뇌 구조의 문제인가? 아니면 세로토닌의 과잉 혹은 결핍? 도파민의 분출? 리비도 해소의 문제? 이런 사람이 정신과 의사에게 상담을 받고 약을 한 주먹 받아 먹으면 어제와는 전혀 딴 사람이 되어 명랑한 얼굴로 활발한 은퇴자의 자유로운 생활을 할 수 있을까? 이런 증상은 몸의 문제가 아니라, 난폭한 시대의 부조리가 유약한 인간의 영혼을 할

퀴고 간 상처 때문이다. 그 상처가 약 몇 알로 쉽게 아물까? 짜증과 분노를 잠시 누그러뜨리는 것 말고 어떤 효과를 기대할 수 있을까?

시대의 부조리란 내가 사는 이 세상이 돌아가는 이치를 도무지 납득할 수 없는 경우를 말한다. 이때 내가 선택할 수 있는 것은 딱 두 가지뿐이다. 저항하거나 투항하거나. 그런데 견고한 부조리에 함부로 부닥치다가는 내 몸만 바스러진다. 저항도 투항도 할 수 없는 사람은 그냥 미치는 것이다. 그냥… 그래서 다들 미치는 거다. 미쳐 가면서 병이 점점 깊어져 간다. "죽음에 이르는 병"으로…. 이렇게 미쳐 가는 것을 뇌의 해부생리학적 기전으로 설명하려 드는 것이야말로 정말 미친 짓이다.

억눌린 자아

나처럼 60을 훌쩍 넘긴 늙다리는 '단독자'로 키오스크 앞에 서면 괜히 불안해진다. 손놀림이 어둔하다. 가슴이 두근거린다. 뒤를 힐끔힐끔 살피게 된다. 뒤편에 사람들이 줄이라도 서게 되면 그냥 포기하는 것이 남을 배려하는 태도다.

보통 대형 서점에는 나처럼 불안에 떠는 '키오스크 앞에 선 단독자'를 배려하기 위한 매장 직원들이 있다. 대형 서점이라 하더라도 인터넷 주문이 많아지는 데다 키오스크를 쓰는 사람이 늘어나면서 매장 직원의 수는 한 해 한 해 줄어들어 한두 명 남짓 남아 이른바 늙어서 굼뜬 '고객님'들을 응대한다. 그런데 매장 직원과 직접 대면하는 일은 '키오스크 앞에 선 단독자'가 느끼는 불안이나 불편과는 성격이 다른 불편함이 있다.

형상은 분명 사람인데 도무지 사람의 온기를 느낄 수 없는 독특한 어법과 억양, 꾸며진 친절로 포장된 기계적 음성이 끝도 없이 이어지고, 수사기관의 심문에 가까운 질문에 인내심을 가지고 꿋꿋하게 응대해야 한다. 책 고르는 일보다, 무거운 책을 들고 가는 일보다 더 힘든 시간이다.

"회원이실까요?"

"전화번호 입력해 주실까요?"

"적립금 있으신데 쓰실까요?"

"종이봉투 필요하실까요?"

"종이봉투 100원인데 괜찮으실까요?"

"포장 뜯으시면 반품 안 되시는데 괜찮으실까요?"

"카드 꽂아 주시면 되세요."

"할부 몇 개월이실까요?"

"일시불, 괜찮으실까요?"

"영수증 필요하실까요?"

"영수증이 있어서야 반품되세요.

"주차권 필요하실까요?"

…

나 한 사람만을 상대하는 것이 아닌 이상 그 직원은 출근하여 퇴근할 때까지 자신의 감정과는 무관하게 아무 표정도 없이 하루 종일 똑같은 말만 되풀이할 것이다. 정신질환을 앓고 있는 사람들 특유의 증상 중 하나인 언어상동증Verbal stereotype 수준이다.

게다가 상식으로는 도저히 이해할 수 없는 존칭과 경어를 남발한다. 소비사회에서 유통서비스업체의 판매원이 고객을 왕이나 다를 바 없는 존재로 대접해야 한다는 것은 그들의 직업적 숙명이라 하더라도, 존칭과 경어는 인격이 있는 인간을 대상으로 사용하는 것 아닌가.

"신상이시고요, 색상은 레드, 그레이, 블랙 있으시고요, 지금 30퍼센트 세일 기간이세요", "지금 주문하시면 이틀 걸리세요", "3권 대출되셨고요, 반납은 30일이세요", "소변 색깔은 레드 칼라세요"…

간호사가 환자가 아닌 환자의 소변에다 존칭을 붙이고, 도서관 직원이 책을 빌려 가는 시민이 아닌, 대출 반납일에 경어를 쓰고, 백화점 직원이 상품의 색깔과 세일 기간에다 극존칭을 쓰는 것이 이제는 낯설지 않다. 그들만의 당연한 어법으로 자리 잡아 가고 있다.

그런데 이런 언어 습관이 매일, 일 년 삼백육십오 일, 그리고 매년 되풀이된다면 그 직원의 인격이나 자아는 어떻게 될까. 짓눌리다가 서서히 서서히 타들어 가는 거다. 자신의 자아에는 어떤 자존감도 가능성도 남지 않고 다 타들어 가는 거다. 하지만 우리나라 노동법은 육체노동에 대한 규정만 있지 '감정노동'은 노동으로 인정조차 하지 않는다. 따라서 과로도 육체노동의 시간을 기준으로 산정할 뿐 감정노동은 고려할 여지가 전혀 없다.

병원에서 간호사에게 환자의 소변에도 경어를 쓰라고 강요하지는 않았을 것이고, 도서관장이 도서관 직원에게 반납일자에도 경어를 붙이라고 윽박지르지는 않았을 것이다. 하지만 그들은 사람과 사물을 가리지 않고 거의 강박적으로 경어를 쓴다.

무엇이 이들의 자아를 이토록 무겁게 짓누르고 있을까. 어떤 힘들이 이 청년들의 자아를 한없이 굴종적으로 몰아가는가? 무엇이 이 젊은이들을 이처럼 스스로를 잔인하게 태우도록 만들고 있는가.

자기 자신에게 착취당하는 자아

우리 사회는 지금 개인의 능력과 노력에 따라 보상이 돌아가는 성과급이 일반화되어 있는 사회다. 영어를 좋아하는 사람은 '인센티브' 제도라고도 하는데, 조직은 이를 통해 자기 업무에 더 많은 성과를 내도록 동기 부여를 하는 것이다. 성과급 제도는 민간 부분만이 아니라 개인이 이룬 성과를 객관적으로 평가하기 어려운 교사, 의사들 급여체계에도 도입되어 있다.

성과급 제도는 과거 고용자와 피고용자 사이에 일어나는 착취, 또는 혹사라는 부정적 개념이 없어지는 대신 성과에 목매다는 피고용자가 스스로 자기 자신을 착취하는 구조로 바꾸어 놓았다. 고용주 앞에서 뽑아만 주시면 "열심히 하겠습니다"라는 다짐은 초과이익을 내기 위해 고용주가 피고용자를 혹사시킬 이유가 없고, 알아서 스스로 자기 착취를 하겠다는 다짐과도 같은 말이다. 배달노동자가 과도한 업무에 쓰러졌을 때 업체의 반응이 이런 성과급 제도의 속성을 설명한다. 야근이나 철야, 과속 불법운전을 누가 강요한 것도 아니고 더 많이 벌기 위해 스스로 짊어진 노동의 과부하인데 누가 누구 탓을 하느냐고….

우리 사회는 지금 성과를 내기 위해 몸부림을 치는 사람들로 가득하다. 자영업자는 말할 것도 없고, 대부분의 월급쟁이들, 골방 같은 고시원에서 취업 준비하는 청년들, 겉으로는 몹시 자유로워 보이는 플랫폼 노동자들까지…. 자기 착취를 흔히 '자기와의 싸움'이라는 다소 거룩한 표현으로 포장한다. 그런데 자신이 자기와 싸워 이겼을 때 패자는 누구인가? 결국 자기 자신 아닌가? 그 싸움에서 이겨본들 소진되고 텅빈 자아만 남을 뿐! 재독 철학자 한병철은 소진이란 성과주의 사회에서 자기 착취의 "병리적 표출"이라는 기막힌 진단을 했다.[*]

지금 우리 사회에서 자기 착취를 하는 사람들의 모습을 확인

---

[*] 한병철, 『피로사회』, 김태환 옮김, 문학과지성사, 2012, 103쪽.

         1부 한국인의 콤플렉스

하고 싶으면 당장 길거리로 나가서 도로와 인도, 횡단보도를 가리지 않고, 신호불문, 속도위반, 역주행을 일삼으며 폭주하는 배달노동자들을 보면 된다. 그들은 이렇게 오토바이를 몰다가는 내가 죽을 수도 있고 남을 죽일 수도 있다는 사실에 무감각(Apathy)하면서도, 그런 사실을 아예 인지도 못하는(Agnosia) 데다, 배달노동자와 계약관계에 있는 업체나 단속을 해야 할 경찰, 지자체, 정부 당국자들조차 이런 위험한 현실을 개선할 의지가 아예 없다(Abulia). 스스로 선택한 혹사이기 때문에.

길거리의 배달노동자들에게 드리워진 죽음의 'Triple A'*는 겉으로 드러나기라도 하지만 우리가 쉽게 확인하기 어려운 사업장 안에서도 매일같이 벌어지는 일일 게다. 그래서 지금 이 시간에도 어디선가 일을 하다가 누군가가 죽거나 누군가를 죽이는 일들이 벌어지고 있을 것이다. 그 죽음에 대해서는 아무도 책임을 지지 않는다. 돈 안 드는 도의적 책임조차도…. 누가 강요한 것도 아니고 자기 스스로 '열심히' 하다가 쓰러진 것일 뿐이니.

그렇다면 끝내 자기와의 싸움에 실패한 패자들은 어떤 길을 가게 될까? 성과주의가 만연하는 사회는 사이코패스의 번식장

* Apathy: 느낌의 결여, 무감동, Abulia: 무의지증, Agnosia: 인지불능증. 뇌의 급성 기질적 질환 없이 이런 증상이 나타나는 경우를 카를 야스퍼스는 "비정상적 인격의 정서적 둔감"이라고 설명했다. 카를 야스퍼스, 『정신병리학 총론 1』, 송지영 외 옮김, 아카넷, 2014, 241쪽.

이나 다를 바 없다. 가끔 사회문제가 되는 사이코패스는 사실 우리 주변에 널려 있지만 겉모습만으로는 확인하기가 어렵다. 그들은 병식病識, Insight이 없으니 병의원을 찾지도 않는다. 그래서 엽기적 사건이 발생하기 전에는 내 주변에 '사이코패스'가 있는지를 알아차릴 수가 없다.

그들은 이빨을 갈면서 끊임없이 곁눈질을 하며 사람들 사이를 비집고 인간들 사이에 유대가 없는 거리를 헤매고 다닌다. 분주하고 삭막하고 살벌하고 황급한 거리를 헤매던 그들의 원한이 불특정 시민들을 향해 투사되는 순간, 경계를 넘게 된다.

불안정한 자아 — 경계성 인격장애

대문호 도스토옙스키의 대표작인 『죄와 벌』의 주인공 라스꼴리니꼬프는 아무것도 아닌 그냥 대학 휴학생이다. 아무 하는 일 없이 먹을 것이 있으면 먹고 없으면 굶고, 그냥 그저 '생각하는 일'만 좋아하는 청년이다.

게다가 그는 언제부터인지는 몰라도, 우울증 환자처럼 자기만의 세계에 빠진 채 하숙집의 여주인뿐 아니라 그 어느 누구와도 만나기를 꺼려하는 은둔형 외톨이에 가까운 가난한 청년이다. 『죄와 벌』은 라스꼴리니꼬프가 오랜만에 자신의 하숙방에서 나와 길을 나서는 것으로 시작한다.

찌는 듯이 무더운 7월 초의 어느 날 해질 무렵, S골목의 하숙집에서 살고 있던 한 청년이 자신의 작은 방에서 거리로 나와, 왠지 망설이는 듯한 모습으로 K다리를 향해 천천히 발걸음을 옮기고 있었다.

— 도스토옙스키, 『죄와 벌』

하숙방을 나선 라스꼴리니꼬프는 뚜렷한 목적의식도 없이 불특정인에 대한 "적개심과 경멸감"을 마음에 가득 담고서는, "일종의 무아경 상태에 빠져, 주변을 전혀 의식하지 못한 채, 또 의식하기를 원하지 않으면서" 악취 풍기는 도시의 뒷골목을 빠져나와 K다리를 향해 걸어간다.

『죄와 벌』의 도입부를 의사가 쓴 환자의 병록지로 보고 현재 정신과 전문의들이 사용하는 『정신질환 진단 및 통계 편람』DSM을 적용하면 라스꼴리니꼬프는 '경계성 인격장애자'로 격리 수용해야 될 정도의 중증 정신질환자라고 할 수 있다. 평소에는 긴장과 초조, 우울감 속에서 젖어 외부세계와 단절된 채 지내는 은둔형 외톨이에 가까운 청년이 어느날 홀연히 적개심과 경멸감으로 이글거리는 눈빛을 하고 주변은 물론 자기 자신조차 의식하지 못한 채 길거리를 서성댄다. 마주치는 누군가가 있으면 물어뜯어 버릴 기세로 이빨을 갈고 눈을 희번덕거리며….

라스꼴리니꼬프가 처박혀 지내는 하숙집에서 큰길로 나가는 길에 가로놓여 있는 K다리는 소설의 무대인 빼쩨르부르그의 단순한 지형지물이 아니라 라스꼴리니꼬프의 마음에 그어진 경계선 같은 것이기도 하다. K다리 저쪽 편은 라스꼴리니꼬프가 범죄의 표적으로 삼고 있는 전당포 노파와 노파의 여동생 리자베타가 살고 있는 곳이고, 이쪽 편은 라스꼴리니꼬프가 살고 있는 하숙방이 있는 곳이다. K다리 저쪽 편에서 잔혹한 살인 범죄를 저질렀던 라스꼴리니꼬프가 K다리 이쪽 편에서는 자신이 가진 모든 것을 쏟아부으며 아무런 인연도 없는 불행한 소녀의 가족들을 돕는다. 라스꼴리니꼬프가 보여주는 이 양극단의 행동, 한 사람 내면에 두 개의 상반된 인격이 존재하는 이 사실을 어떻게 설명할 것인가?

한 인간의 내면에는 선과 악이 공존한다. 하지만 그 경계는 선명하지도 않고, 높지도 않아서 너무나도 쉽게 넘나들 수 있는 경계선이다. 그래서 한순간 경계를 넘어섬으로써, 다시 말하면 "선을 넘으면" 천사 같은 사람이 악마가 될 수도 있고, 악마가 다시 천사로 돌변할 수도 있다. 이 사실을 라스꼴리니꼬프라는 가상의 인물을 내세워 지루하게 또 장황하게 설명하고 있는 소설이 대문호 도스토옙스키의 불후의 명작, 『죄와 벌』이다. 라스콜리니꼬프에게 K다리가 바로 경계인 셈이다.

그렇다면 선과 악의 경계선을 배회하며 불만과 적의에 가득 찬 눈으로 세상을 바라보는 청년을 무엇이 경계 너머 저쪽 악의 편으로 넘어가도록 떠밀었을까? '심신미약'이다.

2007년 4월 16일, 미국 버지니아주 버지니아 주립대에서 32

명의 사망자와 23명의 부상자를 낸 총기난사의 주범 조승희는 범행 직전까지 프로작 이외에도 리탈린, 자낙스까지 복용하고 있었던, "조용하고 우울하고 무표정한" 한국계 미국인이었다. 하지만 약은 전혀 효과가 없었고 세상으로부터 고립된 외톨이의 분노와 증오심은 시간이 갈수록 점점 더 증폭되어 갔다. 끝내 미국 역사상 한 사람에 의해 가장 많은 희생자를 남긴 총기난사 사건을 일으키고 스스로 목숨을 끊었다.[*]

모든 범죄자들은 범죄를 실행할 당시 우리가 보통 '미쳤다'라고 하는 유형의 행동을 보이게 된다. 신당역 스토킹 살인범 전주환은 신상이 공개되고 기자들이 몰려드는 자리에서 "내가 정말 미친 짓을 했다"라는 소회를 밝혔다.[**] 하지만 이런 범죄자들이 미쳤음을, 미쳐 있음을 사전에 증명하기란 불가능하다. 심신미약 상태는 늘 참혹한 범죄가 일어난 후에 확인된다.

범죄를 저질러도 심신미약 상태임이 확인되면 정상 참작이 되고 감형 사유가 된다. 그 결정은 순전히 판사 한 사람의 재량에 달려 있다. 전주환은 폭력 전과가 있는 데다 중형이 예상되는 죄질이 나쁜 범죄자였음에도 판사가 증거인멸, 도주의 우려가 없다는 이유에서 구속영장을 기각하여 불구속 상태로 재판중에 보복살인을 한 것으로 알려졌다. 하지만 이런 결과에 대

---

[*] 프랑코 '비포' 베라르디, 『죽음의 스펙터클 — 금융자본주의 시대의 범죄, 자살, 광기』, 송 섬별 옮김, 반비, 2016, 77~95쪽, 「4장 조승희의 심리영역」 참조.
[**] 「'스토킹 살인' 전주환 "제가 진짜 미친 짓 했다… 정말 죄송"」, 《동아일보》 2022. 9. 21.

해 판사는 처벌은커녕 어떤 책임도 지지 않는다. 국민들은 그저 "사법부의 판단을 존중한다"는 말 이외에 달리 할 말도 없다.

도스토옙스키의 『죄와 벌』은 라스꼴리니꼬프의 악행, 전당포 노파에 대한 흉악 범죄가 우울증을 앓던 한 청년의 "일시적인 정신착란 상태" 즉 심신미약 상태에서 저질러진 우발적 범죄임을 입증하기 위한 변호사의 길고도 긴 변론서와 흡사하게 전개된다. 결국 라스꼴리니꼬프는 법원에서 "일시적인 정신착란에 의한 범죄"임이 인정되어 두 사람이나 잔혹하게 살해한 흉악범인 데다 치밀하게 계획한 계획 범죄였음에도 불구하고 시베리아 8년 유형이라는 비교적 가벼운 처벌을 받는다.

지금 우리 사회에는 곳곳에서 심신미약자들이 경계선 근처를 방황하며 곁눈질을 하고 있다. 하지만 황급하게 분주하게 총총 자기 길만을 가는 사람들은 심신미약자들의 눈길을 의식하기 어렵다. 그들의 모습이 너무나 평범하므로….

심신미약의 평범성

2017년 6월, 고등학교를 중퇴한 17세 여학생이 주변 친구에게 "사냥을 나간다"라는, 범죄를 암시하는 글을 남기고 같은 아파트 단지에 사는 여덟 살 여아를 유괴해 처참하게 살해하고 시신까지 훼손하는 사건이 일어났다.

그런데 살인에다 시신까지 훼손할 정도의 잔혹한 범죄를 저질렀음에도 처벌의 수위는 그리 높지 않을 것이라는 전망 때문에 논란이 일기도 했다. 이 여학생은 18세 미만의 미성년이었기 때문에 사형이나 무기징역 같은 극형을 선고할 수 없는 데다, 재판 과정에서 정신질환, 즉 심신미약 상태에서 충동적 우발적으로 범죄를 저질렀다는 주장을 하는 것으로 알려졌다. 그가 앓았다는 정신질환은 '아스퍼거 증후군'이다.*

전공 분야가 아니면 의사들도 잘 모르는 이 병은 자폐증의 일종으로, 자폐증과는 구분되는 몇 가지 특징적인 증상을 근거로 오스트리아 소아과 의사, 아스퍼거Hans Asperger가 사례를 발표했다고 해서 '아스퍼거 증후군'으로 분류된 병이다. 의사들에게도 생소한 이 질병이 느닷없이 사람들의 입에 오르내리게 된 것은 가해자가 심신미약 상태였음을 입증하기 위해 제출한 진단서 때문이었다.

또래 여성을 과외 앱으로 유인하여 엽기적인 살인 행각을 벌인 정유정도 범행 이후 "제정신이 아니었던 것 같다"라고 했고, 구속된 이후 양극성 정동장애와 우울증 약을 투약하고 있다는 사실을 법정에 제출했다. 심신미약 상태에서 범행을 저질렀다는 말이다.

* 「"인천 둔촌동 초등생 살해범 아스퍼거 증후군 가능성"… 아스퍼거 증후군이란?」, 《국제신문》 2017. 6. 20.

신림동 등산길에서 생면부지의 여교사를 폭행하여 숨지게 한 최윤영의 경우도 마찬가지다. 살인의 의도는 없었고 가족관계에서 생긴 스트레스가 범죄의 원인임을 주장하고 있으니 그 또한 심신미약 상태에서 저지른 우발적 범죄라는 점을 적극 항변하고 있는 거다. 최윤영도 라스꼴리니꼬프처럼 은둔형 외톨이였다. 경계선 위를 방황하며 기웃거리다가 먹잇감을 발견하고 선을 넘은 것이다.

전남편을 살해하고 시신을 훼손하여 시신의 흔적조차 찾을 수 없게 만든 고유정도 심신미약 상태에 있었다. 전문가들은 고유정의 심신 상태를 '자기애성 성격장애'Narscistic Pernality Disorder로 진단했다. 일면식도 없는 70대 노인을 길거리에서 칼부림으로 숨지게 한 20대 청년, 그 역시 조현병을 앓고 있던 것으로 확인됐다.[*]

2차 세계대전이 끝난 후 나치 체제의 전범들의 재판 과정에서 인종 학살 공장이라고 할 수 있는 아우슈비츠의 관리자로 근무한 아이히만 중령의 재판 과정에 참여한 한나 아렌트Hannah Arendt(1906~1975)는 '악의 평범성'이라는 유명한 말을 남긴다. 아이히만은 결코 보통 사람과는 다른 악인이 아니라 우리 주변의 평범한 이웃에 불과한 사람이었고, 주어진 자기 업무에 충실했

---

[*] 「"일면식 없는 사이" 길거리서 흉기로 70대 살해한 20대… "정신질환 앓아"」, 《경향신문》 2023. 12. 4.

던 군인이었을 뿐이다. 문제는 "자기가 무엇을 하고 있는지 결코 깨닫지 못한" 사람이었다는 것과, "자기가 한 일의 결과에 대한 상상력이 없는" 사람이었다는 것.*

심신미약자들의 평범성 역시 그런 맥락에서 이해해도 될 것 같다. 엽기적인 범죄를 저지른 심신미약자들은 결코 자신이 무슨 짓을 저지르고 있는지, 자신의 행위로 말미암아 어떤 일이 벌어질지 짐작할 수 있는 단 한 조각의 상상력까지도 말라버린 사람들이라고 할 수 있다.

지금 우리 주변에는 우발적이든 계획적이든 누가 봐도 '미친 짓'을 하는 사람들이 있고, 그 사람들은 사건 뒤에 으레 심신미약 상태임을 주장한다. 그렇다면 무엇이 평범한 사람들을 심신미약 상태에 빠뜨리고, 급기야는 미치게 만들어 애꿎은 남의 목숨까지 앗아가게 만드는 것일까.

광기가 병이 아니라 신의 축복을 받은, 창조의 원동력이라는 칭송을 받았던 시대도 있었고, 광기야말로 인간성의 본질이기에 광기 없이는 인간 존재를 이해할 수 없다는 시절도 있었다. 광인들이야말로 "인간 정신의 걸작, 심오한 이해, 위대하고 고결한 것들에 뜨거운 열정을 갖도록 된 이들"이라는 평가를 받은 것이 1세기 남짓 전의 일이다.**

---

* 한나 아렌트, 『예루살렘의 아이히만』, 김선욱 옮김, 한길사, 2011, 391쪽.
** 필립 피넬, 『정신이상 혹은 조광증의 의학철학 논고』, 이충훈 옮김, 아카넷, 2022, 185쪽.

도스토옙스키는 라스꼴리니꼬프의 범죄를 "환상적이고 암울한 사건, 현대적인 사건, 인간의 마음이 혼미해진 시대, 피가 맑아진다느니 하는 말이 인용되고 편안함이야말로 인생의 전부라고 선전되는 우리 시대의 사건"이라고 정의했다. 시대의 문제이지 라스꼴리니꼬프의 잘못이 아니란 이야기다. "질병은 병리학의 영역에서 발견되는 시대의 산물"*인 이상, 질병을 순전히 개인의 책임으로만 돌릴 수 없다. 도스토옙스키는 근대 문명사회가 인간을 심신미약 상태로 몰아가는, 즉 정신장애의 배양지 기능을 한다는 것을 정확하게 짚어 낸 천재 작가다.

라스꼴리니꼬프는 근대 문명사회로 변모하기 위해 혁신에 혁신을 거듭하고 있던 뻬제르부르그의 좁고 더러운 뒷골목에 붙어 있는 좁디좁은 하숙방에 갇혀 지내던 은둔형 외톨이였다. 라스꼴리니꼬프의 어머니는 아들이 우울증 환자가 된 것이 "꼭 관 속 같은" 아들의 골방이 원인이라고 탄식을 한다.

우리나라 청년들의 주거 환경이 심각할 정도로 열악하다는 지적이 나온 게 어제오늘의 일이 아니다. 라스꼴리니꼬프가 살던 "관 속 같은" 방을 요즘 우리나라에서는 "풀옵션 원룸"이라고 한다. 풀옵션이어서 당장 생활하는 데는 불편이 없으니, "자발적 실종"을 선택하거나 "은둔형 외톨이"로 지내기가 훨씬 수월하다. "관 속 같은" 라스꼴리니꼬프의 방보다….

---

* 에곤 프리델, 『근대문화사 1』, 변상출 옮김, 한국문화사, 2015, 118쪽.

3장 광기 또는 미쳤다는 것에 대하여

질병과 역사

인류의 역사를 서술할 때 대개 정치, 경제, 사회, 문화를 중심으로 하고, 질병은 그 시대의 부수적인 현상 정도로 다루어지는 경향이 있는데, 사실 꼼꼼히 살펴보면 인류의 역사가 요동치게 되는 데는 거의 대부분 질병의 영향이 있다. 그중에서 전염병은 인류의 역사를 뒤바꾸는 데 있어 결정적인 역할을 한다.

유럽에서 종교권력이 지배하던 중세 봉건사회가 무너지고 근대 시민사회로 탈바꿈하게 된 결정적인 원인은 거의 3세기 동안 지속되었던 페스트의 영향이었고, 세계 제패라는 나폴레옹의 원대한 꿈을 좌절시켰던 것은 러시아의 청야淸野 작전이라기보다는 출병과 거의 동시에 나폴레옹 군을 덮친 발진티푸스 때문이었다. 나폴레옹이 50만 명이 넘는 대군을 이끌고 러시아로 진격하였지만 출병하자마자 발진티푸스에 감염된 병사들이 속출하여, 러시아에 도착했을 때의 병력은 13만 명에 불과했다. 러시아에서 독일로 퇴각을 할 때는 겨우 3만 5천 명만 살아 있었다.[*]

그리고 19세기에 유럽을 필두로 동아시아 국가에 이르기까지 대부분의 국가들이 봉건사회에서 벗어나 근대 문명국가의 틀을 갖추게 된 배경에는 1817년부터 여섯 차례나 되풀이된 콜레라 대유행이라는 보건위생상의 문제를 무시할 수 없다. 그리고 산업혁명이 불러일으킨 결핵과 19세기 유럽 전역에 창궐한 매독은 세기말의 허무주의와 방탕, 방종을 부추기고 '데카당스' 예술 사조의 밑거름이 된 것이기도 하다.

인류 역사에서 근대적인 보건위생 개념이 정립이 되고 노동자를 보호하기 위한 노동조건이 개선이 된 것은 순전히 콜레라와 결핵과 같은 감염병의 영향이 제일 컸다고 볼 수 있다. 19세기 이후에는 근대적인 보건위생체계가 갖추어져 있는지 여부로 선진국과 후진국을 가르는 판단 기준으로 삼기도 한다. 19세기 말 우리 민족이 일본 제국주의자들에 의해 미개 민족으로 폄하된 이유 중의 하나가 바로 미흡한 보건위생체계 탓이었다.

전염병과 함께 인류 역사와 거의 궤를 같이해 온 질병 중의 하나가 간질병이다. 지금은 뇌전증이라고 바꾸어 부르는 간질

---

[*] 아노 카렌, 『전염병의 문화사』, 권복규 옮김, 사이언스북스, 2001, 178~179쪽.

1부 한국인의 콤플렉스

병은 선사시대부터 흔적이 남아 있는 오래된 질병 중의 하나다. 신석기 시대의 유물에서 간혹 구멍 뚫린 두개골이 발견되는데, 이것은 단순한 외상의 흔적이 아니라 악령이 질병을 일으킨다는 초자연적인 질병관이 지배하던 선사시대에 행해졌던 의료 행위 일종으로 생각하고 있다. 인간의 뇌 속에서 발호하며 간질 발작을 일으키는 악령을 쫓아내기 위해 두개골에 구멍을 뚫은 것이다. 우리의 언어 습관으로 바꾸어 말하면 '혼구멍'을 낸 것이라 할 수 있는데, 치료의 결과는 확인하기 어렵다. 다만 이런 의료 행위를 놓고 선사시대 인류의 무지와 몰상식, 무자비함에 대해 개탄할 것까지는 없다. 바보가 된 이유가 뇌 속의 돌 때문이라면서 그 돌을 꺼낸답시고 두개골에 구멍을 뚫는 무지막지한 수술을 하거나, 정신질환자의 뇌의 일부를 절제(회백질절제술)하기도 하고 전기충격 치료를 한 것은 과학과 이성의 힘이 한껏 뻗치던 계몽주의 시대의 의사들이다.

회백질절제술과 전기충격 치료는 최근까지도 정신질환의 중요한 치료법 중의 하나로 처방되고 있다. 어릴 때 뇌 손상으로 감정 기복과 반항적 기질이 있던 케네디 대통령의 동생 로즈메리Rosemary Kennedy(1918~2005)는 전두엽절제술을 받은 뒤 영구 장애에 빠졌고, 우울증에 시달리던 소설가 헤밍웨이Ernest Hemingway(1899~1967)는 우울증 치료를 위해 전기충격 치료를 두 차례 받은 뒤 퇴원 후 곧바로 권총으로 자살을 했다. 자신의 머

리를 '폐허'로 만들어 버린 의사들을 비난하는 글을 남기고.[*]

　그런데 불안, 우울 같은 정동장애들이나 분열병이 치료를 받아야 하거나 아니면 사회로부터 격리되어야 할 질병으로 인정된 역사는 전염병이나 간질병과 같은 다른 질환과 달리 역사가 대단히 짧다. 주술적 사고에 머물던 의술이 과학과 이성의 도움으로 혁신이 일어나고, 종교나 철학의 영역에서 다루어지던 정신까지 과학으로 접근하기 시작한 것은 근대 과학의 성과다. 정신의학이나 심리학이라는 학문체계가 구축됨으로써 정신에 대한 관할권이 철학과 종교에서 의학으로 넘어오기 시작한 것이 19세기였으니 정신질환의 역사는 19세기부터 시작된 것이라고 할 수 있다.

　근대는 전통의 공동체 사회가 가지는 포용력이 무력화되어가는 시대였다. 이질적인 것들에 대한 배려와 낯선 것들에 대한 환대의 문화가 근대의 거센 물결에 휩쓸려 떠내려가 버렸다. 그 결과 이질적인 것, 낯선 것들, 질서에 어긋난 것들을 세련된 근대의 길거리로부터 격리시키는 공간과 기준이 필요했다. 정신질환의 역사는 그렇게 시작되었다고 보아도 무방하다. 달리 생각하면 정신질환은 과학과 이성이 힘을 발휘하는 '근대'라는 시대에 과학과 인간의 이성이 만들어 낸 질병이라고 할 수 있다.

[*] 앤드루 스쿨, 『광기와 문명』, 김미선 옮김, 뿌리와이파리, 2017, 450쪽.

광기는 개인에게는 드문 일이다. 그러나 집단, 당파, 민족, 시대
에서는 일상적인 일이다.

— 프리드리히 니체, 『선악의 저편』[*]

멜랑콜리(Melancholy)

우울증도 간질병 만큼이나 꽤 오래된 역사를 가지고 있다. 우
울증의 유래를 알기 위해서는 고대 그리스까지 거슬러 올라가
야 한다. 고대 그리스 사람들은 요즘 우울증이라고 이야기하는
정서를 '멜랑콜리'Melancholy라 했다. 멜랑콜리라는 말은 검은색
이란 뜻의 'Melan'과 담즙이란 뜻의 'Chole'가 합쳐진 단어다. 그
래서 멜랑콜리는 흑담즙이 지나치게 많이 분비되어 그 영향으
로 사람들의 정서나 기분이 평소와 달라진 현상을 일컫는다.

그런데 멜랑콜리는 자신은 물론 다른 사람의 생명까지 위협
하기도 하는 요즘의 우울증과는 사뭇 분위기가 다르다. 중세의
화가, 알브레히드 뒤러Albrecht Dürer(1471~1528)가 그린 〈멜랑콜
리아〉나 19세기 화가 에드바르트 뭉크Edvard Munch(1863~1944)의
〈멜랑콜리〉에 등장하는 인물 초상을 보면 멜랑콜리에 빠져 있
는 사람들의 정서를 어느 정도는 이해할 수 있다. 쓸쓸함과 외

[*] 프리드리히 니체, 『선악의 저편·도덕의 계보』, 김정현 옮김, 책세상, 2002, 127쪽.

로움, 또 침울함이 느껴지기도 하지만 한편으로는 깊은 사색에 빠져 있는 분위기다. 가까이서 보면 그리 공격적이지도 않고 오히려 연민과 짠함을 불러 일으킨다. 그런데 요즘 우울증에 빠진 사람을 만나면 주변 사람들이 먼저 피한다.

유럽 사회에서 멜랑콜릭한 정서는 치료받아야 할 질병이 아니라 함부로 없애면 안되는, 철학과 예술, 문화의 자양분이 되는 정서였다. 한恨의 정서가 우리 민족문화에 깊은 영향을 미쳤듯이 멜랑콜리 정서 역시 서구 유럽문화의 밑바탕에 깔려 있는 정서라고 할 수 있다. 겉으로는 침울하고 의기소침하지만 안으로는 창조와 창작의 열정에 불을 지피는 것이 멜랑콜릭한 정서다. 키르케고르Søren Kierkegaard(1813~1855)는 멜랑콜리를 자신의 애인이라 부를 정도였고, 신이 죽고 난 뒤 불안과 우울에 시달리는 근대인의 영혼을 '절규'라는 제목으로 화폭에 담아낸 뭉크는 유년 시절부터 시작해서 삶 전체가 멜랑콜릭하였다. 보들레르 Charles Pierre Baudelaire(1821~1867)가 멜랑콜릭한 상태에 빠져 있지 않았더라면 우리는 『악의 꽃』을 읽을 수 없었다. 보들레르는 멜랑콜릭한 자신의 정서를 오롯이 시로 담아낸 것이다.

지금 의료계에서는 우울증과 관련된 용어로 멜랑콜리 Melancholie를 사용하지 않는다. 대신 'Depression'으로 표기한다. 무언가에 짓눌려 있다는 뉘앙스를 풍기는 이 단어는 경제용어로 쓸 때는 대공황이란 뜻으로 풀이되기도 한다. 우울, 우수와 같은 정서에 의료계가 멜랑콜리라는 단어를 사용하지 않게 된 이유는 의학의 발전과 관련이 있을 것 같다. 19세기에 들어와서 획기적으로 발전한 해부생리학으로 말미암아 '검은 담즙'이라는 것이 인간의 몸에 실재하는 것이 아니라, 고대 그리스 사람들의 상상력의 산물임이 확인되었기 때문이다.

우울증의 영어로 디프레션Depression이 더 적합하다면 멜랑콜리는 우울보다는 우수憂愁가 어울릴 것 같다. 그런데 우울증이 뭔가에 짓눌린 상태에서 신경전달물질의 과잉 또는 과소 분비로 초래되는 증상으로 이해하게 되면서 멜랑콜리와 달리 디프레션은 약물로 해결해야 할 질병이 되고 말았다. 그래서 디프레션에 빠진 사람들의 귓전에 "프로작에 귀 기울여 보라"는 달콤한, 아주 달콤한 유혹의 속삭임이 들려오는 것이다.

Depression, 즉 우울증이란 말에는 어떤 정서적인 분위기가 전혀 느껴지지 않는다. 그저 납덩이같이 무거운 무언가에 짓눌려 있는 듯한 삭막만 분위기만 느껴진다. 그 무게를 더 이상 견디지 못하게 되면 떨쳐 일어나 자기 자신을 공격하기도 하고, 불특정 이웃들을 해꼬지할 수도 있다. 무지막지하게….

인류의 역사만큼이나 오래된 질병인 멜랑콜리가 사회문제가 된 역사적 사례는 확인하기 어렵지만 21세기의 우울증은 인류의 미래를 위협할 정도로 광범위하게 확산되고 있다. 세계보건기구는 21세기의 인류를 위협할 심각한 질병 중의 하나로 우울증을 꼽고 있다. 현재 전 세계의 우울증 유병률은 전 세계 인구의 4.4퍼센트, 약 3억 명 정도로 추산하고 있다. 한국에만 100만

명이 넘는다.

마니아(Mania)

광기Mania라는 것도 멜랑콜리처럼 근대 이전의 질병관에서 그렇게 부정적인 평가를 찾을 수 없다. 플라톤은 광기에 대해 "부끄러운 짓이거나 비난거리가 아니라", "신적인 선물 중의 하나"인데 "신적인 섭리로 생기는 광기는 아름답다"고까지 했다. 또 광기가 생기는 원인은 "정화 의식"과 "입교 의식"을 통해서 생겨나는 것으로, 광기에 물든 자는 사회 전반에 질병과 고난이 발생했을 경우 예언자가 되어 필요한 사람에게 구제책을 찾아 주는, 아름다운 기술을 발휘하는 것으로 설명한다.* 그리고 광기의 종류를 네 가지로 분류를 하고 그중에서 사랑의 광기가 최고의 광기라고 했다. 이 중에서 디오니소스 류의 비의적 광기는 니체가 『비극의 탄생』에서 "자연주의적 격정"의 감정으로 비조형적 음악예술의 밑바탕이 되는 것이라고 하였다. 니체 철학이 지향하는 궁극적 인간상은 광기가 분출하는 디오니소스적 인간이다.

광기를 바라보는 동아시아 문화권의 시각도 바다 건너편 고

---

* 플라톤, 『파이드로스』, 김주일 옮김, 이제이북스, 2012, 79쪽, 80쪽, 117쪽.

1부 한국인의 콤플렉스

대 그리스 사회의 시각과 크게 다르지 않다.

공자는 광자狂者와 견자狷者를 분리하여 설명하는데, 광자는 행실은 분별이 없어 보이지만 그 뜻은 상당히 진취적인 자를 광자라 하였고, 뭔가 학식과 진취적 기상은 부족하지만 지켜야 할 가치는 철저하게 지키는 사람을 견자라고 불렀다(『논어』,「자로」). 주자朱子(1130~1200)의 주석에 따르면 광자는 뜻은 매우 높지만 행실을 가려서 하지 않는 사람이고, 견자는 지식은 미치지 못하지만 지킴에 남음이 있는 사람이다.*

공자가 말한 광자나 견자, 그리고 플라톤이 설명한 '마니아'를 우리 식으로 표현하면 '꾼'이나 '쟁이' 아니면 '잽이'라고도 할 수 있겠고, 긍정적인 의미의 '미친' 사람들이라고도 할 수 있다. 야구에 미친 사람을 야구 마니아라 부르고, 노래에 미쳐 가수가 된 사람이 지난 시대의 표현으로는 소리꾼이라고 할 것이고, 그림에 미쳐 화가가 된 사람을 '환쟁이'이라 불렀다. 권문세도가의 청탁을 거절하기 위해 자신의 눈을 찔렀던 최북(1712~1760), 늘 술에 취해 그림을 그렸다하여 스스로 취명거사醉瞑居士라 했던 장승업(1843~1897)도 예술에 미쳤거나, 미쳐서 예술가가 되었거나 둘 중 하나다. 미치지 않고 당시의 유교 질서에 속박된 인물이었더라면 그들은 예인으로 이름을 남기지 못했을 것이다.

근대사회 이전의 전통사회에서는 동서양 가릴 것 없이 광기

---

* 공자, 『논어 2』, 최영갑 옮김, 펭귄클래식코리아, 2009, 138쪽.

에 물든 사람들, 마니아든 광자나 견자든 모두 보통 사람들과 어울려 살았다. 격리의 대상도 치료의 대상도 아니었고 오히려 '꾼'과 '쟁이'로 대접까지 받았다. 러시아에서는 광인이나 지적 장애인들을 '성자'Yurodivy로 추앙하는 독특한 문화가 있었다. 도스토옙스키의 장편, 『백치』의 주인공 미쉬킨 공작이 지독한 간질병에 시달리다가 점점 바보가 되어 가는 '바보 성자'Yurodivy였고, 『카라마조프가의 형제들』에서는 길거리를 배회하며 노숙도 하는 백치 소녀 리자베타가 '바보 성자'Yurodivy로 등장한다.

객관성을 앞세운 과학적 사고가 발달하지 않았고, 정상적인 인간이라는 개념이나 기준 자체가 없었던 전통사회에서는 마니아, 또 광자와 견자들을 병자로 규정할 근거가 없었다. 대신 공동체의 관습이나 규범, 또는 신앙의 힘에 기댄 보살핌 또는 배려의 대상이었다.

요즘은 가족 중 누군가 '치매'라는 진단만 내려지면 가족들이 모여 제일 먼저 의논하는 것이 어디에 어떤 곳에 '격리'시킬 것인가, 의료비를 어떻게 분담할 것인가 하는 문제다. 치매 환자는 당장 격리를 해야 한다는 것을 당연하게 받아들이게 된 것이다.

한 세대 전만 하더라도 치매는 '노망'이라 불렸던 병이다. 이 병은 노인들 특유의 증세로 가족들을 당혹스럽게 만들고, 그냥 모시기에는 남들보다 손과 눈이 좀 더 자주 가게 되는 성가심이 있긴 하지만, 말년의 자연스러운 현상 정도로 받아들였다. 심각한 '노망' 증세가 나타난다 하더라도 "이제 사시면 얼마나 더 사실 거"라고 하면서 자녀들이 끌어안고 사는 것을 당연하게 받아들였고, 시설에 입원시켜 격리한다는 것은 상상조차 하기 힘들었다. 그런 사람들을 수용할 만한 요양병원이나 시설 자체가 아예 없었기도 하였고.

시대가 달라지면서 평균수명이 늘어나게 되고, 백세 인생이 대세가 되었다. 하지만 수명의 연장이란 것이 삶의 질과는 크게 관련이 없다. 고령사회란 병들어 몸이 불편하여 누군가의 보살핌이 필요한 노인들은 말할 것도 없고, 자녀들이 있는 건강한 노인들까지 요양병원이나 시설로 격리하는 것을 당연한 것으로 받아들이는 사회다.

치매를 비롯해서 노인성 질환들이 반드시 격리되어야 할 질병으로 그 성격이 바뀌게 된 것은 2000년 이후 시대 조류와 가치관의 변화, 인구 구성의 변화가 불러온 현상이지 병 자체의 고유한 속성이 변해서가 아니다. 핵가족에서 더 분열된 1인 가구가 속출하고, 실용성, 효율성. 전문성, 경쟁력을 요구하는 사회의 성격이 늙고 병든 노인들의 격리를 당연하게 여기도록 만든 것이다. 거기다가 의사들이 노화가 치료가능한 질병이라고 떠들어댄 탓에 늙음 자체가 치료받아야 할 질병으로 바뀌어 버린 것도 늙음에 대한 인상을 바꾸는 데 톡톡히 한몫을 했다.

요즘 청년들은 누군가를 보살피고 배려할 수 있는 여유가 없다. 지독한 경쟁 체제 속에 홀로 내던져져 있는 상태다. 희망과 미래를 이야기하기가 버거운 세대들이다. 그래서 공존과 공생을 이야기하기가 어려운 세대들이다. 당연히 늙음과 공존, 공생하기가 어렵다. 분주하고 번잡한 세상으로부터 퇴각할 수밖에 없는 것이 늙음의 속성이지만, 퇴각 이후에 격리라는 고통스럽고 지독한 형벌에 시달리다가 삶을 마감하는 것이 고령사회의 풍습으로 굳어졌다.

꾼이나 쟁이로 대접받기 위해서는 경험과 연륜이 쌓여야 가능한 일이다. 하지만 모든 정보가 손바닥 안에 있는 기계에 저장되어 검색 가능한 세상이 되면서 경험과 연륜은 더 이상 쓸모가 없어졌다. 더불어 꾼이나 쟁이들도 우리들의 시야에서 사라졌고, 광기는 시설에 격리·감금되어 있다.

불안

인간의 정서, 그중에서도 '불안'을 철학의 영역으로 끌어들인 사람이 키르케고르다. 키르케고르가 살았던 19세기 초입은 페스트의 창궐로 중세 유럽 사회를 지탱하던 질서와 가치관이 무너지고 중세인들과는 생각이 다른, 새로운 근대형 인간들이 막 얼굴을 드러낸 시기라고 볼 수 있다.

중세의 인간은 하느님의 형상으로 완벽하게 '창조'되었으나 아담이 저지른 원죄 탓에 모든 걸 잃어버리고, 인간의 능력으로는 본래의 모습과 본질을 되찾을 수 없기에 신의 계시에 복종해야 하는 존재로 규정되어 있었다. 중세 인간의 본질은 신이 결정한 것이다.

그런데 역병 페스트는 그런 인간들의 살점을 시커멓게 태운 뒤 사람들로 하여 인간의 속살을 들여다볼 수 있게 만들었다. 페스트라는 대역병이 창궐하면서 믿음에 근거한 인간상에 대하여 합리적 의심이 생겨난 것이다. 눈으로 확인할 수 없는 것은 믿을 수 없다는 '합리적 의심'이 레오나르도 다빈치 Leonardo da Vinci(1452~1519)의 화풍을 불러왔고, 다빈치와 같은 예술가 조합에 소속되어 있던 안드레아스 베살리우스 Andreas Vesalius(1514~1564)는 인간의 몸을 속속들이 파헤친 뒤 그림을 그리고 책을 발간했다. 베살리우스의 해부학은 인간의 몸에 대한 지식을 얻었던 사건이라기보다는 인간이 신의 피조물이라는 오랜 믿음을 무너뜨린 혁명이었다. 해부된 몸, 즉 비록 죽은 몸이지만 해체된 몸, 조각조각 잘라진 몸에는 인간이 신의 계시에 묶여 있다는 흔적은 어디에도 없었고, 신의 피조물이라는 증거도 없었다.

페스트는 기독교 신앙과 신학이 포괄하는 "보편양식(고딕), 보편풍습(기사도), 보편학문(신학), 보편윤리(복음주의), 보편언어(라틴어)로 지탱되던 중세의 세계상"*을 무너뜨리고, 기존의 질

* 에곤 프리델, 『근대문화사 1』, 111쪽.

서와 권위에 대한 합리적 의심을 유포시켰다. 마침내 중세의 인간상이 무너지고 중세의 인간과는 전혀 다른 새로운 인간이 탄생하게 된다. 유럽에서 신의 피조물이라는 보편적 인간상에서 분리되어 나온 '개인'이 탄생하게 된 것은 그들의 지적 능력이 우수해서가 아니라 순전히 유럽 전역에 퍼진 세균(페스트)의 힘이었다.

베살리우스의 해부학과 동시에 발표된 코페르니쿠스Nicolaus Copernicus(1473~1543)의 지동설은 여태껏 지구 중심으로 지탱되어 왔다고 믿어 온 우주의 질서까지 한꺼번에 무너지게 만들었다. 우주의 질서가 흔들리니 당연히 성직자의 권력도 휘청거리게 된다. 페스트라는 역병이 견고한 중세의 질서를 흔들어 놓은 틈새에서 태어난 근대인은 개인이 되면서 자유를 얻게 된다. 신의 계시에 따르기만 하면 되었던 인간이 자신의 자유의지에 따라 자기가 혼자서 결정하고 결단해야 되는 고독한 존재, 즉 "신 앞에서 선 단독자"가 된 것이다. 하지만 자신의 결정이 옳은지 그른지를 확신할 수 없으니 몸은 떨림, 흔들림, 현기증을 느낀다.

신을 믿었던 서양인들이 신의 계시로부터 자유로워지면서 느끼게 된 떨림, 흔들림, 현기증을 키르케고르는 '불안'이라고 했다. 극도의 불안을 느낀 근대인은 자연의 절규를 듣고 전율한다. 이를 그림으로 그린 것이 에드바르트 뭉크의 〈절규〉다.

· · ·

불안은 이성에 바탕을 둔 과학이 진보하면서 '신의 죽음'을 선언하고 난 뒤부터 겪게 된 근대인들의 운명 같은 것이기도 하다. 받아 안으면 고통스럽고 그렇다고 떨쳐낼 수도 없는 것이 근대인들의 불안이다.

그래서 불안은 나와 세계와의 관계에서 생기는 감정이지 뇌세포의 신경전달물질이 일으키는 분자생물학적 반응의 결과물이 아니다. 낯선 세계, 방대한 세계에 내던져져 있는 왜소한 인간이 느끼는 본능적 감정이다.

그런데 이 시대의 불안은 키르케고르 시대의 불안과는 성격이 다르다. 특히 한국 사람들은 신의 죽음을 맞이한 유럽 사람들의 불안을 체험한 적이 없다. 우리 민족은 하늘을 섬겼을지언정 절대자이며 초월자인 신을 섬긴 적이 없었기 때문이다. 그런데도 우리 사회 구석구석에는 불안의 그림자가 짙게 드리워지고 있다. 불안증으로 병원을 찾는 사람들이 늘어나고 연령대가 높아질수록 유병률이 더 높아진다. 불안, 우울에 시달리던 사람들이 마지막 처방으로 자살이라는 극단적인 선택을 하기도 한다. 한국 사회의 자살률은 다른 OECD 국가들이 따라올 수 없을 만큼 늘 저만치 높은 자리를 차지하고 있다.

베이비붐 세대의 아버지, 할아버지 세대, 또 그 아버지의 아버지, 아버지의 아버지 세대는 죽음을 기다릴 나이가 되어도 죽음 이후를 걱정할 이유는 별로 없었다. 선조들이 계신 선산에 누울 자리가 이미 마련되어 있었을 터이고, 자손들이 지상에서 펼치는 마지막 축제 같은 장례를 치러줄 것이라는 믿음이 있었기 때문이다. 그리고 효성스러운 자손들이 해마다 때맞추어 향을 살라 지상으로 불러 제를 지내줄 것이라는 믿음이 충만했기 때문이다. 그래서 옛사람들은 시(輓詩)를 남기며 처연하면서도 기꺼운 마음으로 곧 다가올 죽음을 기다리기도 했다.

행실은 다른 사람에게 미치지 못하고(行不逮人)

덕은 만물에 베풀지 못했네(德不及物)

강호에서 노년 보내니(送老江湖)

세상일 구애받지 않고 초탈하였네(瀟灑日月)

살아서 세상에 도움 된 바 없으니(生無益於世)

죽어선 후세에 이름 전할 일 없네(死無聞於後)

에오라지 자연 조화 따라 돌아가리니(聊乘化而歸盡)

기꺼이 초목과 함께 썩으리라(甘與草木同腐)

— 김임金恁*

지금 우리 사회에 짙게 깔려 있는 불안의 정동은 삶의 끝을

---

* 김임(1604~1667)은 조선 중기 문인으로, 시문에 능했으나 벼슬에 나서지 않고 평생 야인으로 지냈다고 한다. 임준철,『내 무덤으로 가는 이 길』, 문학동네, 2014, 100쪽 참조.

알 수 없다는 데서 오는 불안이 아닐까. 끝이야 누구나 피해 갈 수도 없고 차별 없는 '죽음'이겠지만 죽음의 모습이 어떤 모습일지, 그리고 죽음 이후의 세계가 어떻게 펼쳐질지에 대한 확신이 없는 데서 오는 불안이다. 연령대가 높아질수록 불안증에 시달리는 비율이 높아지는 이유는 그들에게 죽음이 바로 당면한 현실의 문제이기 때문이다.

프로이트Sigmund Freud(1856~1939)는 키르케고르의 책상 위에 놓여 있던 '불안'을 해부생리학자의 시각에서, 그리고 의사의 시각에서 재해석하여 정신분석학이라는 새로운 학문을 세운다. 프로이트는 충족되지 못한 성충동이 불안신경증을 일으킨다고 분석했다. 여기에 반발한 분석심리학자 칼 구스타프 융Carl Gustav Jung(1875~1961)은 충족되지 못한 성충동이 불안신경증을 일으킨다는 프로이트와 달리 "의식의 뿌리로부터의 단절"을 초래하는 전통의 해체가 근대인들이 앓고 있는 정신병리의 원인으로 지목했다.[*]

사실이 그렇다. 서양 사람들이 신의 죽음을 선포할 때 우리는 가족과 가문의 죽음을 선포했다. 서양의 전통이 신으로부터 내려온 것이라면 우리의 전통은 가문과 가족 그리고 고향에 뿌리가 있다. 세속의 욕망을 좇던 인간들도 떠나갔다가 언젠가는 되

---

[*] 칼 구스타프 융, 『정신요법의 기본문제』, 한국융연구원 · C. G. 융 저작 번역위원회 옮김, 솔, 2001, 74쪽.

돌아오게 되는 곳이 고향이었다.

지금 우리는 돌아갈 고향이 없다. 고향은 완벽하게 개발되었거나 버려져 있거나 둘 중 하나다. 그래서 너나 할 것 없이 낯선 도시에서 고향으로 돌아가는 막차를 놓쳐버린 신세가 된 나그네처럼 너무나 화려하면서도 너무나 낯선 거리를 헤매고 있다. 불안한 눈빛으로 주변을 두리번거리면서…. 현재 한국 사회의 불안은 전통의 해체, 가족의 해체에 그 뿌리가 있는 건지도 모른다.

> 현대 한국인이 방황하고 자신이 없는 것은 어떤 연속의 체계 속에서 자기를 자리매김하지 못하고 있으며, 또 사실상 불가능하기 때문이다. 가족을 그러한 체계로 삼는 것은 지난날에는 곧 가치의 체계에 참가하고 있다는 말이 될 수 있었다. 유교의 원리는 곧 가족의 윤리였기 때문에…. 지금 가족을 가문을 대신할 체계가 아무것도 없다.
>
> — 최인훈, 『회색인』

문명과 광기

서구 사회에서 전통적으로 신의 축복이라고까지 추켜세워졌던 '마니아', 그리고 문화예술 창작을 위한 열정의 불쏘시개 역할을 하던 '멜랑콜리'는 근대 문명사회로 접어들면서 '양극성 정동장애'Bipolar disoder, 즉 조울증Manic Depressive disorder이라는 무시무시한 질병으로 바뀌게 되었다. 조증과 울증이 번갈아 반복되는 조울증은 자신은 물론 가족, 나아가 이웃들에게도 엄청난 상처와 피해를 준다. 그리고 한 개인의 인격이 분열되고 자기동일성과 정체성의 혼동이 일어나는 분열병도 문명사회 특유의 질병으로 자리잡는다.

문명사회의 공통된 특징 중의 하나는 광인의 격리와 감금이 보건위생학 차원에서 정당화되는 현상들이 나타난다는 것이다. 한 국가가 그런 시설을 얼마나 확보하는가에 따라 그 국가의 문명수준을 가늠하기도 했다.

근대 이전의 전통사회를 살던 사람들과 문명인들 사이에 달라진 것이 무엇인가? 달라진 것은 아무것도 없다. 몸이 달라진 것도 아니고 마음이 변한 것도 아니다. 화를 피하고 복을 구하고 싶은 인간의 마음은 인간이 지상에 모습을 드러낸 이후부터 지금까지 단 한 번도 변하지 않는, 인간의 본성 그 자체다.

달라진 것이 있다면 단 한 가지 세상이 바뀐 것이다. 전통의 맥이 이어져 오던 과거와 전혀 다르게 바뀐 세상을 우리는 문명사회라 부른다. 게다가 문명은 단 한 순간도 머무르지 않는다. 끊임없이 진보한다. 직선으로만 달린다. 우회하지도 않는다. 진보 발전하기 때문에 문명이라고 하는 것이지 정체된다면 그것은 문명이라도 부를 수가 없다.

그런데 문명이 진보하면 할수록, 편리하면 할수록 삶은 더 복잡해지고 외양이 깨끗해진 만큼 뒷골목은 더 더러워졌고 위험해졌으며, 긴장과 불안은 증폭되었다. 정체되긴 하였지만 전통이 유지되던 사회와 달리 안정감이 사라지고, 모든 분야에서 무규범, 무절제가 판을 치는 '아노미Anomie 상태'가 펼쳐지는 곳, 그곳이 문명사회다.

문명사회의 특징으로 '빈곤', '범죄' 그리고 '질병' 세 가지를 꼽는다. 그런데 문명사회의 빈곤은 절대적 빈곤이 아니라 빈부격차에 따른 상대적 빈곤이다. 21세기의 빈부격차는 하늘과 땅만큼의 격차로 벌어져 있다. 문명국일수록, 선진국일수록 격차는 더 벌어진다. 이런 빈부격차가 또 범죄를 부추긴다. '원한'Ressentiment 맺힌 '원한의 인간'들이 속출하기 때문이다.

폴란드 사회학자 바우만Zygmunt Bauman(1925~2017)은 '원한'을 "부러움과 굴욕감과 무력감의 강렬한 혼합으로 생겨난 타자의 존재에 대한 실존주의적 혐오"라고 정의했다. 이 감정은 개인에게만 미치는 것이 아니라 "사회 전체에 악영향"을 미친다.

도스토옙스키는 라스꼴리니꼬프(『죄와 벌』)라는 인물을 설정하여 근대 문명사회의 뒷골목에 기생하는 '원한의 인간'들이 펼치는 행적들을 완벽하게 그려 냈다. 우리나라도 그런 '원한의 인간'들이 저지르는 범죄가 점점 더 잔혹해지고 반경이 점점 더 넓어지고 대상을 가리지 않는다. 그래서 불안한 거다.

원한의 인간들

사연이나 동기가 어찌 되었든 간에 '억울하다'는 말은 사람을 죽인 살인자가 함부로 내뱉을 수 있는 말은 아니다. 오랜 세월 원한이 쌓여 있던 사람이라 하더라도 살인이라는 흉악 범죄를 저지른 다음에는 저간의 억울한 사정조차 참작해 주기 어려운 것이 상식을 가진 사람들의 일반적 정서다.

그러나 우리는 잔혹한 살인범이 외려 자신을 억울한 피해자라고 강변하는, 어처구니없는 현실과 맞닥뜨리고 있다. 상대가 무시했다는 이유로, 쳐다보는 게 기분 나빴다는 이유로, 그래서 억울하고 화가 나서 상대방에게 거친 폭력을 휘두르거나 심지어 살인까지 서슴지 않는 사건들이 꼬리에 꼬리를 물고 이어지고 있다.

해마다 추모제가 열릴 정도로 한국 사회에 끔찍한 충격을 몰고 왔던 '강남역 20대 여성 살인 사건'의 경우, 알려진 가해자의 살인 동기는 여자들로부터 무시당했다는 것이 전부다. 무시당했다는 억울함이나 굴욕감 때문에 생면부지의 여성을 흉기로 찔러 죽인 것이다. 층간 소음 문제를 해결해 주지 않는다는 이유로 70대 아파트 경비원을 때려 죽인 40대 남성의 경우 역시, 70대 경비원이 자신을 무시했다는 억울함과 분노가 통제 불능의 무자비한 폭력으로 표출되었을 가능성이 높다.* 조절되지 않는 분노가 일종의 폭력성이 있는 히스테리 발작으로 이어진 것이다.

'서울 강서구 PC방 직원 살인 사건'과 '진주아파트 방화 살인 사건'의 범인들은 자신들의 범죄 행위를 너무나 당당하게 정당화했다. PC방 직원 살인범 김씨는 신상 공개가 결정된 이후 그를 둘러싼 기자들을 향해 거친 숨을 몰아쉬며, PC방 이용자가 관리인에게 쓰레기와 담배꽁초를 치워 달라고 한 것이 그렇게 무리한 요구냐며 항변했다. 업소의 서비스가 마음에 들지 않아 화가 나서 환불을 요구하는 경우는 비일비재하지만 그런 사소한 시비가 잔혹한 살인 범죄로 이어지는 경우는 드물다. PC방 직원 살인범 김성수는 직원과 시비 끝에, 자신이 무시당하는 것 같아서, 자신만 바보가 된 것 같아서 억울하고 분한 생각에 직원을 칼로 잔혹하게 난자해 버렸다. 그의 적개심과 분노는 "모든 상처에서 칼이 뼈에 닿아"** 멈출 정도로 피해자의 몸속 깊은 곳까지 고스란히 전해졌다. 그의 적개심과 분노가 단 한 번의 사소한 시비 때문에 생긴 것이라고 보기는 어렵다. 오랜 시간 마음 한구석에 차곡차곡 쌓여온 억울함과 복수심, 세상에 대한 혐

---

* 「"층간소음 왜 해결 안 해줘" 70대 경비원 폭행 살해한 40대 징역 18년」, 《중앙일보》 2019. 5. 15.
** 「'강서구 PC방 살인 사건' 담당 의사가 쓴 분노의 글… "다시 불씨가 되기를…"」, 《서울신문》 2018. 10. 19

오감이 사소한 시비 끝에 촉발된 것이라고 보아야 한다.

자신이 살던 아파트에 불을 지른 뒤 화마를 피해 대피하는 이웃들에게 칼을 휘둘러, 초등학생부터 60~70대 노인에 이르기까지 사망자 5명을 포함, 무려 20여 명의 사상자를 낸 진주아파트 방화 살인범의 동기 역시 한마디로 요약하면 피해망상증*에 가까운 '억울함'이다. "사회적으로 계속 불이익"을 당해 왔고, 이웃들이 한통속이 되어 자신을 무시하고, 시비를 걸어 왔다는 것. 그런데 그가 앙갚음을 한 대상은 교묘하게도 40대 남성인 자신에게 저항하기 힘든 초등학생과 장애자, 여성, 노약자들이었다. 초등학생이나 장애를 가진 여고생이 건장한 40대 남성을 무시하며 수시로 시비를 걸어 왔다는 것은 사실로 받아들이기 어렵다. 오랜 시간 세상과 불특정 이웃에 대한 원한과 불만이 자신에게 저항하기 힘든 상대에게 투사된 것이다.

방화 살인범 안인득은 방화 살인을 저지르기 전부터 장애를 가진 여고생과 여학생의 보호자인 친척 여성이 살던 집에 오물을 뿌리는 등, 반복해서 두 여성을 괴롭혀 왔던 사실이 CCTV에서 확인되기도 했다. 왜 하필이면 여성만 단둘이 사는 집이었을까. 그것도 한 사람은 부모로부터도 보호를 받지 못하고 있는 장애를 가진 미성년자였다. 그 불쌍한 소녀가 안인득의

---

* 「진주 방화·살인범, 주치의 바뀌자 치료 중단… 피해망상 분노감 한꺼번에 표출」, 《경향신문》 2019. 4. 25.

먹잇감이 된 것은 "너마저 나를 무시하는가" 하는 피해망상 아니면, 분노를 표출하기에 제일 만만한 대상이었거나 둘 중 하나가 아닐까.

그런데 정신질환을 앓으면서 누구는 예술가나 철학자가 되고, 또 누구는 흉악한 범죄자가 되고, 누구는 정신질환을 앓으면서도 아무런 문제 없이 이웃들과 어울리면서 지극히 평범한 삶을 살아가는데, 또 누군가는 격리된 삶을 살아간다. 차이가 무엇일까. 알 수 없다. 그리고 현재의 정신의학으로는 그 차이를 설명할 수도 없다. 정신의학에서 다루는 정신은 해부생리학에 뿌리를 둔 정신인데, 인간의 정신은 해부생리학적인 실체가 없다. 따라서 인간이 겪는 정신의 문제에 대해서 정상과 비정상의 경계를 가르는 것은 대단히 어려운 일이다. 인간이라면 누구나 마음이나 정신의 문제에 시달리고 있기 때문이다.

해부학과 정신의학

해부학에서 출발한 서구 유럽의 근대의학은 생리학을 거쳐 인간의 정신과 마음까지도 해부할 수 있을 정도로 빠르게 진보했다. 심리학의 아버지로 추앙받는 윌리엄 제임스William James(1842~1910)는 심리학을 자연과학이라고 했고, 심리학자들이 연구하는 인간의 정신이란 "실제 공간과 실제 시간의 일정 부분을 점유하는 개별적 개인 정신"이라고 하여 인간의 정신을 시간과 공간을 점유하는 물질과 동일시했다.* 그런 담대한 주장을 펼칠 수 있었던 배경에는 19세기가 신경해부학의 발전으로 뇌의 신비가 하나씩 벗겨지고 있던 시대였기 때문이다. 그래서 심리학의 최고 고전이라고 평가받는 윌리엄 제임스의 『심리학의 원리』는 요즘 시대의 시각에서 보면 심리학 서적이라기보다는 신경해부학이나 신경생리학 교과서에 가깝다. "모든 형태의 정신이상의 최종 근거"는 "대뇌 피질의 병적인 상태"에서 찾아야 한다는 학설이 힘을 얻게 된 것도 이 무렵이다.**

그런 시대 분위기에 단연 돋보이는 인물은 프로이트다. 프로이트는 인간의 정신에 대해서, 꿈에 대해서 이야기하는 당대의 철학자들을 "이해할 수 없는" 헛소리나 해대는 "신비주의자"로 몰아붙이면서 정밀한 '자연과학'적인 방법으로 인간의 정신을 분석하기 시작했다.*** 그리고 획기적이면서도 혁명적인 연구 결과를 발표한다.

인간의 불안은 '신의 죽음'이나 '존재의 불안정성', '전통의 와해' 때문에 생기는 것이 아니라 내밀한 성충동을 해소시키지 못한 탓이라고. 그 이후 키르케고르와 니체의 책상 위에 놓여 있

* 윌리엄 제임스, 『심리학의 원리 1』, 정양은 옮김, 아카넷, 2005, 337쪽.
** 에밀 크레펠린, 『정신의학: 의대생과 의사를 위한 교과서』, 홍성광·황종민 옮김, 아카넷, 2021, 35쪽.
*** 지그문트 프로이트, 『꿈의 해석』, 김인순 옮김, 열린책들, 2004, 94~95쪽.

던 '불안'은 의사들의 진료실로 불려 들어갔다.

프로이트에 의해 '불안'은 인간과 세계 사이의 관계에서 생긴 철학, 또는 종교적인 문제가 아니라 인간의 피부 속에 깊숙이 밀봉되어 있는 성충동과 연관된 생물학적인 문제로 축소되고 말았다. 덩달아 '마니아'도 '멜랑콜리'도 철학이나 예술과 결별을 하고 의사들의 진료실에서 생물학적인 문제로 다루어지기 시작했다.

프로이트는 자신의 정신분석학이 철학에 의해 예속되지 않도록 하기 위해서 의도적으로 니체Friedrich Wilhelm Nietzsche (1844~1900)를 읽지 않았다고 했다.* 정신분석학은 철학이 아닌 자연과학이라는 거다. 반면에 니체가 자신의 심리학 스승이라고 격찬했던 도스토옙스키만큼은 꼼꼼히 읽었던 모양이다.

도스토옙스키가 세기말의 인류를 괴롭힌 불안심리를 신경해부학자들보다 더 세밀하게 해부하여 방대한 분량의 소설로 남겨 놓았다는 것은 누구나 인정하는 사실인데, 프로이트는 무슨 억하심정이 있는지 "인류 문화가 그에게 빚진 것은 하나도 없다"며 악평을 늘어놓는다. 게다가 도스토옙스키의 간질병을 오이디푸스 콤플렉스에 의해 촉발된, 즉 부친 살해충동과 부친 살해에 대한 죄의식 사이의 양가감정 때문에 일어난 히스테리 발

---

* 지그문트 프로이트, 『정신분석학 개요』, 박성수 옮김, 열린책들, 2004, 61쪽.

1부 한국인의 콤플렉스

작이라고 진단하는, 엄청난 오진을 하기도 했다.[*] 도스토옙스키는 히스테리 발작을 일으키는 신경증 환자가 아니라, 지독한 간질병 환자였다. 도스토옙스키의 모든 작품들은 그가 간질병 환자가 아니었더라면 나올 수 없는 작품이다.

프로이트가 니체를 전혀 안 읽었다는 말도 신빙성이 좀 떨어진다. 니체의 초인Übermensch을 언급하고 있기 때문이다. 단 니체의 초인은 미래에 나타나는 반면, 프로이트의 초인은 먼 옛날 원시적인 집단의 최고 권력자라는 차이가 있다.

원시적 집단의 초인은 "절대적인 나르시시즘에 사로잡혀 있고", 자신의 성충동을 억제할 필요가 없는 "자유로운 존재"다. 하지만 그 아들들은 성충동을 억제해야 했다. 그래서 형제들은 동성애로 서로 욕구를 해소하면서, "아버지를 죽일 자유를 얻는다"게 프로이트의 초인 이론이다.[**] 프로이트는 정신분석학을 자연과학에 기반한 것이라고 주장하지만, 적어도 그의 초인 이론에서만은 논리의 비약이 심하다. 초인의 아들들은 왜 동성애로 욕구를 해소할 수밖에 없는지에 대한 설명도 부족하고, 세상에 "아버지를 죽일 자유"라는 게 있을 수 있나?

근대의학은 베살리우스 이후 해부학을 기반으로 발전해 온 학문이다. 프로이트는 스스로 정신의 지형학은 "해부학과 아무

---

[*] 지그문트 프로이트, 『예술, 문학, 정신분석』, 정장진 옮김, 열린책들, 2004, 521쪽.
[**] 지그문트 프로이트, 『문명 속의 불만』, 김석희 옮김, 열린책들, 1997, 144~145쪽.

런 관련이 없다"고 했다.* 그렇다면 그는 도대체 무엇을 분석한 것인가? 인간의 정신이나 마음이 몸의 해부학적 구조와 연관이 없다면 정신이나 마음의 문제에 의사들이 의학적으로 접근할 근거가 있을까?

불안, 우울과 같은 정신의 문제가 의사들의 진료실에서 치료되기 시작한 것은 학문의 발전에 따른 성과라기보다는 "업자들이 자의식을 가지고 조직한 어떤 집단이 출현해서 정신장애에 대한 관할권을 주장하고, 그 주장에 대한 사회적 보장이라는 조치를 얻은 결과"였다.** 이 말을 바꾸어 해석하면 시대의 조류가 달라지면 철학이나 종교, 또는 인문학이 다시 정신장애에 대한 관할권을 주장할 수도 있다는 말이다.

* 지그문트 프로이트, 『정신분석학의 근본 개념』, 윤희기 옮김, 열린책들, 2004, 173쪽.
** 앤드루 스컬, 『광기와 문명』, 17쪽.

4장 프로이트주의

의사인가, 사상가인가

20세기를 대표하는 사상가로 흔히 니체와 마르크스, 그리고 프로이트를 꼽는다. 열혈 프로이트주의자들은 좀더 과장하여 20세기를 아예 프로이트의 세기라고 평가하기도 한다. 국내에서 번역 발행된 프로이트의 저작물의 겉표지에는 당대의 문화·예술·사상계 유명 인물들의 프로이트 찬사들로 가득한데, 그중 몇 줄만 대충 읽어 보아도 당시 프로이트의 영향력이 어느 정도였을지는 충분히 짐작할 수 있다.

프로이트는 자연과학과 의학을 공부한 의사였지만, 사실 명성과는 달리 그의 리비도 이론이나 정신분석 개념들이 의사들에게 끼친 영향은 그다지 크지 않다. 프로이트 당대에도 프로이트의 이론에 수긍하지 못하는 의사들이 많았고, 20세기 중반 무렵부터 향정신성 의약품이 개발된 탓에 정신분석에 대한 의사들의 관심이 시큰둥해졌기 때문이다. 1950년대에 개발되어 시판된 신경안정제 발리움은 "발리움의 경제학"*이라는 말이 나올 정도로 스트레스나 신경증을 비롯한 거의 모든 정신질환의 감초처럼 쓰이게 되었고, 지금도 많은 의사들이 처방을 하는 중요한 약품이다.

의사인 프로이트의 학설이 가장 많은 영향을 끼친 곳은 정신의학계보다는 오히려 문학을 비롯한 예술 분야라고 할 수 있다. 그래서 프로이트를 사상가로 평가하기도 한다. 프로이트 자신도 정신분석학을 "의학과 철학의 중간"이라고 설명하기도 했다.

오스트리아의 소설가이자 문화평론가, 전기작가인 슈테판 츠바이크Stefan Zweig(1881~1942)는 프로이트의 장례식에서 추모 연설문을 낭독할 정도의 열혈 지지자였고, 살바도르 달리Salvador Dali(1904~1989)와 같은 초현실주의 화가들의 작품은 프로이트의 리비도 이론을 미술로 재현했다고도 할 수 있을 정도다.

인류 역사의 시작과 함께 형이상학의 영역에 머물고 있던 인간의 본능과 정신세계를 과학적 인과법칙의 지배를 받는 자연과학의 세계로 끌어온 프로이트의 발상은 그 당시에는 혁명적 발상이었다고도 할 수 있다. 프로이트 스스로가 자신을 "정신의 과학자"이며, "코페르니쿠스, 다윈과 함께 인류사에 남을 혁명

* 이반 일리치, 『젠더』, 67쪽.

을 일으킨 세 영웅" 중의 한 사람으로 자리매김할 정도로 자신감에 넘치는 주장을 펼칠 수 있었던 것은 성에 관한 당대의 고정관념을 전복시킬 수 있을 만큼 그의 주장이 너무나 독창적이기도 하고 기발한 발상이었기 때문이다. 그 발상이 옳은지 그른지에 대한 판단을 내릴 겨를도 없이 리비도 이론과 정신분석 개념들은 20세기 초입의 유럽문화에 깊숙이 파고들어 성과 본능에 대한 기존의 고정관념들을 뒤집어 놓게 된다.

오스트리아 프라이베르크 출생의 프로이트는 빈대학 의학부에서 생리학과 해부학, 해부학 중에서도 중추신경계와 신경병리학을 전공한 의사다. 그는 개원의로서 진료를 했던 이력도 있고 프랑스 파리의 살페트리에르 병원에서 당시 "신경증의 나폴레옹"이라고 추앙받던 샤르코Jean Martin Charcot(1825~1893)의 지도 아래 히스테리 연구를 하게 되면서 정신의 과학자로 입지를 다져 나간다. 브로이어Josef Breuer(1842~1925)와 공동 연구를 통해 '최면요법'을 개발한 뒤 곧이어 1896년 '정신분석'이라는 용어를 처음으로 도입한다. 그리고 1905년에 발표한 『성에 관한 세 편의 해석』*에서 인간은 사춘기가 아니라, 엄마의 자궁에서 떨어져 나올 때부터 성욕이 있다는 획기적인 주장을 함으로써 세간의 폭발적인 관심을 불러일으킨다.

인간이란 어떤 존재인가라는 물음에 대한 프로이트의 설명은

---

* 지그문트 프로이트, 『성에 관한 세 편의 해석』, 오현숙 옮김, 을유문화사, 2007.

간결하면서도 명쾌하다. 인간은 태어나면서부터 성적 욕망을 가지고 태어났고 태어나면서부터 죽기까지 모든 행동의 밑바탕에는 성적 욕망을 채우려는 충동적인 행동과 성적 욕망을 채우지 못해서 생기는 불만에 따른 이차 행동으로 채워진다. 부모 자식 사이의 관계도 성충동으로 설명한다. 성충동 이외에 인간의 사고와 행동양식을 설명하는 것은 아무것도 없다. 프로이트의 눈에는 정치도 경제도 문화도 역사도 인간의 심성에 미치는 영향은 없다. 프로이트주의에 따르면 인간은 사회적 동물이라거나 정치적 동물이라는 존재 규정들이 무색해진다. 인간과 관련된 모든 것들이 성충동에 의해 결정된 것이기 때문이다. 종교마저도 프로이트는 정신분석을 받아야 할 정도의 강박신경증으로 이해한다.[*] 프로이트가 주일마다 교회나 성당에 나가는 사람을 보면 신앙심이 깊은 사람으로 평가하는 것이 아니라 강박증 환자로 취급할 거라는 뜻이다.

그런데 20세기 초입의 프로이트 당대에는 몰라도 21세기에 이른 지금도 프로이트주의가 여전히 유효한가. 무엇보다 프로이트식의 정신분석 이론이 과연 21세기를 살아가는 한국 사람들의 정신세계를 분석함에 있어 적합한 이론인가에 대한 비판적 검토가 필요하다. 거장의 명성에 주눅 들어 철 지난 외국이론을 아무런 비판 없이 수용할 수는 없지 않은가.

---

[*] 지그문트 프로이트, 『종교의 기원』, 이윤기 옮김, 1998, 189~201쪽.

성충동을 어떻게 해소하느냐에 따라 인간의 인격과 장래 역할까지 결정된다고 하는 프로이트주의는 이론의 타당성을 떠나 기계적인 결정론이다. 결정론은 한 인간의 미래와 모든 가능성을 원천 차단해 버리는 냉혹한 이론이다. 인간은 죽는 순간까지도 가능성이 남아 있는 "가능적 실존"이지 결코 해부학적으로 생물학적으로 미리 결정된 존재가 아니다. 하물며 유아기의 성적 행동이 장래의 인격까지 결정한다는 주장을 어떻게 믿어야 할까. 유전자가 한 인간의 미래에 앓을 질병은 물론 운명까지도 결정한다는 유전자결정론과 마찬가지로 리비도결정론 역시 근거 없는 사변적 사이비과학이다. 인간의 삶이 아름다울 수 있는 이유는 숨이 멎는 마지막 순간까지도 어떤 가능성을 기대할 수 있기 때문이다. 그 가능성이 현실에서 일어날 수 없는 기적 같은 일이라 할지라도 기적의 가능성을 상상하며 희망을 품는 것이 인간이다.

인간은 해부생물학적으로 결정되어 있는 존재도 아니거니와 더군다나 성충동에 의해 인격이 확정된 존재일 수가 없다. 그러므로 인간의 핵심적인 성격은 "성적 흥분을 재료로 형성된 것"이어서, "반항적이거나 인색하다거나 꼼꼼한 성격은 항문애"에서 비롯된 것이고, "야심이 강한 사람은 비뇨애적 소인"이 있다는 식의 결정론적인 정신분석*은 책상물림의 탁상공론에 불과

---

* 지그문트 프로이트, 『성에 관한 세 편의 해석』, 172쪽.

한 분석이다.

프로이트와 여성

특히 여성들의 성충동(리비도)에 대한 프로이트의 분석은 객관적인 분석이 아니라 남성 중심의 권위적인 가부장제 사회의 남성들이 가지고 있는 여성들에 대한 편견을 가감 없이 전달하는 수준에 불과하다 할 정도로 조악하다.

먼저 여성이 남성보다 지적으로 열등하다는 것, 즉 "지적 퇴화가 여성의 이차적 본성"*이라거나, 여성은 남자라는 인간의 성적 대상에 불과하고, 여성의 욕구는 "사랑하는 것에 있는 것이 아니라 사랑받는 것만이 전부"**라는 것이 프로이트주의를 관통하는 여성관이다.

사디즘은 "호전성에 뿌리를 둔, 죽이고 싶은 욕구"로 남성들의 "타고난 성격"인데, "성생활의 부수적 현상이 병적으로 과장된 것"이라 설명한다. 그래서 사디즘은 변태적인 성습관이거나 범죄가 아니라 "정상적인 성생활의 보조 역할을 하는 것"으로 해석한다. 또 마조히즘은 사디즘에서 기원한 것으로 "여성이 남

---

* 지그문트 프로이트, 『문명 속의 불만』, 228쪽.
** 지그문트 프로이트, 『정신분석학의 근본 개념』, 66쪽.

성에게 절대적으로 복종해야 한다는 복종 본능이 과도하게 드러난 것"으로, 여자들에게는 "당연히 존재하는 본능"이라고 설명한다.* 그렇다면 남성들이 거칠게 여성을 추행하고 싶은 욕구, 그리고 여성들이 강간당하고 싶다(?)는 욕구는 정상적인 성충동이 된다. 실지로 프로이트는 그렇게 설명하고 있다. 연인들사이에서 여성이 남성에게 꽃을 선물하는 것은 "마조히즘적 성향을 드러낸 것"으로, "폭력에 의한 처녀성 상실"과 관련된 무의식적인 의미가 있다고 해석한다. 다시 말하면 여성이 남성에게 꽃을 선물하는 것은 나를 강간해 달라는 의미라는 것이다.**

또 음식이 차려진 식탁과 쟁반은 여성을 상징하는 것이라든지, 해충들이 몸에 달라붙는 꿈도 임신의 상징이며, 꿈에 나타나는 경사진 좁은 통로는 여성의 질을 상징하는 것이고, 여성이 여드름을 짜는 것이 "자위의 대체 행위"라거나, 여성이 양말을 신는 행위에서 발은 "남자 성기의 상징"이므로 "자위 행위를 상징"하는 것***이란 해석에서는 발상의 기발함에 무릎을 치게 된다. 여성이 넘어지는 꿈을 꾸는 것은 타락한 여성, 즉 매춘부가 되고 싶은 욕망이 꿈으로 나타난 것이란 해석에는 어안이 벙벙할 정도다. 과연 이 세상에 매춘부가 되고 싶은 욕망을 가진 여성이 있을까.

---

* 지그문트 프로이트, 『억압, 증후 그리고 불안』, 황보석 옮김, 열린책들, 1997, 163쪽.
** 지그문트 프로이트, 『꿈의 해석』, 415~445쪽.
*** 지그문트 프로이트, 『정신분석학의 근본 개념』, 208쪽, 209쪽.

프로이트의 정신분석 개념은 여성들과 여성주의자들로서는 쉽게 받아들이기 어려운 내용들로 가득 차 있다. 당연히 여성주의자들의 비판 대상이 될 수밖에 없다. 만약 프로이트의 진료실을 찾은 여성들이 프로이트의 이런 꿈 해석에 동의하지 않으면 어떻게 될까? 의사인 프로이트의 꿈 해석이 틀린 것이 아니라 환자로 찾아온 여성이 의사의 정신분석에 '저항'한다는 진단을 내리게 된다.

그런데 한국의 프로이트주의자는 여성주의자들의 비판에 대해서 프로이트는 "남근 중심, 남성 중심의 증상을 벗어나기 위해 어떻게 해야 하는지, 대안을 모색하고자 했던 정신분석가"라면서, 여성주의자들의 프로이트 비판은 "오해"에서 비롯된 것으로, 프로이트가 살아서 그 비판을 들었으면 "억울했을 것"라는 말로 일축한다. 도대체 어떤 부분을 오해했다는 것인지에 대해서는 단 한마디 설명도 없이.*

문명과 야만

프로이트는 문명과 야만을 가르는 기준조차 성충동에서 찾는다. 그는 문명사회의 성행위는 합법적인 생식만을 목적으로 한

---

* 강응섭, 『프로이트』, 한길사, 2010, 326쪽.

다고 했다. 그래서 부부 사이 이외의 모든 성행위는 금지하고 리비도를 억제하는 대신, "강력하고 창조적인 문화활동에 종사하도록 자극"하는 것이 문명사회의 성윤리라고 주장한다.

인류 최초의 문명적 행위가 불에 대한 지배력을 확보한 것이라 전제하고, 원시인들은 불길과 마주치면 "일종의 성행위라고 할 수 있는", 즉 오줌으로 불을 꺼 버리는 습성이 있었지만 유럽의 백인들은 배뇨, 배설 본능을 억제함으로써 불씨를 살린 탓에 위대한 문명을 건설할 수 있었다는 것이 프로이트의 문명관이다. 그래서 성충동을 억제하지 못하는 종족은 동물 상태에 머무른 채, 근친상간, 식인, 살인과 같은 짐승과 다를 바 없는 행동을 일삼는 반면, 유럽의 백인들은 본능적인 원망 — 근친상간, 식인, 살인 — 을 자제하는 대신 그 충동을 생산적인 활동과 예술 방면으로 승화하여 문명사회를 이룩했다는 것이다.*

프로이트가 지목한 원시인이나 야만인은 당연히 아프리카 사람들을 일컫는다. 아프리카 사람들에 대한 유럽의 백인, 그리고 기독교인들의 편견은 해부학으로부터 진보 발전한 근대의학이 이론적 배경을 제공한다.

아프리카 원주민들의 뇌는 "전두엽이 미발달하여 이성적인 사고를 할 수 없고, 뇌간만 발달한 탓에 정글에서 나뒹굴며 생식기 차원의 자유나 누리는, 동물과 다를 바 없다"라는 주장은 편

---

* 지그문트 프로이트, 『문명 속의 불만』, 274쪽.

견이 아니라 당시로서는 거역하기 힘든 '과학적 사실'이었다.

프랑스의 식민지였던 알제리에서 활동한 정신과 의사 안토니 포로Antonie Porot(1876~1965)는 아프리카 원주민들은 대뇌가 없고 "간뇌의 충동"에 의해 지배되는 탓에 발전이 불가능한 '원시주의'에 머무를 수밖에 없다는 생의학적인 인종주의를 퍼트렸고 이것은 당시 주류 의학계의 지론이었다. 이런 학설에 기대어 가장 악질적인 인종주의적 편견을 부추긴 것은 프랑스의 인류학자이며 외교관이었던 고비노Arthur De Gobineau(1816~1882)였다.

프로이트는 유럽 백인들이 아프리카 사람들을 성적인 활력만 충만한 짐승이거나 검은빛을 띤 혐오스러운 물질 정도로 취급했던 "경멸적 인종주의"를 여과 없이 수용한 의사다. 그래서 "식인종은 적에게 탐욕스런 호감을 느끼고 자기가 좋아하는 사람만 먹어 치운다"거나, "원시부족은 축제가 막판에 이르면 온갖 방탕한 짓을 저지르고, 평소에는 가장 신성시하던 계율을 태연히 어긴다"면서 직접 확인조차 하지도 않은 몰지각한 혐오 발언을 내뱉는다.*

원시인, 야만인들을 동물보다도 못한 종으로 매도하며 "원시인의 역사는 살인으로 얼룩져" 있다고 했던 프로이트는 아프리카 사람들을 집단으로 무자비하게 살육하고, 노예로 끌고 온 유럽 백인들의 잔인한 폭력성에 대해서는 일언반구의 언급도 없

* 지그문트 프로이트, 같은 책, 121쪽, 153쪽.

다. 단지 백인에 대한 자부심만 가득 차 있다. "백인은 인류를 이끌어가는 지도자의 임무"를 타고 났으며, 뛰어난 창의력으로 자연을 통제하는 과학기술을 발전시켰고, 문명의 예술적, 과학적 수준도 크게 드높인 것이 바로 백인 민족이라고….*

　생물학적인 인종주의는 불과 한 세대가 지나기도 전에 과학이라고 이름을 붙일 수도 없는 사이비과학으로 판명되었지만, 유럽 백인들의 "경멸적 인종주의"는 겉으로 잘 드러나지 않을 뿐이지 지금도 계속되고 있다. 프란츠 파농Frantz Fanon(1926~1961)은 이런 "한심한 과학"에 심취한 유럽인들의 경멸적 인종주의는 백과 흑을 선과 악으로 짝짓는 "이분법적 착란"이라고 했다.** 이 착란증은 자의적으로 백을 선으로, 정의로, 흑을 악으로, 범죄로 규정한다는 점에서 악질적이면서도 치유불능의 과대망상증이다.

　그런데 과연 프로이트가 활동하던 19세기 말에서 20세기 초까지의 유럽인들, 특히 유럽의 성인 남성들이 프로이트의 주장대로 합법적인 생식만을 위해서 성행위를 하고, 성충동을 자제하는 대신 정신분석의 도움으로 성충동을 더 높은 차원으로 승화하여 찬란한 문명사회를 건설한 그런 사람들일까. 정말 프로이트 시대의 유럽 사회가 성충동에 대한 절제와 체념, 승화를 반

---

* 지그문트 프로이트, 같은 책, 41쪽, 62쪽.
** 프란츠 파농, 『검은 피부, 하얀 가면』, 153쪽, 189~223쪽.

복하여 성이란 말을 입에 올리지도 못할 정도로 근엄하고 금욕적인 분위기였던가? 유럽의 모든 성인 남성들이 정말 수도사나 성직자처럼 엄숙한 금욕생활을 했던 사람들이었던가.

문명화된 백인은 사실 의례적이지 않은 성적 관용의 시대를 그리워한다. 다시 말해 한바탕의 질탕한 행위 장면과 처벌되지 않는 강간, 그리고 억압되지 않는 근친상간을 자연스레 분출해 낼 수 있는 시대에 대한 향수를 가지고 있다는 뜻이다. 어떤 면에서 백인들의 이러한 환상은 프로이트의 생명 본능과 일치한다.

— 프란츠 파농, 『검은 피부, 하얀 가면』*

'아름다운 시대'(Bell epoch)

19세기 말, 프로이센과 전쟁 중이던 프랑스 정부군이 프로이센 군대에 포위되자 프랑스 정부는 항복을 선언한다. 이에 분노한 정부군 소속의 빈민계급 출신의 병사들과 파리의 노동자들이 봉기하여 '파리 코뮌'을 세운다. 급진적 개혁을 요구하는 파리 코뮌과 정부군 사이에 치열한 전투가 일어나고, '피의 주간'이라고 부르는 기간 동안 3만 명에 이르는 '코뮈나르'가 사살

* 프란츠 파농, 같은 책, 200쪽.

되거나 처형되었다. 1871년에 벌어진 이 전투에서 프랑스 정부군이 완벽한 승리를 거둔 뒤 프랑스 역사에서 부르조아들의 시대가 활짝 열리게 된다. 그때부터 1차 세계대전이 일어나는 짧막한 한 시기를 유럽의 역사에서 '아름다운 시대'Bell epoch (1871~1900)라 부른다. 이 시기는 모네, 드가, 세잔, 르느와르 같은 인상주의 화가들이 맹활약을 하던 시기이기도 하지만, 바로 프로이트 자신이 가장 왕성하게 활동하던 시기였다.

'아름다운 시대'는 인간의 욕망이 한껏 분출된 시대였고, 욕망이 넘쳐흘러 문화와 예술로, 그리고 상품으로 승화되어 가던 시대였다. 또 인간의 모든 욕망을 한 자리에서 사고팔 수 있는 백화점이 등장하던 시대였기도 하다. 백화점은 없는 것이 없고, 돈만 있으면 가질 수 없는 것이 없는 세상이 열렸음을 알리는 상징과도 같은 공간이다. 경제력이 있는 소비자들에게는 천국과도 같은 곳이다. 욕망의 억압과 절제가 일상의 규범으로 굳어져 있는 엄숙하고도 무거운 분위기의 사회에 백화점이 들어설 빈틈이나 있을까.

1889년, 프랑스혁명 100주년을 기념하며 열렸던 파리 만국박람회는 인간의 욕망이 국경을 넘어 국제사회에서 거래될 수 있는 상품이 되었음을 알리는 계기가 된다. 한국이나 중국보다 일본이 한발 앞서 유럽 사회에 자신들의 존재감을 알린 것도 파리 만국박람회에 전통의 일본 공예품과 '우키유에'浮世繪를 출품하면서부터이고, 일본의 예술품을 맞닥뜨린 유럽의 예술계에는

'자포니즘'의 열풍이 불었다. 반 고흐, 에두아르 마네, 클로드 모네의 그림에는 자포니즘의 영향이 뚜렷하게 드러난다.

한편 유럽의 19세기는 온갖 금기와 속박, 차별에 시달리던 여성들까지도 욕망과 욕정을 마음껏 뿜어내던 시대였다. 플로베르Gustave Flaubert(1821~1880)의 『보바리 부인』이 출간된 것이 1857년이고, 에밀 졸라Emile Zola(1840~1902)의 『목로주점』이 발표된 것은 1877년이다. 이 소설만 놓고 보면 19세기 유럽 사회의 분위기가 프로이트의 주장처럼 성이 억압되었다거나, 자발적으로 성충동을 억제했던 것 같지는 않다. 오히려 그 반대다.

『보바리 부인』은 별다른 매력도, 교양도 열정도 없는 시골 의사, 보바르의 아내인 엠마의 불륜행각, 즉 "간통의 황홀경"에 빠진 유부녀의 이야기다. 에밀 졸라의 『목로주점』은 19세기 말 프랑스에서 최하층 계급이라고 할 수 있는 세탁부와 주변 인물들의 방종과 방탕스러운 생활을 있는 그대로 묘사한 작품이다. 에밀 졸라는 서문에서 "파리 변두리의 오염된 환경에서 살아가는 한 노동자 가정의 숙명적인 몰락"을 그린 것이라고 밝혀 두었다. 그리고 "음주벽과 게으름의 끝에는 가족 관계의 이완, 난잡한 혼거, 성실한 감정의 망각"이 있기 마련이고, 그 끝은 "수치와 죽음"이라고 하면서 자신의 소설은 "진실의 작품"이며, "최초의 민중소설"이라고 자평한다. '아름다운 시대'가 오기 바로 직전의 파리 분위기를 있는 그대로 서술했다는 이야기다.

· · ·

    사실 유럽 사회에서 성에 대한 엄숙주의와 금욕주의가 무너지기 시작한 것은 르네상스 시대부터 이미 시작된 것이다. 거기에 방아쇠 역할을 한 것은 페스트였다. 페스트가 창궐하던 유럽 사회의 방탕, 방종한 분위기와 성직자들의 타락한 모습을 이야기 형식으로 써 내려간 것이 보카치오의 『데카메론』이다.

    이 무렵 사람들의 몸에 꽃이 핀다. 매독이다. 매독의 별칭을 "르네상스 시대 사람들의 몸에 핀 꽃"이라 했던 것이 르네상스 시대의 성문화를 반영하는 것이라고 할 수 있다. 유럽의 르네상스 시대에 번지기 시작한 매독은 콜럼부스에 의해 신대륙으로 전파되었다가 다시 유럽으로 유입되어 유럽 전역으로 스멀스멀 전염력을 키워 나간다.

    18세기에 출간된 철학적 꽁트, 볼테르의 『캉디드 혹은 낙관주의』의 초반부에는 종기투성이의 몸에 "코가 문드러지고 입은 한쪽으로 돌아가 있고 이빨이 온통 새카맣고 말을 할 때면 코를 킁킁거리고 때로 지독하게 기침"을 하면 "그때마다 이빨을 한 개씩 뱉어내는", 즉 매독에 걸린 거지가 등장한다. 캉디드의 스승 팡글로스다. 옛 제자를 만난 팡글로스는 자신의 몰골이 이 지경이 된 것이 "달콤한 사랑" 때문이라면서, 매독이 콜롬부스로부터 시작하여 유럽에 전파된 과정을 장황하게 설명한다. 그리고 "한 전투에서 양 진영에 각각 3만 명의 군사들이 대치하고 있을 경우, 양 진영 공히 2만 명씩은 모두 매독 환자"였을 거라면서 매독이 기승을 부리던 당시 유럽의 상황을 전하고 있다.

19세기가 되면서 유럽 전역에는 매독이 창궐했다시피 하였고, 전체 인구의 15퍼센트가 매독으로 사망한 것으로 추정한다.* 당시 매독은 치료법은 물론 원인조차 몰랐던 병으로, "은둔자의 병"이요, "어둠의 독"이라고 했다. 빠른 치료를 위해서 "병은 자랑하라"는 말이 있긴 하지만, 아무리 그래도 성병 걸린 것을 자랑하고 다닐 사람은 없을 것이다. 자신의 감염 사실을 드러내지 않으려는 매독 병자들의 속성까지 감안한다면 19세기 유럽의 매독 환자 수는 조사된 수의 배가 될지도 모른다. 니체와 베토벤, 보들레르도 이 병을 피해 가지는 못했다. 매독과 함께, 결핵과 콜레라는 세기말의 방탕과 방종을 부추긴 속수무책의 재앙이었다.

의학적 인과관계가 제대로 규명되지도 않았는데 치료법조차 뚜렷하지 않을 때 사람들이 선택할 수 있는 유일한 처방은 규제와 절제다. 방탕한 성생활에 대한 경고와 함께 지나친 성행위로 말미암은 정액의 무분별한 소비는 권태, 체력 저하, 동작 둔화를 불러오고, 오르가즘과 그에 따른 과도한 흥분은 신체의 허탈, 탈진, 시력 저하와 함께 지능까지 떨어트린다는 인식이 19세기의 유럽 사회에 널리 퍼져 있었다.

* 데버러 헤이든, 『매독』, 이종길 옮김, 길산, 2004, 9쪽.

성적 방탕과 자위 행위가 정신이상의 한 원인으로까지 지목되기도 했다. 성행위로 말미암은 체액 상실은 전체 영양공급에 균형을 파괴하고, 신경계를 자주 흥분시킴으로써 신경계의 과민성이 증가하여 신체 저항력이 떨어진다는 것이 프로이트가 활약했던 '아름다운 시대'의 성의학의 수준이었다.[*] 또 피임 기술이 발달하지 않았던 시대의 특성상 남녀관계에서 임신은 골칫거리 중의 하나였다. 『목로주점』의 주인공이라 할 수 있는 세탁부 제르베즈가 몰락에 몰락을 거듭하게 된 최초의 동기는 열네 살에 낳은 아이 때문이었다.

르네상스 시대라고 하면 흔히 중세 암흑기가 끝나고 인문주의가 꽃피는 시대라고는 하지만 실지 속살을 들여다보면 성을 함부로 발설하기 어려웠던 중세의 금욕주의나 엄숙주의에서 벗어난 시대라고 할 수 있다. 르네상스 시대를 거치면서 유럽 사회의 방탕한 생활에는 성직자도 예외가 아니었고 수도원은 "참으로 바쁜 유곽"이나 다를 바 없다고 할 지경이었으며, 추기경을 "음란축생"이라 불렀다.

교황 알렉산더 6세, 율리우스 2세, 레오 10세는 지나친 음란 생활로 매독에 걸리기까지 했다. 그리고 고해성사가 이루어지는 성당의 고백석은 사제들의 음탕한 욕망을 충족시키는 밀폐된 공간이었다. 신도들이 고해성사를 하는 고백석이 성직자들

---

[*] 에밀 크레펠린, 『정신의학: 의대생과 의사를 위한 교과서』, 135쪽.

에게는 여성을 유혹하는 절호의 기회요 공간이 된 것이다.*

그리고 유럽의 거의 모든 마을에는 공창제도가 운영되고 있었고, 목욕탕과 여관은 매춘업을 겸업하는 것을 당연시했으며, 최하층 여성들의 직업이라고 할 수 있는 세탁부들은 매춘과 겸업을 했다.** 이런 시대 분위기에서 성병이나 임신을 피하기 위해서는 당연히 생식 목적 이외의 성행위는 금기시하는 분위기가 조성될 수밖에 없었을 것이다.

프로이트의 저작물에는 자주 성교중절(체외사정)이라는 용어가 나오고, 실지 성교중절을 했던 사람을 상담했던 내용들이 기술되어 있다.*** 성교중절은 피임 기술이 발달하지 않았던 시대에 피임을 위한 고육지책이라고도 할 수 있겠지만, 19세기 유럽 전역에서 가장 중요하면서도 대중적인 피임 방법이었다.**** 이 피임 방법은 사실 피임이라는 목적을 달성하기에는 상당히 위험하고 불안전한 방법인 데다, 행위에 몰입하기 어려운 탓에 성적 불만족을 유발할 가능성이 매우 높다. 그리고 매독에 대한 공포로 말미암아 성병의 위험이 없는 자위를 통해 욕망을 해소하려는 분위기가 유럽 전역에 퍼져 있었다.

---

* 에두아르트 푹스, 『풍속의 역사 II: 르네상스』, 이기웅·박종만 옮김, 까치, 1986, 252~262쪽 참조.
** 立川昭三, 『病氣の文化史』, 岩波書店, 2020, 107面.
*** 지그문트 프로이트, 『꿈의 해석』, 200~201쪽.
**** 앵거스 맥래런, 『피임의 역사』, 정기도 옮김, 책세상, 1998, 314쪽.

프로이트는 당시의 유럽 사회의 이런 성문화에 근거도 없이 나름의 해석을 붙인 것이다. 신경쇠약은 과도한 자위, 잦은 몽정 탓이고, 불안신경증은 성욕의 불완전한 만족(성교중절) 탓이며, 정신신경증은 유아기의 성체험 탓이라고….*

'아름다운 시대'에 성과 관련된 정신분석이 각광을 받게 된 것은 타락한 종교권력이 쇠락하게 됨에 따라 성직자의 권위가 추락을 하고, 성당이나 교회에서 이루어지던 고해성사가 의사의 진료실로 넘어올 수 있었기 때문이다. 여기에는 광인들을 가두어 두던 감호소 생활에 지친 정신의학자들이 사무실 기반의 진료를 갈망하게 되면서 정신분석을 수용하게 된 분위기도 작용했다.**

성충동은 근대인이 아닌 원시인들도 가지고 있는 감정이고, 인간이 아닌 동물조차도 느낄 수 있는 감정인 이상 19세기에 와서 프로이트가 발견한 충동도 아니고, 새삼스럽게 주목해야 할 이유도 없다. 프로이트의 성공은 자기 시대의 성문화에 편승한 독창적이면서도 기발한 해석으로 성충동과 불안신경증을 연결시킨 데 있다.

---

* 지그문트 프로이트, 『정신분석학 개요』, 224쪽.
** 앤드루 스컬, 『광기와 문명』, 469쪽.

꿈, 해몽과 해석의 차이

프로이트 하면 당장 떠오르는 책이 『꿈의 해석』이라고 할 만큼, 20세기의 시작(1900)과 함께 발표된 『꿈의 해석』은 프로이트의 대표 저작물이라고 할 수 있고, 그의 모든 사상과 학문적인 견해가 이 한 권의 책에 함축되어 있다.

인간이 자신의 인생 3분의 1을 잠으로 채우는 이상, 꿈 없는 잠이 있을 수 없고 꿈을 기억하지 못하는 사람은 있어도 꿈꾸지 않는 사람은 없다. 인간 이외에 다른 동물이 꿈을 꾸는지는 알 수 없지만, 꿈을 표현할 능력이 없기 때문에 우리는 동물들이 꿈을 꾸지 않는 것으로 안다. 꿈은 잠들어 있는 사람의 몸, 아니면 마음에서 일어나는 은밀한 현상이기 때문에 꿈을 꾼 사람이 자신의 꿈을 스스로 발설하지 않으면 다른 사람은 꿈의 내용을 알수가 없다. 꿈은 잠자는 동안에 스쳐 지나가는 환영·환청·환각이거나 허상·착각과도 같은 것이기에 그 실체가 증명되거나 입증될 수 있는 성격이 아니다.

그래서 꿈은 꿈꾼 사람에 의해 발설이 되고, 그렇게 발설된 꿈의 내용은 주변 식구들, 경우에 따라서는 현자들에 의해 꿈풀이가 이루어진다. 그것은 인류의 역사와 함께 이어져 온 보편적인 문화현상으로, 꿈을 해석한 것이 프로이트의 독창적이면서도 독보적인 업적으로 보기 어렵다. "좋은 꿈 꾸십시오"라는 인사는 프로이트가 꿈 해석을 하기도 전에, 아주 오래 전부터 이어져 온 우리나라 고유의 저녁 인사법 중의 하나다. 그리고 우리 민족만의 독창적인 꿈 해석으로 길몽과 흉몽을 구분하는 나름의 꿈문화는 입에서 입으로 전해 오면서 한민족의 역사와 함께 이어져 오고 있다.

프로이트는 오줌 꿈을 성행위와 연결시켜 해석하지만 우리 전통문화에서 오줌 꿈은 성충동과는 전혀 관계없는 길몽 중의 길몽이다. 김유신의 누이 보희가 오줌 꿈을 꾸자, 그 꿈을 비단 치마를 주고 산 동생 문희는 왕비가 되었고, 고려 태조 왕건도 이모의 오줌 꿈을 사들인 어머니가 낳은 아들이다. 또 꿈은 산 사람이 죽은 사람을 만나게 되는 유일한 통로이다. 죽은 사람이 부활 또는 재림하는 것은 언제나 살아 있는 사람의 꿈을 통해서다. 그래서 동물세계와는 달리, 죽은 사람에 대한 추모와 위령을 위한 제사 같은 의례가 만들어진 것이다. 특히 우리 문화에서 죽은 조상은 살아 있는 후손의 꿈에 나타나 집안이나 후손의 길흉을 점지하는 예지자의 역할을 하기도 한다.

그런 점에서 프로이트의 꿈 해석은 꿈꾼 당사자의 성충동이나 성욕과 결부시켜 해석하는 독특한 발상 때문에 세간의 주목을 끈 것일 뿐, 동서고금의 수많은 해몽 중의 하나에 불과한 것이다.

• • •

프로이트는 자신의 정신분석 이론에 대해 "진실로 객관적이고 자연과학적인 심리학을 구축"하려고 했다지만 그의 꿈 해석에 과학적 근거는 하나도 없다. 꿈 자체가 과학으로 입증할 수 없는, 환각이거나 환상 같은 것이기 때문이다. 꿈에서 과학으로 입증할 수 있는 것은 단지 뇌세포의 분자생물학적 반응이나 신경전달물질의 농도, 그리고 뇌파로 기록될 수 있는 파형뿐이다. 거기에는 꿈과 관련된 어떤 단서도 찾을 수 없다. 게다가 프로이트는 꿈을 "불합리성, 망상, 환각과 같은 것을 수반하는 일종의 정신병"이라고 했다.* 지상에 모습을 나타내는 태곳적 순간부터 인간은 꿈을 꾸어 왔고 그 꿈들이 인류 문화의 초석이 된 것인데, 프로이트는 뜬금없이 정신병으로 규정한 것이다.

그런데 프로이트가 해석한 꿈의 사례들을 보면 모든 결론은 역시 성충동으로 귀결된다. 꿈속의 초는 여성의 성기, 촛대는 남성의 성기를 상징하는데, 초가 부러져 잘 서지 않으면 남성의 발기부전을 의미한다거나, 계단이나 사다리를 오르내리는 꿈은 성행위를 상징하는 것이라든지, 남성의 넥타이는 음경을 상징하는 것이고, 줄지어 늘어선 방을 지나는 꿈은 사창가를 찾아가는 것이라고 해석한 것은 정말 독창적인 상상력이라고 하지 않을 수 없다.

특히 중증 신경계질환으로 근육이 강직되어 나타나는 반궁긴장Opistotonus을 "성교에 적합한 자세를 적극적으로 부정한 자세"

* 지그문트 프로이트, 『정신분석학 개요』, 447쪽.

라고 설명한 것이나, "음악인들은 대부분 항문기 또는 항문성교 애호가"라는 확신에 찬 주장은 프로이트 학설의 진실성에 의문이 가게 만든다.[*]

프로이트의 시대에도 프로이트의 꿈 해석에 동의하지 못하는 사람들이 많았던 모양이다. 대표적인 인물로는 오스트리아 태생의 정신분석학자 빌헬름 라이히Wilhelm Reich(1897~1957)를 꼽을 수 있다.[**] 프로이트 자신도 "정신분석학 이론이 단지 성적 동력 외에는 다른 어떤 정신적 동력을 알지 못하며 '성적'이라는 말을 분석학적 의미가 아니라, 통속적인 의미로 사용함으로써 대중의 선입견을 이용하고 있다"는 비판을 의식하고는 있었던 것 같다.[***] 그래서 자신의 정신분석 이론을 '범성욕주의'라고 비판하는 데 대해서 부당하다고 항변은 했지만, 이를 반박할 증거나 다른 주장을 내세운 것은 없다.

러시아의 문예 사상가 바흐친Mikhail Bakhtin(1895~1975)은 프로이트주의가 주목을 끈 것은 주장이 옳아서가 아니라, "성생활 문제를 다루기 꺼려하는 공식 학문의 기묘한 위선에 편승"한 탓

---

[*] 지그문트 프로이트, 『억압, 증후 그리고 불안』, 77쪽.

[**] 프로이트 문하에서 정신분석에 입문했으나 좌파 성향으로 기울면서 정신분석학회에서 제명되었다. 그의 오르가즘 이론과 저서 『성혁명』은 68혁명의 성해방 운동에 지대한 영향을 끼친다. 그는 성욕에 대한 도덕적 억압은 "권위주의적 질서에 순응하는 노예"를 만들어 낸다고 주장했다.

[***] 지그문트 프로이트, 『과학과 정신분석학』, 박성수·한승완 옮김, 열린책들, 2020, 193쪽.

이라는 각박한 평가를 내린다.*

의식과 무의식, 기억과 망각

프로이트가 20세기를 대표하는 의사가 아닌, 사상가의 반열에 올라서게 된 것은 아마도 인간의 인격을 구성하는 세 가지 요소, 즉 본능과 자아, 초자아가 있다는 사실, 그리고 정신 활동을 의식과 무의식, 그리고 전의식으로 나누어 설명함으로써 인간의 정신세계에 무의식을 '발견'했다는 사실 때문이 아닐까 싶다.

자세히 살펴보면 인간의 인격이나 정신세계를 세 가지로 나누는 것은 서구 사회 특유의 해부학적 발상이기도 하고, 과거로 거슬러 올라가면 영혼을 이성적인 부분, 격정적인 부분, 욕정적인 부분으로 세 등분한 플라톤의 발상과도 맞닿아 있다.

그런데 과연 인간의 인격을 예리한 칼날로 자르듯이 본능과 자아, 초자아로 구분할 수 있는 것인가? 인간의 사유체계를 의식과 무의식, 전의식으로 경계를 지어 나눌 수 있을까? 어찌 보면 정말 부질없는 분별지分別智 아닌가? 그리고 의식이 아닌 무의식이란 의식이 없다는 의미일 텐데 '없는 것'을 실재하는 물질처럼 '발견'한다고 할 수 있는가? 게다가 이 무의식의 개념도 프

---

* 미하일 바흐친, 『프로이트주의』, 김윤하 옮김, 뿔, 2011, 17쪽.

로이트의 독창적인 개념이라고 할 수 없다.

　프로이트와 동시대를 살았던 철학자들도 무의식의 문제를 다루어 왔지만, 프로이트는 철학자들이 무의식에 접근하는 태도를 통렬하게 비판한다. 철학자들은 "정신적인 것과 의식적인 것들을 동일시"하고, "무의식적인 정신 활동의 현상들을 잘 알지 못"하기 때문에, 무의식적인 현상과 의식적인 현상의 차이를 알지 못하고 무의식에 대한 판단을 내린다는 것이다.* 프로이트가 비판한 철학자들이 누구인지는 알 수 없다. 분명한 것은 프로이트 시대에 무의식을 언급한 철학자들이 한둘이 아니라는 것이다.

　프로이트는 무의식을 "'억압'에 의해서 의식의 표면 위에 떠오르지 않는 것"이라고 설명하는 데 반해서, 베르그송Henri Louis Bergson(1859~1941)은 표면 아래 가라앉아 있는 "하부의 자아"로 설명한다. 그것은 우리들의 기억 속에서, "우리 스스로 그 관념들을 형성했고, 우리 스스로 그 감정들을 살았으나, 그런 관념과 감정을 원하는 것에 대한 어떤 설명할 수 없는 혐오에 의해, 그것들이 표면 위에 떠오를 때마다 우리가 그것들을 우리 존재의 어두운 심층으로 밀어낸 것"들이다.** 프로이트의 무의식과는 얼추 비슷한 듯하면서도 다른 개념이다. 프로이트가 말하는 무

* 지그문트 프로이트, 『정신분석학 개요』, 28쪽.
** 앙리 베르그송, 『의식에 직접 주어진 것들에 관한 시론』, 최화 옮김, 아카넷, 2001, 214쪽.

의식은 감추어진 성충동이요 억압된 성충동 그 이상 이하도 아니기 때문이다. 또 베르그송이 설명하는 기억은 덧없이 흘러가 버리는 "이미지"에 불과한 것으로 어디에 저장되거나 고정되어 있지 않다. 따라서 분석의 대상이 될 수가 없다.

우리가 살아오면서 겪었던 경험들을 모두 기억하고 있는 사람은 없다. 기억과 망각 두 과정이 조화를 이루고 있는 것이 인간의 정신 활동이다. 망각이 일어나는 과정이 억압에 의한 것인지, 주의력결핍에 따른 것인지, 자연스러운 현상인지를 꼬집어 설명하기란 어렵지만, 어두운 심층으로 밀어낸 것들이 어찌 성충동뿐이겠는가. 잊어버리면 좋겠는데 의식의 표면 위로 불쑥불쑥 솟아올라 사람을 괴롭히고 불안하게 만드는 것은 억눌려진 성충동만이 아니다 외상후증후군으로 괴로워하는 사람들의 외상이 전부 성과 관련된 것들뿐일까?

니체가 "능동적이며, 적극적인 저지 능력"이라고 했던, "약간의 정적과 의식의 백지 상태"라고 할 수 있는 망각*은 베르그송이 이야기한 '하부의 자아'이고, 프로이트의 '무의식'을 형성하고 있는 것과 거의 같은 개념이다. 베르그송의 철학을 바탕으로 프루스트Marcel Proust(1871~1922)가 자신의 유년기 경험에서부터 자신의 일대기를 시간 여행 하듯 써 내려간 장편소설 『잃어버린 시간』에는 베르그송의 기억과 무의식의 개념이 소설 형식으로

---

* 프리드리히 니체, 『선악의 저편·도덕의 계보』, 395쪽.

정리되어 있다.

하나의 이름을 찾아내려고 할 때 우리 기억 속에서 벌어지는 그 커다란 숨바꼭질에는, 일련의 점진적인 근사치란 존재하지 않는다. 아무것도 보이지 않다가 갑자기 짐작한다고 믿었던 이름과는 완전히 다른 정확한 이름이 나타난다. 아니, 우리에게 온 것은 이름이 아니다. 오히려 살아가는 동안 우리는 이름이 분명히 구별되는 지대로부터 떨어지면서 시간을 보내다가, 내적 시선의 예리함을 키워 주는 의지와 주의력의 단련을 통해 갑자기 희미한 어둠을 뚫고 뚜렷이 볼 수 있었던 것이다. 어쨌든 망각과 기억의 중간 단계가 있다면 이 단계는 무의식적인 것….

— 마르셀 프루스트, 『잃어버린 시간을 찾아서 7』

그렇다면 무의식 속에, 즉 하부의 자아에 잠겨 있던 것들을 의식의 표면 위로 떠오르게 하는 것은 무엇일까? 나에게 무의식이란 게 있다면 그것은 나의 과거다. 무의식이 의식의 표면 위로 떠오른다는 것은 가라앉아 있던 나의 과거가 되살아난다는 말이다. 그 과거는 "물질에 의해 작동되고, 정신에 의해 표상된다."* 베르그송의 이 말을 프루스트가 소설 형식으로 풀어 이렇게 설명한다.

* 앙리 베르그송, 『물질과 기억』, 박종원 옮김, 아카넷, 2005, 371쪽.

우리 과거도 마찬가지다. 지나가 버린 과거를 되살리려는 노력은 헛된 일이며, 모든 지성의 노력도 불필요하다. 과거는 우리의 지성의 영역 밖에, 그 힘이 미치지 않는 곳에, 우리가 전혀 생각도 해 보지 못한 어떤 물질적 대상 안에 숨어 있다. 이러한 대상을 우리가 죽기 전에 만나거나 만나지 못하는 것은 순전히 우연에 달렸다.

　　　　　　　　　　　— 마르셀 프루스트, 『잃어버린 시간을 찾아서 1』

　프로이트가 말한 무의식에 해당되는 기억들을 프루스트는 "비의도적 기억"이라고 했고, 러시아의 문예비평가 바흐친은 "비공식적 의식"이라고 했다.* 프로이트와 같은 정신의학과 의사였던 야스퍼스Karl Jaspers(1883~1969)는 무의식을 "의식되지 않은 정신적 과정"으로 정의하고, 무의식이 가진 "다의성多義性"을 의식과의 관계, 주의집중이라는 관계, 힘 또는 근원으로서의 관계, 존재와의 관계로 나누어서 설명한다. 그 관계에 성충동은 크게 작용하지 않는다.** 길고 긴 인류 역사에서 '생각의 역사'만을 따로 정리한 영국 출신의 저널리스트 피터 왓슨Peter Watson(1943~)은 프로이트가 무의식을 발견한 것은 "전혀 사실이 아니"며 프로이트는 "독창적인 사상가도 아니"라고 했다.***

---

* 미하일 바흐친, 『프로이트주의』, 154쪽.
** 카를 야스퍼스, 『정신병리학 총론 1』, 45~47쪽.
*** 피터 왓슨, 『생각의 역사 1』, 남경태 옮김, 들녘 2009, 1031쪽.

136　　　　　　　　　　　　　　　　　　　　1부　한국인의 콤플렉스

콤플렉스

정신분석이라고 하면 빼놓을 수 없는 낱말이 '콤플렉스'다. 콤플렉스라는 말은 프로이트의 설명에 따르면 "의식의 표면에서 무의식의 세계로 밀어 넣은 것"으로, 우리말로 바꾸어 놓을 만한 적절한 단어가 잘 없는 것 같다. 군이 바꾸자면 마음에 응어리진 것이거나 아귀가 맞지 않아 틀어진 것, 아니면 온갖 번뇌라고도 할 수 있겠고, 풀리지 않는 한恨라고도 해도 통할 수 있겠다. 사르트르Jean Paul Sartre(1905~1980)가 "얽히고 설킨 독사毒蛇들의 뭉치"라고 한 정서와도 일맥 상통하는 것이다.*

콤플렉스라는 말이 이렇게 개념도 불투명하고 또 우리말로 바꾸는 일이 수월하지 못한 이유는 콤플렉스의 저작권을 갖고 있다고 할 수 있는 프로이트나 융도 명확한 개념을 제시하지 못했기 때문이다.

프로이트는 콤플렉스를 "정신분석학이 자신의 필요에 의해 만든 용어"라고 설명한다. "심리학적 상태를 기술적으로 요약하는 데 불가결하면서도 편리하기도" 하고, 달리 대체할 말이 없어서 정신분석학자들이 사용하기 시작한 것이란 의미다. 그런데 이 말이 "광범위한 대중성을 획득"하면서** 엉뚱하게 열등감

---

* 장 폴 사르트르, 『문학이란 무엇인가』, 정명환 옮김, 민음사, 1998, 206쪽.
** 지그문트 프로이트, 『과학과 정신분석학』, 79~80쪽.

과 같은 의미로 사용됨으로써, 정신분석학의 그 어떤 용어보다도 "좀더 분명한 개념 구성에 손실을 줄 정도"로 잘못 사용되고 있다고 했다.[*]

실지로 우리가 언어 생활에서 콤플렉스라는 낱말을 사용하는 용례를 보면, "너 학벌에 콤플렉스 있지?"라는 식으로 콤플렉스는 열등감과 같은 의미이기도 하고, 반드시 고쳐야 할 마음의 고질병 정도로 생각하고 있다.

콤플렉스는 원래의 사전 속의 의미를 찾아보면 여러 가지 성분이 복잡하게 결합된 물체라는 의미를 가지고 있는데, 그렇다면 콤플렉스는 공간을 차지하는 물질이라는 뜻이 된다. 그런데 우리 몸에 콤플렉스가 자리잡고 있는 장기는 없다. 정신을 생산한다는 뇌 속에도 없다. 한마디로 콤플렉스는 정신분석학자들이 자신들의 필요에 의해서 만들어 낸 비과학적인 설정이라는 것이고 사변적 사고가 만들어 낸 가상의 복합체라는 뜻이다.

콤플렉스라는 단어를 처음 사용한 사람은 프로이트와 결별한 칼 구스타프 융Carl Gustave Jung(1875~1961)인데, 융이 설명하는 콤플렉스의 개념도 불투명하기는 마찬가지다. 융이 설명하는 콤플렉스는 "내적 경험의 대상"으로 "강한 의지에 의해서 억압될 수 있지만 제거할 수는 없으며, 적절한 기회가 오면 본래 가지고 있던 힘을 가지고 다시 등장하는 것"으로 인간의 인격 일부분을

---

[*] 지그문트 프로이트, 『정신분석학 개요』, 78쪽.

구성하는 것이라고 설명한다.*

　다만 콤플렉스로 말미암아 불안신경증이 유발된다는 것에 대해서는 프로이트와 융의 견해가 일치하고, 또 가상의 심적 복합체, 콤플렉스를 실증하기 위해 신화에서 근거를 찾는 것도 두 사람의 차이가 없다.

· · ·

　인류의 역사에서 가장 오랜 세월 동안 인간의 사고를 지배해왔던 것이 바로 신화와 신화에서 비롯된 주술적 사고다. 그런 신화와 주술적 사고에서 벗어난 사회가 과학적 사고에 기반한 근대 문명사회다. 그러므로 신화에서 자신의 논거를 끌어오는, 근대의 인물인 프로이트의 과학은 결코 실증적인 경험과학일 수가없다. 과학이라고 주장한다면 그 과학은 사이비 과학이 된다.

　융 역시 자신의 이론적 근거를 신화에서 끌어오지만, 프로이트와 달리 콤플렉스나 정신, 심혼의 문제는 과학의 영역으로 추론할 수 없는 것이라고 단정한다. 융의 콤플렉스는 신화시대의 정신세계, 즉 원시적 정신 상태에서 이미 형성된 것으로, 전통이해체되는 근대 문명사회에서 그 힘을 잃게 된 것이다. 이때 인격의 해리가 일어나면서 인간은 불안신경증에 시달리게 된다.

　프로이트는 자신의 학문을 과학이라고 고집을 하면서, 성충

---

* 칼 구스타프 융, 『정신요법의 기본문제』, 232~233쪽.

동 이론의 근거는 신화에서 찾는다. 그런데 융이 콤플렉스를 설명하기 위해 끌어들인 신화는 인류 전체의 신화 일반을 의미하지만, 프로이트의 신화는 그리스 신화, 그중에서도 오이디푸스 신화에 한정되어 있다. 그리스 신화에서 오이디푸스뿐 아니라 프로메테우스, 나르시스, 아도니스 등 온갖 신화속 인물들을 끌어들이지만 그것은 오이디푸스 콤플렉스를 설명하기 위한 보충 자료에 지나지 않는다.

프로이트는 오이디푸스 콤플렉스, 즉 근친상간, 친부 살해에 대한 욕망은 "인간의 운명에 묶여 있는 보편적 구조"이며 인간의 "본래적 유산"이라고 단정한다.* 다만 이때의 어머니는 도달할 수 없는 목표를 의미하고, 아버지는 "내적 아버지"로 인간이 "독립적이 되기 위해서" 반드시 그 구속에서 풀려나야 할 대상이 된다. 그런 욕망을 극복하고 승화시킨 종족만이 문명인이 될 수 있었다는 것이 프로이트의 콤플렉스 이론이다.

그런데 오이디푸스 콤플렉스의 근거가 되는 신화의 출처는 고대 그리스의 4대 비극 중의 하나인 소포클레스의 『오이디푸스 왕』이다. 프로이트의 콤플렉스 이론이 그리스 신화의 본고장인 유럽 사회에서는 공감대가 형성될 수 있었을지는 몰라도 고대 그리스 신화에 나오는 인물들의 심성이 과연 국경과 종족, 그리고 시대를 초월한 보편성을 가질 수 있을까? 한국 사람들에게

---

* 지그문트 프로이트, 『정신분석학 개요』, 340쪽.

『오이디푸스 왕』이 그리스 사람들의 재미있는 옛날이야기 이상 어떤 의미가 있을까.

신화는 고대사회의 사람들이 지어낸 이야기도 아니고, 자신들이 경험한 이야기를 서술해 놓은 것으로 당연히 신화가 생산된 그 세계의 환경적, 문화적 특수성이 반영되기 마련이다. 우리 신화와 그리스로마 신화의 정서나 이야기 전개방식, 그리고 결이 전혀 다른 것은 한반도를 비롯한 동아시아 문화권(농경 문화)과 그리스와 같은 지중해 문화권(해양상업문화)의 차이에서 비롯된 것이다. 특히 오이디푸스 왕이라는 비극적 신화가 생산되는 과정에는 전염병의 창궐이라는 고대 그리스 아테네의 비극적 상황과 맞물려 있다. 프로이트는 고대 그리스의 특수한 사례를 온 인류의, 그것도 20세기 인류의 보편적인 현상으로 일반화시켜버렸다.

오이디푸스 콤플렉스는 우리 한민족의 심성과는 전혀 관련이 없는, 남의 나라 이야기다. 게다가 21세기 한국 사람의 정신세계에는 적용불가능한 이론이요 개념이다. 지금 한국인들의 불안신경증을 비롯한 갖가지 정신건강의 문제는 오이디푸스 콤플렉스나 성충동과는 전혀 관련이 없다.

5장 유럽인과 비유럽인의 콤플렉스

오이디푸스 신화와 오이디푸스 콤플렉스

우리는 고대 그리스, 그중에서도 아테네를 철학의 도시, 민주주의의 원조 도시로 알고 있지만, 한편으로는 역병이 돌아 '무간지옥'이나 다를 바 없고 천륜이 무너질 정도의 처참한 경험을 한 비극적인 도시였다. 당시 아테네의 실상은 "헤아릴 수 없는 죽음으로 도시는 죽어 가고, 도시의 자식들은 동정도 문상도 받지 못한 채, 땅바닥에 누워 죽음을 퍼뜨리고 있"던 상황이었고, 거기에 맞춰 "아내들과 백발의 노모들은 여기저기서 제단으로 몰려가 통곡하며 쓰라린 고통에서 구해 주기를 애원하며 기도를 올리는 소리와 곡소리가 뒤섞여 울려퍼지는", 절망스러운 상황이었다(소포클레스, 『오이디푸스 왕』).

이 사실은 소포클레스가 꾸며 낸 이야기가 아니라 우리가 알고 있는 고대 그리스의 여러 문헌에서 나타난다. 호메로스의 『일리아스』는 펠레우스의 아들 아킬레우스의 분노로 무서운 역병을 보내 백성들이 잇달아 쓰러지고, "시신을 태우는 수많은 장작더미가 쉼 없이 타오르는" 광경으로 첫 구절을 시작한다.[*]

투퀴디데스의 『펠로폰네소스 전쟁사』에는 좀 더 구체적으로 기록되어 있다. 페르시아 전쟁과 잇달아 펠로폰네소스 전쟁을 치른 고대 그리스의 아테네는 "유례없는 격렬한 대지진과 일식이 자주 일어났고, 곳곳에 심한 가뭄으로 기근이 들고, 역병이 엄청난 타격을 가하여 수많은 목숨을 앗아 갔다"라고 기록되어 있다.[**]

소포클레스의 『오이디푸스 왕』은 창궐하는 역병으로 도시의 모든 기능이 마비되고, 인륜이나 천륜을 고려할 여유가 없는 아비규환의 상황에서 나온 비극적인 이야기다. 『오이디푸스 왕』의 첫 장면은 역병이 창궐하는 전대미문의 재난에 대한 대책을 강구하는 군신 간의 논의로부터 시작된다.

오이디푸스 왕 : 내 아들들이여, 오래된 카드모스의 새로 태어난 자손들이여. 어인 일로 그대들은 양털실을 감아 맨 나뭇가지를 들고 여기 이 제단 가에 탄원자들로 앉아 있는 것이오? 온 도시가

[*] 호메로스, 『일리아스』, 천병희 옮김, 숲, 2015, 25~27쪽.
[**] 투퀴디데스, 『펠로폰네소스 전쟁사』, 천병희 옮김, 숲, 2011, 45쪽.

향연香煙과 더불어 구원을 비는 기도와 죽은 이들을 위한 곡소리로 가득하구나. (왕이 직접 들으려 몸소 찾아옴)

　사제 : … 도시가 이미 풍랑에 흔들리고 있고, 죽음의 파도 밑에서 아직도 고개를 들고 있지 못하기 때문이옵니다. 이 나라에서는 대지의 열매를 맺는 꽃받침에도, 목장에서 풀을 뜯는 소 떼에게도, 여인들의 불모의 산고에도 죽음이 만연해 있나이다. 게다가 불을 가져다주는 신이, 가장 사악한 역병이 덮쳐 도시를 뒤쫓고 있으니 카드모스의 집은 빈집이 되어 가고 어두운 하데스는 눈물과 신음이 늘어나게 되었나이다.

— 소포클레스,『오이디푸스 왕』

　아테네를 죽음의 도시로 몰고 간 역병은 '페스트'라고 추정하고 있으나 14세기부터 유럽 전역을 휩쓸었던 페스트와 같은 전염병인지는 확인된 것은 아니지만, 역사가들은 페스트라고 추정하고 있고 프로이트도 아테네 지역을 휩쓸었던 역병이 페스트라 특정하고 있다.*

　어느 시대 어느 지역에서든 속절없이 사람들이 죽어 나가는 역병이 돌게 되면 살아남은 사람들은 속죄양, 희생양을 찾기 마

---

* 지그문트 프로이트,『꿈의 해석』, 318쪽. 전염병이 세균이나 바이러스에 의해 발병되고 전파된다는 사실을 알기 전, 유럽에서는 고대사회 때부터 유럽에서는 검은 죽음이라는 뜻의 '페스트'라는 말이 혹독한 역병을 총칭하는 보통명사로 사용되었다고 한다.『病氣の文化史』, 22面.

련이고, 궁지에 내몰린 사람들의 피해의식과 원한, 원망이 집단화되면 분풀이 대상을 찾게 된다. 페스트가 만연했던 중세 유럽에서는 유대인들이 분풀이 대상이 되었고, 관동대지진이 일어났던 일본에서 지진의 여파로 콜레라가 만연하자 재일 조선인들이 표적이 되었다. 이성의 힘으로 계몽의 불빛을 환하게 밝힌 19세기가 되어서도 콜레라가 창궐했던 유럽에서 군중들의 원한과 피해의식으로 폭동이 끊이질 않았고, 의사들이 해부용 시신을 얻기 위해 일부러 감염병을 퍼뜨렸다는 소문이 돌아 병원과 의사들이 습격을 당하기도 했다. 메이지 유신으로 일본이 근대의 문명국가가 되었음을 선포한 후에도 콜레라 때문에 흥분한 군중들에 의해 의사가 죽창에 찔려 죽기도 했고, 콜레라가 창궐했던 조선의 도읍지 한양에서는 콜레라로 죽은 어린아이의 시신을 역신에게 바치는 제물로 길거리에 방치해 두기도 했다.

오이디스푸스 신화는 페스트와 같은 역병이 창궐하던 고대 그리스 사회에서 역병의 종식을 바라는 민중들이 대속代贖의 대상을 찾기 위해 만들어 낸 이야기다. 아버지를 죽이고 어머니와 혼인을 하여 아들딸까지 낳은, 패륜의 범죄를 저지른 부도덕한 왕을 추방하여 신의 제단에 바침으로써 신의 노여움을 풀어 역병의 재앙으로부터 벗어나려는 민중들의 간절한 바램이 만들어 낸 이야기란 것이다. 결혼해서는 안 될 사람과 결혼을 하는 패륜을 저지르고, 그것도 모자라 천륜까지 어긴 사람이라면 천형을 받아야 마땅하지 않겠는가.

이런 오이디푸스 신화를 근거로 프로이트는 모든 인간은 "어머니에게 최초의 성적 자극을, 아버지에게 최초의 증오심과 폭력적 희망을 품는 운명"을 짊어지고 있다고 단정한다.* 우리가 주목할 것은 '모든' 인간이라는 주장이다. 모든 인간! 이런 무모한 주장이 일말의 타당성이라도 있는 건가. 아무리 생각해도 성충동, 그중에서도 근친상간이라는 패륜적 충동이 지역과 인종을 막론하고 모든 인간의 심성에 억압 잠재되어 있는 보편적 본능이거나 충동이라고 인정하기는 어렵다.

　그래서 한때 프로이트와 학문의 도반이었던 칼 융은 "야만인일지라도 늙은 마녀에게 욕망을 느끼는 것이 아니라 그 역시 젊고 예쁜 여인을 더 좋아한다"라고 하면서 오이디푸스 콤플렉스는 "현실성 없는 주장"이라고 비판했다. 그리고 프로이트와 결별, 새롭게 분석심리학파를 꾸린다.** 곧 이어 아들러Alfred Adller (1870~1937)도 프로이트와 결별하고 개인심리학이라는 새로운 학풍을 개척한다.

　프랑스 인류학자 르네 지라르Rene Girard(1923~2005)는 그리스 비극에 대한 프로이트의 해석은 "가장 독창적이면서도 또한 그만큼 많이 틀린 것"으로, 문학 작품(『오이디푸스 왕』)을 "과학적으로 접근하여 그것을 탈신비화"하여 인간의 보편적 특성으로 만들

* 지그문트 프로이트, 『꿈의 해석』, 319쪽.
** 지그문트 프로이트, 『정신분석학 개요』, 126쪽.

려는 "현대적 야망의 공허함"을 확인해 준 것이라 했다.*

하지만 한국에서 프로이트주의를 수용하는 과정에서 프로이트의 오이디푸스 콤플렉스는 전혀 걸러지지 않은 채 한 줄의 비판도 없었고, 학계는 "오이디푸스 콤플렉스 제국주의"**에 맥없이 순응했다. 프로이트는 21세기에 이른 지금도 한국에서는 심리학 또는 정신분석학의 거장의 자리를 지키고 있다.

달래강의 전설

알제리 정신과 의사, 프란츠 파농은 단호하게 아프리카 사람들에게는 오이디프스 콤플렉스라는 것이 없다고 했다. 당연히 한국인의 심성에도 오이디푸스 콤플렉스는 아무런 영향을 미치지 않는다. 그저 외국에서 흘러들어온 낯선 이론일 뿐이다. 한국인 특유의 '한'恨이라는 정서에도 오이디푸스 콤플렉스는 털끝만큼의 연관성을 찾을 수 없다. 아버지 때문에 어머니와 연인 관계를 맺지 못해 한이 맺혀 죽었다는 전설은 지금껏 들어 본 적이 없다.

한민족에게는 오이디푸스 콤플렉스가 없다. 심청이나 바리

---

* 르네 지라르, 『폭력과 성스러움』, 김진식·박무호 옮김, 민음사, 2000, 129쪽, 306쪽.
** 질 들뢰즈·펠릭스 가타리, 『앙띠 오이디푸스』, 최명관 옮김, 민음사, 2000, 45쪽.

데기처럼 아버지에게 버림을 받아 제물로 바쳐지더라도, 딸은 환생하여 복수 대신 오히려 곤궁에 빠진 아버지를 구한다는 이야기는 있어도 아들이 어머니에게 연정을 품고, 아버지를 죽였다거나 아버지를 죽이고 싶어 했다는 이야기는 없다. 엘란트라 콤플렉스를 연상시켜 볼 그 어떤 단서도 없다. 곰이 쑥과 마늘을 먹던 시절이나 호랑이가 담배를 피우던 시절에도 아버지를 죽이고 어머니와 혼인한 오이디푸스 같은 인물은 없었다. 단군신화를 오이디푸스 콤플렉스로 설명하려는 정신분석학자들도 있긴 하지만 그것은 견강부회의 표본과도 같은 어거지 논리다.

물론 우리 민족도 근친상간의 가능성은 열려 있었다. 그런데 친족 간의 성충동은 주로 남매 사이에서 일어나는 일이지, 모자나 부녀 사이에서 일어나는 감정은 아니다. 우리나라의 전래 동화에는 남매 사이의 애틋한 사연을 담은 이야기들이 많다. 그중에서도 특히 충청도 지역에서 전해져 온다는 '달래강의 전설'은 한 여름철 누이에게 성충동을 느낀 남동생의 처절한 자기절제와 관련된 비극을 다룬 이야기인데, 오이디푸스 왕의 이야기와는 전혀 결이 다르다. 같은 비극이지만 애절하고 오이디푸스 왕처럼 살기가 느껴지지는 않는다.

최명희의『혼불』은 사촌 오누이 사이에서 일어나는 근친상간과 그에 따른 파문을 절절하게 묘사하고 있다. 해양상업문화 중심의 고대 그리스와 달리 동아시아 문화권은 농업 중심의 정주 사회라는 차이가 있다. 당연히 근친 사이, 같은 성씨들끼리 모여 살게 되는 집성촌이 형성되기 쉽다. 이때 마주치게 되는 남녀는 대개 같은 성씨의 혈육일 가능성이 높다. 그래서 조선시대에 제일 큰죄가 바로 혈육끼리 정을 통하는 '상피'相避였고, 상피가 발각되면 조리돌림을 당하고 마을에서 쫓겨난다. 그런 사회에서 사촌오빠 강모와 정을 통한 강실은 임신까지 하게 되고, 상피를 저지른 것도 모자라 조카의 씨까지 받은 딸을 살리려는 오류골댁의 절박한 심정. 그 사실을 알고 양반가의 딸을 보쌈하려는 머슴 춘복이의 수싸움이 숨 막히게 펼쳐진다.

우리 민족의 문화에서 사촌남매 사이의 통정인 근친상간, 즉 상피는 감히 입에 올릴 수도 없는 일이지만, 일본은 또 달랐던 것 같다. 나쓰메 소세키의 소설 『마음』에는 '선생님'의 총각 시절에 그의 사촌 누이와 혼담이 오고 가는 내용들이 담겨 있다.

… 하지만 나를 키워낸 것이나 마찬가지인 냄새 속에서 다시 숙부는 내 코앞에 돌연 결혼 문제를 들이밀더군. 숙부의 말은 작년의 권유를 되풀이한 것이었네. 이유도 작년과 마찬가지였지. 다만 저번에 권유했을 때는 구체적 대상이 있는 게 아니었는데 이번에는 떡하니 당사자까지 정해 놓아서 나는 더욱 곤혹스러웠어. 그 당사자는 숙부의 딸, 즉 사촌누이였네….

— 나쓰메 소세키, 『마음』

일본에서는 메이지 유신 이후에도 4촌 사이의 혼인이 허용되었던 모양이다. 선생님은 너무 친하고 익숙한 사이였던 사촌누이에게 전혀 연애 감정이 생기지 않는다는 이유로 사촌누이와의 결혼을 거부한다. 그렇다면 친한 사이를 넘어 거의 한 몸이나 다를 바 없었던 부모 자식의 관계는 어떨까. 연애의 감정이 생길 수 있을까. 프로이트가 상담했던 유럽인들은 어떠했는지는 모르겠으나 우리 문화에는 몹시 낯설다. 생각을 떠올리는 것부터가 패륜이다. '합스부르크가의 입술'이라는 현상*을 보면 근친상간이 유럽에서는 큰 저항감이 없는 성문화였을 수도 있겠다는 생각도 들긴 하지만….

프로이트는 태어나자마자 아기가 어머니의 젖을 빠는 행위를 최초의 성행위라고 해석했다. 그래서 어린아이에게 "어머니는 최초의 유혹자"라고 규정한다.** 그런데 갓난 아기가 엄마 뱃속에서 빠져나오자마자 온 힘을 다하여 울부짖으며 어머니의 젖가슴을 파고드는 것을 성충동 때문이라고 설명할 수 있을까? 가만히 누워 자는 아기를 엄마가 유혹하여 그렇게 애절하게 울부짖는 것인가? 생명체인 이상 죽지 않고 살고자 하는 본능이 아닐까. 그 행동이 살기 위한 생존본능인지 성적 욕망을 충족하기 위한 행동인지 정작 행위의 당사자였던 유아가 성인이 되어 자

---

* 중세 유럽의 합스부르크가의 통치자들이 혈통을 지키기 위해 근친혼을 하면서 합스부르크가의 후손들이 모두 아랫 입술이 튀어나오는 독특한 형태의 얼굴을 가지게 되어 붙여진 별명.

** 지그문트 프로이트, 『정신분석학 개요』, 466쪽.

신의 행동을 설명할 수 있을까. 아니 그 시절, 자신의 행동을 기억이나 하고 있는 사람이 있을지조차도 모르겠다.

그래도 프로이트가 엄마와 어린 아들 사이의 신체적 접촉을 연인 감정으로 설명하려는 것은 엄마가 모유를 먹이고 기르던 시절에는 부분적으로는 타당한 이야기일지 모르겠지만, 태어나자마자 분유를 먹고 엄마의 품이 아니라 보육교사의 직업적인 손길에 의해 길러지고 기계에 포위되어 살아가는 요즘 아이들에게는 생뚱맞은 이야기다. 태어나면서부터 기계에 포위되어 있고, 기계에게 말과 글을 배우고, 기계와 더불어 살아가는 아이들에게 오이디푸스 콤플렉스는 없다. 프로이트의 주장대로 어린아이들에게도 성충동이 있다면 요즘 아이들은 아이패드나 스마트폰에서 성충동을 해소하지, 엄마의 젖가슴을 찾지 않는다.

분리불안과 리비도

인간이 태어난다는 것, 즉 세상에 나온다는 것은 어린 생명에게는 엄청난 위협이요 공포다. 갓 태어난 아이의 입장에서는 따뜻하면서도 아늑하고 배고픔도 느끼지 못하고 배설의 불편함도 느끼지 못하는, 천국이나 다를 바 없는 엄마의 뱃속에서 강제로 끌려 나오는 것이다.

세상에 나오자마자 엄마의 몸과 분리되어 혼자 내동댕이쳐진 유약한 생명체가 엄마의 품을 그리워하고 엄마의 온기를 찾는 것은 성적 충동과는 전혀 다른 차원의 감정이다. 그 감정은 제법 나이가 들어도 남아 있기 마련인데, 그것이 성충동이 꿈틀거려 엄마와 성관계를 가지고 싶은 그런 감정일까? 그 감정이 어떤 감정인지는 프루스트가 쓴 소설 ,『잃어버린 시간을 찾아서』에서 확인할 수 있다.

소설,『잃어버린 시간을 찾아서』는 프루스트가 콩브레에서 보냈던 유년 시절, 그가 잠자리에 들 때의 집안 풍경과 그때의 심정을 서술하는 것으로부터 길고도 긴 이야기를 시작한다.

"콩브레에서 매일 해가 질 무렵이면" 프루스트는 "어머니와 할머니 곁에서 멀리 떨어져 잠자리에 들어야 했고, 그래서 잠을 이룰 수 없는 순간이 오기 훨씬 전부터" 침실이 프루스트에게는 "불안의 고통스런 고정점"이 된다. 그래서 "너무나 슬퍼하는" 프루스트를 위해 가족들은 프루스트의 방안에 마술 환등기를 달아주기도 하였으나, 프루스트의 슬픔은 점점 더 커져만 간다(『잃어버린 시간을 찾아서 1』).

프루스트의 불안과 슬픔은 성충동, 그중에서도 엄마를 상대로 한 근친상간의 충동을 해소하지 못해서 생긴 결과라고 해석하는 것이 오이디푸스 콤플렉스을 기반으로 한 프로이트의 정신분석이다. 하지만 프루스트의 침실은 유년기의 성충동과는 무관한, 아직 완전히 해소되지 못한 분리불안을 촉발시키는 공간이다. 프루스트 스스로 "정말로 사랑했다"고 고백하다시피 했

　　　　　　　　　　　　　1부 한국인의 콤플렉스

던 게르망트 부인을 만나지 못하고 왔을 때의 쓸쓸한 감정과는 전혀 다른, 불안과 공포의 감정이다.

"잠을 자러 올라갈 때 내 유일한 위안은 내가 침대에 누우면 엄마가 와서 키스해 주리라는 것이었다. 그러나 저녁 인사는 너무나 짧았고 엄마는 너무나 빨리 내려갔기 때문에, 엄마가 올라오는 소리가 들리고 뒤이어 문짝이 두 개 달린 복도에서 밀집을 엮어 만든 작은 술이 달린 푸른 빛 모슬린 정원용 드레스가 가볍게 끌리는 소리가 들릴 때가 내게는 정말 고통스러운 순간이었다. 다음에 올 순간을, 엄마가 내 곁을 떠나 다시 아래로 내려가는 순간을 예고해 주었기 때문이다.

— 마르셀 프루스트, 『잃어버린 시간을 찾아서 1』

프루스트에게 고통을 안겨 준 것은 엄마와의 관계에서 해소되지 못한 성충동 탓이 아니라 짧고도 짧은 키스의 시간이 지나고 나면 엄마와 떨어져 긴긴밤을 혼자 지새워야 한다는 두려움이 주는 고통이다. 콩브레에서 저녁마다 엄마가 내 방에 없을 때의 '슬픔'과 프루스트 자신이 사랑했던 게르망트 부인을 한참 보지 못했을 때의 '괴로움'이 같은 감정일 수가 없다. 프루스트가 느낀 어머니에 대한 감정이 성충동과는 전혀 다른 것이란 사실은 프루스트가 성인이 된 후 알베르틴과 교제를 하면서 알베르틴을 기다리는 과정에서 스스로 자각을 하게 된다.

"… 마치 오지 않을 듯이 말하는 그녀의 변명을 들으면서, 나는 이미 발베크에서 그 벨벳 같은 얼굴을 다시 보고 싶은 욕망에, 9월의 연보라빛 바다를 배경으로 장밋빛 꽃 옆에 있을 그 순간을 향해 내 모든 나날들을 끌고 갔던 그 욕망에, 이와는 아주 다른 요소가 고통스럽게 결합하려는 걸 느꼈다. 한 존재에 대한 이 무시무시한 욕구를 나는 콩브레에서 어머니와 관련하여 체험했는데, 어머니가 프랑수아즈를 통해 2층에 올라올 수 없다고 말할 때면 그저 죽고 싶었다. 어머니에 대한 이런 옛감정이 그 관능적인 대상으로 다만 해변의 꽃과도 같은 채색된 표면 혹은 분홍빛 살색을 가진, 보다 최근의 감정과 결합하여 하나의 유일한 요소를 만들어 내려고 노력하지만, 이 노력은 대개 몇 초밖에 지속되지 않는, 그런 새로운 물체(화학적 의미에서)를 만들어 낼 뿐이다. 적어도 어머니에 대한 감정과 알베르틴에 대한 감정이라는 이 두 요소는, 그날 저녁과 그 후에도 오랫동안 서로 분리되어 있었다.

　　　　　　　　— 마르셀 프루스트,『잃어버린 시간을 찾아서 7』

　프루스트가 유년 시절에 느꼈던 어머니에 대한 감정과 사춘기가 지난 뒤 성인이 된 후 젊은 여성 알베르틴에게 느끼는 감정은 성격이 전혀 다른 감정인 거다. 모성애와 이성애를 혼동하여 섞어 놓은 것은 프로이트의 착각이다.

　프루스트의 장편소설,『잃어버린 시간을 찾아서』는 19세기 말, '아름다운 시대'의 정치·경제·사회·문화적 사건들이 시간에 따라 기록되어 있고, 거기에 연관된 인물들이 실명 그대로 등장한다. 소설을 통해서 우리는 19세기 말 프랑스 파리의 살롱 문화를 간접적으로 체험할 수 있다. 우리가 쉽게 알기 힘든 드레퓌스 사건의 소소한 뒷이야기까지도 가감 없이 서술되어 있다. 그리고 프로이트의 스승이라고 할 수 있는 샤르코나 우리한테는 비교적 생소한 이름인 뒤 불봉이라는 신경과 의사에 대해서는 "뇌와 신경 분야에서 재능이 뛰어"나고, "창조적이며 심오한 명의"로 소개하고 있다(5권, 게르망트 쪽 1). 그런데 '아름다운 시대'를 대표하는 인물이라고도 할 수 있는 프로이트에 대해서는 단 한 줄의 언급도 없다. 프루스트가 프로이트를 알고도 무시했거나, 프로이트의 책은 단 한 줄도 읽지 않았거나 둘 중의 하나일 것이다. 그런데 천식에 시달리기도 했던 병약한 프루스트는 그 당시의 의학과 의사들을 별로 신뢰한 것 같지는 않다.

의학이란 의사의 연속적인 모순된 오류의 집합으로, 가장 뛰어난 명의를 부른다 해도 대개 몇 해 후에는 틀림없이 오진으로 판명될 진실을 부탁하는 셈이다. 그러므로 의학을 믿는 것은 지극히 미친 짓이며, 그러나 믿지 않는 것은 더 미친 짓이니, 이런 오류더미에서 결국은 몇몇 진실이 나왔다.

— 마르셀 프루스트, 『잃어버린 시간을 찾아서 5』

리비도, 몰락하는 부르조아 이데올로기

인간은 피부를 경계로 세계와 마주하고 있다. 사실 인간의 의식, 또는 정신이라는 것은 순전히 인간의 피부 속으로 스며든 '세계'에 대한 피부 속 몸의 반응이라고 이해해도 된다. 반응은 표정과 몸짓, 말로서 다시 피부 밖으로 표출된다. 삶의 태도라는 것은 세계와의 관계에서 내가 나타내는 몸의 반응이다. 그런 반응들이 모이고 쌓여서 '역사'와 '문화'를 만든다.

그런데 프로이트는 인간의 정신을 피부 속에 밀어넣고 꽁꽁 묶어버렸다. 프로이트의 시선에는 인간의 피부 바깥 세계가 눈에 들어오지 않는다. 인간은 사회적, 정치적 동물이라는 인간 존재에 대한 가장 오래된 정의조차 그의 머리속에는 없다. 프로이트가 보는 인간은 생물학적인 존재다. 생물체의 여러 기능 중에서도 오로지 성충동만 꿈틀대는 그런 생물체다. 성충동은 생명체의 공통된 생물학적 특성이지만 문화는 모든 생명체 중에서 오직 인간만이 가지고 있는 비생물적인 특성이다. 하지만 프로이트는 인간의 문화에 대해서는 눈을 감는다.

프로이트는 인간을 성충동만 꿈틀거리는 생물체로 이해했기에 태어나면서부터 아버지, 어머니 사이의 삼각관계에 시달리는 존재로 설명한다. 그래서 프로이트가 보는 인간의 삶은 근친상간이라는 패륜적 충동과 괴롭고도 냉혹한 투쟁이 된다. 선택은 두 가지뿐. 자신과 같은 정신분석가의 힘을 빌려 근친상간이라는 패륜적 충동을 극복하고 다른 생산적인 활동으로 승화시켜 문명사회의 문명인이 되거나, 아니면 충동을 억제하지 못하는 야만인으로 머물거나….

프로이트가 설정한 이 삼각관계가 정말 모든 인간의 본성이요 운명이라면, 인간은 세대가 이어지는 한 근친상간과 아버지 살해라는 비극적 운명이 계속 이어질 수밖에 없다. 내가 어머니에게 연정을 품고 아버지에게 살인 충동을 느끼며 살았듯이 내 아들도 나의 아내이자 자신의 어머니에 대해 연정을 품고 아버지인 나에 대해 질투의 감정과 살인 충동에 시달릴 것이기 때문이다. 그 감정은 다시 손자 대로 이어질 것이다. 세대가 이어지는 한 가문 전체에서 패륜의 악순환은 계속 이어질 수밖에 없다. 그리되면 인간이란 결국 "아빠 엄마만을 영원히 소비하고 다른 것은 일체 소비하지 않는 불쌍한 피조물"이 되는 것이다.*

그래서다. 러시아의 문예비평가 바흐친은 "객관적인 사회·경제적 조건을 떠난 인간"은 존재하지 않는다면서, "인간은 추상적인 생물학적인 유기체로 태어나는 것이 아니라, 지주나 농민으로 태어나며 부르조아나 프롤레타리아로 태어나는 것"이고, "러시아인 혹은 프랑스인으로 태어나는 것"일 터인데, 프로이트는 "모든 가족관계를 성적으로 일관되게 취급"한다고 비판한다. 결국 프로이트주의는 성충동을 최고의 가치로 부상시킴으로써

* 질 들뢰즈·펠릭스 가타리, 『앙띠 오이디푸스』, 39쪽.

"유럽 부르주아의 가장 넓은 층에서 공인받는 이데올로기적 경향"이 되었고, 그의 정신분석학은 "몰락하는 부르조아 이데올로기와 피와 살을 맞대고 있다"고 혹평했다.*

프로이트가 활약했던 19세기 말 유럽 사회의 분위기를 달리 표현하면 세기말의 불안과 우울, 세기말의 퇴폐, 세기말의 방탕과 방종, 세기말의 허무주의가 짙게 깔려 있던 시기였다. 니체가 초인의 철학을 설파하게 된 것도 이런 시대 분위기와 무관하지 않다. 그리고 20세기가 밝아오면서 유럽에서 촉발된 전쟁이 '아름다운 시대'를 짤막하게 끝내고 온 세계를 "극단의 시대"로 몰아갔다. '극단의 시대'는 "자기로 인해 뿌려진 피"는 거들떠보지도 않은 채, 사람을 죽이고서 희열을 느끼는『인간 짐승』(에밀 졸라 장편소설)들을 싣고 앞으로만 달리는 기차와 기계, 그리고 과학이 만든 시대다. 이 무렵 오스발트 슈펭글러Oswald SPengler(1880~1936)는 프로이트가 그토록 예찬했던 서구 문명의 '몰락'을 예언하는 책(『서구 문명의 몰락』)을 썼다.

문화와 문명

문화와 문명의 차이를 선명하게 구분해서 설명할 수 있을지

---

* 미하일 바흐친, 『프로이트주의』, 165쪽, 199쪽.

는 모르겠지만, 문명은 문화와 달리 '밝음'(明)이란 뜻이 포함되어 있으니, 빛으로 상징되는 계몽주의의 영향을 받은 서구의 근대사회의 생활양식들을 지칭하는 말로 이해할 수도 있겠다. 우리가 통상 "문명의 혜택"이라고 하면, 서구유럽에서 먼저 시작된 생활양식을 수용할 수 있는가라는 걸로 판단한다.

반면에 문화는 문명과 달리 토속적이고 전통적인 생활양식과 습관들로 이루어진 것들로 그 민족의 역사와 함께한 것을 문화라고 이해하면 될 듯하다. 그런데 프로이트는 문화와 문명을 구분하는 사람들을 아주 거친 표현을 써 가면서 "경멸한다"고까지 했다.* 한국의 전통문화와 서구 문명이 같을 수가 없는 것은 당연한 것인데, 그런 구별을 짓는 것이 어찌 그렇게 경멸스런 행위인지는 모르겠다.

그런데 프로이트는 그의 문명에 대한 지론을 입증하기 위해 역시 과학이 아니라 그리스 신화에서 끌어온다. 지상에서 살아갈 능력이 없는 유약한 인간에게 불을 훔쳐다 준 프로메테우스 이야기다. 프로이트는 범성욕주의자답게 프로메테우스가 불을 훔쳐 온 대롱은 남근을 상징하는 것이라고 하고, 남자의 배뇨 행위를 성행위와 동일시한다. 프로메테우스가 대롱으로 오줌을 누어 불을 껐더라면 야만 상태에 머물러 있었을 터이지만, 야만인들과 달리 성적 충동을 억제하고 오줌을 참으며 대롱 속의 불

---

* 지그문트 프로이트, 『문명 속의 불만』, 174쪽.

씨를 살렸기에 지금의 문명생활을 이룩할 수 있었다는 것이다.

어찌 보면 프로이트주의는 천박하고 졸렬한 인종주의를 정신분석이란 이름으로 포장한 것과 다름없다. 그는 백인에 대해서는 자부심과 무한한 신뢰가 넘쳐나는 한편, 원시인·야만인에 대해서는 극도의 혐오감을 품고 있는 정신과 의사다.

원시인, 야만인에 대한 경멸, 혐오에 가까운 프로이트의 정서는 조지 프레이저James George Frazer(1854~1941)가 『황금가지』에 서술해 둔 내용과 거의 일치한다. 조지 프레이저는 원시인을 과거에 묶인 노예라 규정하고 원시사회를 "아무런 변화도 있을 수 없는 죽음의 평면 같은 사회"라 평가하면서, "태어나서 죽을 때까지 개인의 운명이 전통적 관습의 족쇄에 묶여 있던 원시사회의 피상적 자유보다 최선의 자유는 잔혹한 독재자의 압정 속에 더 많이 존재"한다는, 상식으로는 도저히 이해하기 어려운 헛소리를 줄줄 늘어놓고 있다.* 프로이트의 문명론의 근거는 이런 프레이저의 주장을 ─ "때때로 감각을 마비시킬 정도로 반복해서" ─ 인용**한 것으로, "유럽 중심주의" 시각에서 소수의 백인, 유럽인에 의한 비유럽권의 강제지배를 정당화한다.

"문명은 권력과 강제의 수단을 손에 넣는 방법을 알고 있는 소수가 그들에게 저항하는 다수에게 강요한 것"이고, "강제가

---

* 제임스 조지 프레이저, 『황금가지 1』, 박규태 옮김, 을유문화사, 2005, 129쪽.
** 에드워드 W. 사이드, 『프로이트와 비유럽인』, 주은우 옮김, 창비, 2005, 22쪽.

없으면 문명이 유효하게 작용할 수 없는 것과 마찬가지로, 대중에 대한 소수의 지배가 없으면 문명은 존속할 수 없다"는 프로이트의 문명관은 식민주의자들의 문명관과 일치한다. 문명사회를 유지하는 데 있어 엘리트 중심의 소수의 지배가 필요한 이유는 "대중은 게으르고 우둔하기" 때문이며, 무엇보다 문명의 존속은 오로지 "본능의 자제"에 달려 있음에도, "대중은 본능을 자제하기를 싫어하기 때문이라는 것"이다.[*]

프레이저는 "세계에서 가장 위대한 정복 민족들이 문명의 진보와 확장에 크게 기여함으로써 전쟁 때에 입은 상처를 평화시대에 치료한 것은 우연이 아니"라면서, 당시 제국주의 국가로 급부상하며 유럽 국가들과 어깨를 겨루고 있던 일본의 역할에 대해 아낌없는 찬사와 기대를 보내고 있다.[**] 그리고 "훗날 기독교가 세계를 제패할 수 있었던 원동력의 많은 부분은 바로 기독교 신의 윤리적 성격과 관련된 숭고한 관념과 그것을 실천하고자 했던 기독교인의 의무감" 때문이라는 글에서는 유럽의 백인, 그리고 기독교인들의 '종교 제국주의'에 대한 신념 같은 것을 읽을 수 있다.[***]

프레이저의 이런 글들을 보면 문화인류학이 왜 제국주의자들의 침략의 발판을 다지기 위한 선봉대나 척후병 역할을 하고, 또

---

[*] 지그문트 프로이트, 『문명 속의 불만』, 175~176쪽.
[**] 제임스 조지 프레이저, 같은 책, 129쪽.
[***] 제임스 조지 프레이저, 같은 책, 138쪽.

제국주의자들의 침략을 정당화하는 학문이라는 평가를 받는지 어느 정도는 이해할 수 있을 것 같다.

프로이트의 원시인, 미개인에 대한 관념은 조지 프레이저의 편견을 가감 없이 수용한 것에 불과하다. 그의 이력에서 아프리카와 아프리카 사람들을 직접 대면하거나 체험했을 법한 활동은 찾아보기 어렵다. 그래서 프로이트의 비유럽인에 대한 감정은 체험이 아니라 간접적으로 습득한 관념에 의해서 형성되는 막연한 혐오 감정이라고 할 수 있다.

인종에 대한 편견과 선입견은 체험이 아니라 대개 누군가에 의해서 대상화되고 악마화된 관념을 여과 없이, 비판 없이 수용함으로써 신념처럼 굳어지게 된다. 아프리카 사람들을 한 번도 대면할 기회가 없었던 우리나라 베이비붐 세대들이 아프리카 사람들을 '식인종'으로 알고 있었던 것도 같은 맥락이다.

타자의 정신병리

19세기 말, 프로이트가 유럽 백인 중산층들의 정신세계를 분석하여 오이디푸스 콤플렉스를 찾아냈을 때 우리는 프로이트가 주요 분석 대상으로 삼았던 부르조아 계층, 중산층도 미처 형성되지 못한 상태였고 오히려 일본 제국주의자들과 그 외 서구 열강들에 의해 미개한 민족으로 멸시당하는 타자의 위치에 있었다.

에드워드 사이드Edward W. Said(1935~2003)는 프로이트주의의 문제를 지적하면서 프로이트가 "타자他者의 문제라고 부를 만한 것에 시달리지 않았던" 공간(유럽)에 속해 있었다는 사실을 지적하고 있다.[*]

인문학자들이 즐겨 쓰는 '타자'의 의미는 나와 질적으로 달라서 내가 함부로 해도 되는, 심지어 죽이더라도 아무런 책임을 지지 않아도 되는 그런 '너' 정도로 이해하면 될 듯하다.

어쨌든 단 한 번도 타자의 위치에 서 있어 본 적이 없었던 프로이트의 정신분석 이론으로, 피식민지 백성이라는 타자의 위치에서 잔인한 학대와 모멸, 멸시를 겪어야 했고, 또 동족 간의 피비린내 나는 전쟁까지 겪어야 했던 한국인의 정신세계 속에 웅어리져 있는 콤플렉스를 설명할 수도 없고, 이해할 수도 없고, 해결할 수도 없다.

정신과 의사 이나미가 쓴 『한국 사회와 그 적들』[**]이라는 책의 부제가 "콤플렉스 덩어리 한국 사회에서 상처받지 않고 사는 법"이다. 부제만 얼핏 살펴보면 한국 사람과 한국 사회를 괴롭히는 적은 휴전선 너머에 있는 북한이 아니라 한국 사람들의

---

[*] 에드워드 W. 사이드, 『프로이트와 비유럽인』, 21쪽.

[**] 이나미, 『한국 사회와 그 적들』, 추수밭, 2013.

콤플렉스라는 뜻이 된다. 본문에 들어가 보면 한국 사람은 인간 세상에서 생길 수 있는 모든 콤플렉스를 다 그러모아 욱여넣은 콤플렉스 덩어리로 오해할 수도 있을 것 같다. 좀더 거칠게 이야기하면 국민성 자체가 문제라는 거다.

그런데 저자가 열거해 놓은 한국 사람들의 심성에 담겨 있는 콤플렉스의 유형들을 살펴보면 자연과의 합일을 이루는 것을 삶의 궁극적인 목적으로 알았고, 그칠 바를 알아 '안분지족'安分知足을 삶의 좌우명으로 삼고, 좌우 어디에도 함부로 치우치지 않는 '윤집궐중'允執厥中을 처세훈으로 삼았고, 서로 어울리되 어깨를 견주며 경쟁하지 않는 '주이불비'周而不比를 섭세의 길잡이로 삼고 살았던, 우리의 전통이 살아 숨 쉬던 근대 이전, 일제의 강점이 일어나기 전의 우리 전통사회에서는 좀처럼 찾아보기 힘든 콤플렉스다.

콤플렉스라는 것이 머리카락이 자라듯 마음속에서 저절로 자라나는 것이 아닌 이상 원인이 따로 있을 것이다. 프로이트가 유럽 사람들의 심성에서 실지로 오이디푸스 콤플렉스를 확인했다면 뿌리는 고대 그리스의 아테네를 거의 폐허 수준으로 만든 역병, 페스트의 영향이다. 만약 현대의 한국 사람들에게 공통된 콤플렉스가 있다면 이 또한 역사적 배경이 있을 것이다.

오이디푸스 콤플렉스는 당연히 우리 한국 사람들의 정서와는 전혀 무관하다. 남의 나라 신화를 끌어와서 한국인의 본성이나 콤플렉스를 설명할 수는 없다. 우리 신화에는 근친상간과 관련된 이야기가 없다. 오이디푸스 콤플렉스 때문에 불안신경증이 생긴다는 말은 역사는 오로지 "계급투쟁의 산물"이라는 말만큼이나 갑갑한 이야기다. 맛있는 고구마를 물 없이 먹는 것처럼….

지난 20세기에 거의 모든 한국인의 심성에 공포와 불안, 우울과 좌절, 충격과 절망, 열등감과 피해의식을 강하게 심어 준 사건으로 '일제강점', '한국전쟁', 그리고 경제주권을 빼앗긴 1997년의 '외환위기' 세 가지 사건을 꼽을 수 있다. 그중에서 가장 지독하고도 혹독한 사건으로 오래도록 한국인의 심성에 부정적인 콤플렉스가 생기도록 만든 것은 36년간의 일제강점이며, 한국전쟁과 외환위기는 일제강점의 연장선에서 일어난 사건이라고 볼 수도 있다. 식민지 잔재를 청산하지 못한 혹독한 대가라는 이야기다.

반만년의 역사를 이어 오며 문화민족이라는 자부심을 가지고 살아왔던 우리 한민족이 어느 날 느닷없이 총칼을 차고 한반도로 쳐들어온 일본의 제국주의자들에 의해 계몽이 필요한 야만인, 미개인으로 전락하고 말았다. 한국인의 내면에 부정적인 콤플렉스, 자학적인 콤플렉스가 형성되기 시작한 것은 이때부터다.

일본의 근대화와 일제의 한반도 강점은 거의 동시에 일어난 사건이고, 한반도의 근대화와 한국전쟁, 그리고 외환위기는 그 연장선에 있는 사건들이다. 이 과정에서 한국인 특유의 집단 콤플렉스가 만들어진다. 이런 역사적 배경에 대한 이해 없이 늘 지배자, 침략자의 위치에 있으면서 타자의 정서에 몰지각했던 프로이트와 융의 이론으로 한국인의 콤플렉스를 설명하고 해결할 수는 없다. 프로이트처럼 융도 타자의 위치에 서 본 적이 없고, '타자'의 문제에 대해서는 무관심한 유럽의 백인 의사였다.

니체의 철학은 사회적 약자나 병자에게는 대단히 위험한 철학이다. 누군가의 연민과 동정, 도움을 받으며 가냘픈 삶을 이어가는 병약한 존재를 니체는 "사회의 기생충"이라며 경멸했다. 이런 니체의 철학에 심취한 '건강한', 특히 스스로 정신적으로 건강하다고 자부하는 사람이 권력을 잡게 되면 어떤 일이 벌어질까. 니체의 철학이 나치즘의 인종 학살과 직간접 연관이 있다는 지적이 나오는 이유는 이 때문이다.

칼 융은 니체의 '디오니소스 신화'와 짜라투스트라의 "시적인, 수사학적 표현"에서 태곳적 신화를 읽는다.* 니체의 "위버멘시"Übermensch로부터 "노현자老賢者의 전형"과 자기 개성화를 완성한 "영웅"을 본다. 융의 분석심리학의 바탕이 되는 '범신화주의'는 아리안족의 신화에 심취한 나치즘의 심리학에 영향을 끼친 것으로 평가받고 있다. 그래서 나치의 인종 학살과 융의 분석심리학과 사이의 연관 관계를 의심하는 시선들도 있다.**

---

* 칼 구스타프 융, 『영웅과 어머니 원형』, 한국융연구원·C. G. 융 저작 번역위원회 옮김, 솔, 2006, 229쪽.

** Robert Jay Lifton, 『*The Nazi doctors*』, Basic Books, 1986, 467n. 486p.

융도 프로이트처럼 타자의 문제에는 관심이 없었고, 그가 분석한 정신 역시 유럽의 백인, 그중에서도 다른 어떤 종족보다도 고귀한 종족이라고 스스로 믿었던 아리안족의 정신세계였다.

유색인 의사 프란츠 파농은 서양인의 집단의식 속에 자리잡고 있는 흑인에 대한 상징 ― 악, 범죄, 야비함, 게으름, 성적인 동물, 죽음, 살인, 무질서 ― 은 대뇌와 유전자와는 무관하며 이것은 "반성의 빛이 전혀 없는 뻔뻔스러운 문화가 남긴 찌꺼기"에 불과한 것임을 까발린다.[*] 그리고 프로이트, 융, 아들러의 책에는 '흑인'이 없다는 지적을 한다. 흑인이 없는 그들의 책에는 당연히 일제의 식민지 지배를 받았던 '조센진'도 없고 해방된 이후의 '한국인'이 있을 리 없다.

파농의 지적에 화들짝 놀란 사르트르는 황급하게 파농의 책(『대지의 저주받은 자들』)에다 서문을 쓰고 유럽의 백인들에게 간절하게 호소한다. 우리(서양)의 휴머니즘을 '알몸' 그대로 바로 보자고.

　　그것은 단지 허위의 이데올로기였고 약탈을 완전히 정당화시키는 것이었습니다. 그 달콤한 말, 그 가식의 감수성은 단지 침략을 위한 알리바이에 불과했던 것입니다.

　　　　　　　　　　　　　　― 프란츠 파농, 『대지의 저주받은 자들』 서문

[*] 프란츠 파농, 『검은 피부, 하얀 가면』, 226쪽.

근대의

Philosophical counseling

정신병리

6장 일본의 근대화

일왕과 일본의 근대화

　왕실 국가인 일본의 천황天皇(이하 일왕日王으로 표기함)은 일본 사람들이 태양의 신, 신이라기보다는 오히려 태양 그 자체라고 믿고 있는 아마테라스 오미카미天照大御神의 적통을 이어받는 반신반인의 존재로 추앙받고 있다. 그래서 만세일계萬世一係라 한다. 그런데 그 일왕이 일본에서 존재감을 드러낸 것은 기껏해야 1세기가 조금 더 지났을 뿐이다. 만세일계라고 하기에는 좀 민망할 정도의 짧은 역사라고 할 수 있다.

　일본 역사에서 왕의 존재는 미약했고, 특히 도쿠가와 막부가 들어선 뒤로 왕은 뒷방 늙은이 신세가 되어 옛 수도, 교토京都에 유폐되어 있다시피 했으나, 메이지 혁명 이후 전면에 등장하게 된다. 메이지 혁명의 주체 세력이 당시 변방이라고 할 수 있는 가고시마현의 조슈長州, 사쓰마薩摩 번藩의 하급 무사들이었던 관계로 막부체제를 무너뜨리고 막상 권력을 장악하긴 하였지만 국가 전체를 대표하는 지도력을 갖추기에는 버거웠다. 그래서 교토에 유폐되어 있다시피한 왕을 불러내고, 메이지 혁명의 동력을 왕의 상징 권력에서 얻은 것이다. 그래서 일본의 천황제는 역사 속에서 이어져 온 전통이 아니라 일본이 서구식으로 근대화하는 과정에서 순전히 "발명된 전통"이라는 평가를 받는다.

메이지 유신 이후 대중들에게 모습을 드러낸 일본 왕의 모습은 태양의 신 아마테라스 오미카미로부터 이어지는 만세일계의 적통과 전통으로 치장된 권위가 아니라, 서양식 연미복에 후크를 채운 유럽 귀족의 모습이었다. 왕의 외양은 전통에서 떨어져 나온 돌연변이였던 셈이다. 왕비의 옷차림도 일본 전통의 왕족 의상이 아니라 서양의 귀족 여성들이 입는 드레스였다. 일왕 내외의 수행 비서들 역시 연미복에 서양검 사벨을 들고 있는 모습이었다. 그 이후 지금까지 일본 왕실의 공식 의전 복장은 일본의 전통 의상이 아니라 유럽식 연미복에 유럽식 드레스다.

일본 메이지 혁명의 목표는 아시아를 벗어나 유럽으로 들어간다는, '탈아입구'脫亞入口였다. 혁명의 선봉에 선 것은 왕실이었고 왕실은 제일 먼저 복장을 유럽식으로 바꾸면서 일본인은 더 이상 아시아의 유색인종이 아니며, 유럽의 백인들과 같이 어깨를 겨룰 유색 유럽인이라고 선언한다. 아베 정권의 외무상 아

2부 근대의 정신병리

소 다로가 일본인을 "G7 중 유일한 유색인종"이라는, 자학이나 다를 바 없는 자부심을 담은 망언*을 서슴치 않았던 배경이 메이지 유신 때부터 이어져 온, 일본인들의 분열된 정체성의 영향이라고 할 수 있다.

'만세일계'라고 자랑하는 일본 왕실의 전통과 적통을 과시하는 상징물로 세 가지 신기神器가 있다. 청동거울(銅鏡)과 곡옥曲玉, 그리고 칠지도七支刀인데, 각각 왕의 정직성과 자비, 그리고 지혜의 근원이 되는 상징물이라고 설명한다. 이 세 가지 신기는 일반에게 공개되는 일이 거의 없고 일본에서 가장 오래된 신사라고 하는 이소노까미 신궁에 보관되어 있다고 한다. 그중에서 칠지도는 하늘에서 내려받은 신비한 보물이 아니라 백제 근초고왕이 하사한 것이라는 게 정설이다.** 그리고 곡옥은 동아시아 국가들 중에서 중국에는 없고 한반도에서는 대량으로 발굴되는 것으로 "고대 한국의 독자적 정체성"을 나타내는 유물이다.*** 청동거울은 얼굴을 비쳐 보기 위한 것이 아니라 조선시대

---

* 「일본이 G7 중 유일한 유색 인종? … '막말제조기' 日 아소, 또 말실수」, 《세계일보》 2018. 9. 12. 이 발언이 나온 후 다른 G7 국가들을 백인들만의 국가로 지칭한 것은 잘못된 지식과 편견에서 나온 발언으로 차별적이고 오만한 표현이라는 비판이 이어졌다. G7 정상회의 멤버 중에는 피부색이 검은 버락 오바마 대통령도 있었다.

** 우에다 마사아끼(上田正昭) 교토대학 명예교수는 왜왕이 백제로부터 "헌상받은 것인지 하사한 것인지를 놓고 논쟁이 있다"(아사오 나오히로 외 엮음, 『새로 쓴 일본사』, 이계황 외 옮김, 창비, 2003, 49쪽)고는 하지만 헌상설은 설득력이 없다면서 하사설에 무게를 둔다.

*** 존 카터 코벨, 『한국문화의 뿌리를 찾아』, 김유경 엮어 옮김, 학고재, 1999, 156쪽.

왕이 입던 곤룡포의 용문처럼 권위를 과시하기 위해 허리에 착용하는 장식물, 요즘 허리띠의 '버클'과도 같은 것이다. 이런 점에서 볼 때 청동거울도 일본 왕실의 고유한 유물이라기보다는 곡옥, 칠지도와 함께 한반도에서 전해진 것이라고 보는 것이 타당하다.

왕실을 두고 있는 국가들의 경우 왕실이 현실 정치에는 간여하지 않지만, 전통의 수호자요 체현자 역할을 한다. 반면에 일본의 왕실은 왕과 왕비가 앞장서서 자신들이 토착 일본인으로 전통을 이어온 것이 아니라, 근대화된 유럽인임을 과시한다. 또 유럽은 혁명을 통해 주권이 왕이 아닌 시민들에게 있는 민주공화국으로 개혁하였지만, 일본의 메이지 혁명은 거꾸로 모든 권력을 왕에게 위임, 독점시키는 복고적 혁명으로 명목상 왕이 권력을 독점하는 강력한 왕조체제를 구축했다. 그래서 일본의 헌법을 흠정헌법이라고 부른다. 여기에 신도神道를 국교로 제정하고 신사神社를 세워 왕을 제사장으로 하는 제정일치의 봉건국가로 회귀하게 된다. 왕은 동원할 병력도 없었고 아무런 실권도 없었지만 메이지 혁명 주체들이 만들어 준 '종교적 권위'를 내세워 300여 제후국으로 분할되어 있던 일본을 강력한 중앙집권 국가로 개혁하는 혁명의 중심 역할을 했다.

일왕의 전통은 만세일계라고 하지만 일왕을 위한 야스쿠니 신사가 창건된 것은 메이지 유신 직후였던 1879년으로 1세기가 조금 넘을 뿐이다. 그런데 야스쿠니 신사에 모셔진 전쟁의 신은

246만 명에 이른다.* 거의 대부분 근대 이후 일왕을 위한 전쟁에서 죽은 전사자들이다. 그래서 징병으로 끌려가서 죽은 조선인은 죽어서도 일본의 야스쿠니 신사에 갇혀 있는 것이다.

현재의 야스쿠니 신사는 국가기관도 아닌 민간 종교법인에 불과하다.** 그곳에 일본 총리와 대신들이 가서 참배를 한다. 의례도 교의도 없고, 경전도 없고 온갖 귀신, 그중에서도 특히 전쟁귀신을 섬기는 독특한 신앙의 신전이다. 우리나라로 치면 민간의 무속인이 차려 놓은 성황당에 국무위원들이 국무위원 자격으로 찾아가서 머리를 조아리는 꼴이다. 이 또한 만세일계로 내려온 전통이 아니라 급하게 만들어진, "발명된 전통"에 불과하다.

메이지 혁명에서 출발한 일본의 근대화는 일본의 외양만을 유럽 사회로 바꾸는 대신 내용은 복고적인, 거의 고대사회 수준의 제정일치 체제를 구축한 것이라고 볼 수 있다. 겉모습만으로는 동아시아에서 제일 먼저 서구화, 근대화된 국가라는 자부심을 가지고 있는 일본이지만, 천황제가 지속되는 한 그들의 내면세계는 여전히 봉건사회에 머물게 되는, 정체성의 분열이 지속될 수밖에 없는 모순을 가진다.

---

* 오에 시노부, 『야스쿠니 신사(靖國神社)』, 양현혜·이규태 옮김, 소화, 2001, 21쪽.
** 1879년 창건 당시에는 국가 신도의 신사 체계로 육군성, 해군성의 관할에 있었으나, 패전 이후 미군정의 정교분리 지령에 의해 종교법인령이 공포되고, 야스쿠니 신사는 종교법인으로 재출발하게 된다. 오네 시노부, 같은 책, 47쪽 참조.

일본의 국민 작가 나쓰메 소세키夏目漱石(1867~1916)는 늘 불안과 신경증, 우울증, 착란, 분열에 가까운 정체성 혼란에 시달리다 그리 많지 않은, 마흔 아홉의 나이에 위궤양성 출혈로 삶을 마감한다. 영국에 국비 유학생으로 체류할 때는 주변 사람들이 미쳤다고 할 정도로 극심한 불안과 우울증에 시달렸다고도 한다. 나쓰메 소세키의 불안과 우울증은 외양과 내면의 불일치에서 오는 정체성의 혼란, 알제리 정신과 의사 프란츠 파농의 분석을 따르자면 '황색 피부'에다 황급히 '하얀 가면'을 덮어쓴 데서 비롯된 정신병리라고 할 수 있다.

나쓰메 소세키의 대표작이라고 할 수도 있는『나는 고양이로소이다』는 고양이의 눈으로 당시 일본의 사회상을 객관적으로 묘사한 소설이다. 이 소설 구석구석에는 거침없이 밀고 들어오는 서양 문명에 대한 나쓰메 소세키 자신의 불편한 심경이 묻어 있다.

요즘은 무슨 일이든 적극적, 적극적을 내세우면서 서양식이 유행하고 있는데, 거기에는 큰 허점이 있어. 적극적이라는 게 우선 한계가 없는 얘기 아닌가. 적극적으로 아무리 해봐야 만족이란 영역과 완전이란 경지에 도달하는 것은 아니지. (중략) 서양식이라는 게 다 그렇지 않은가. 나폴레옹이든 알렉산드로스든, 이기고 만족했다는 사람은 내 보지 못했네.

— 나쓰메 소세키,『나는 고양이로소이다』

나쓰메 소세키의 눈에 서양 문명은 "적극적이고 진취적"이긴 하지만 동아시아 전통의 미덕인 '그칠(止) 바'를 모르는 문명으로, 서양 문명은 겉으로는 좋은 듯이 보여도 마음의 수양을 중시하는 동아시아 문화와 달리 "다 헛것"이라 평가한다.

영어 교사에서 러일전쟁 이후 전업작가로 변신한 나쓰메 소세키는 늘 서양 문명과 일본의 전통문화 사이의 양가감정에 시달렸다. 그의 작품 곳곳에는 황급히 진행되는 일본의 근대화, 서구화를 지켜보면서 한편으로는 모국의 전통을 지키려는 지식인의 고뇌와 갈등이 담겨 있다.

> 내 피 속에는 조상들이 가지고 있던 미신이 지금도 흐르고 있다. 문명사회의 모순이 가슴을 파고들 때, 나는 항상 유령의 존재를 믿었다.
>
> — 나쓰메 소세키, 『회상』

한 국가의 고유한 전통신앙을 미신으로 멸시하며 몰아붙이는 것도 근대의 특징이라면 특징이다. 오로지 한 분뿐이어서 '하나님'이라고 부르는, 하나뿐인 '신'을 믿는 서양 사람들의 눈에는 기독교가 아닌 모든 신앙은 미신으로 비칠 수밖에 없다.

흑선공포증

'Modern'이라는 영어는 현대라는 의미가 강하게 담겨 있지만 근대라는 말로 번역되어 역사는 물론 정치·경제·사회·문화 제 방면에서 광범위하게 사용되고 있다. Modern이 근대로 번역된 것은 일본에서 번역된 말이 일제강점과 함께 한반도로 흘러들 어온 것으로 추정된다.

한국 사회에서 근대란 고대, 중세와 같은 시간개념이 아니라 사회구조가 과거와 전혀 다른 성격(서구식)으로 그것도 외부의 강제의 의해 바뀐 것을 가리키는 용어다. '근대화'라는 말은 근 대로 다가서는 과정 중에 있다는 의미로 우리나라의 근대화는 지금도 진행 중이며 앞으로도 계속, 어쩌면 영원히 진행 상태 에 있을지도 모른다. 근대화의 목표로 삼은 서양 역시 자기 자 리에 가만히 머물러 있는 것이 아니기 때문이다. 근대에 대비 되는 '전근대'라는 뜻도 마찬가지다. 연대기적 시간개념이 아니 고 정체된 것, 낙후된 것, 열등한 것을 포괄하는 의미로 쓰이고 있다.

일본의 역사학계는 일본 역사에서 최초로 일본을 통일한 오 다 노부나가織田信長(1534~1582)의 시대부터 임진왜란을 일으킨 도요토미 히데요시豊臣秀吉(1537~1598) 다음으로 정치적 실권을 장악한 도쿠카와 이에야스德川家康(1543~1616)가 구축한 도쿠카 와 막부까지를 '근세'라 하고, 태평양전쟁 이후를 '현대'라 규정하는데, 그 가운데 시기, 즉 도쿠카와 막부체제를 무너뜨린 메이지 유신 이후부터 태평양전쟁까지를 '근대'로 규정한다.

일본이 도쿠카와 막부체제가 유지되던 에도えど 江戸시대까지를 '근세'라 하고 메이지 유신 이후를 '근대'라고 달리 부르는 이유는 에도시대는 더디긴 하지만 일본의 자생적인 힘에 의해서 일본 사회의 변화가 일어나고 있었기 때문이다. 일본도 다른 동아시아 국가들처럼 쇄국정책을 고집하고 있기는 했지만, 나가사키 데지마出道를 거점으로 제한적이나마 선택적인 개방을 함으로써 청나라나 조선에 비해 훨씬 일찍 유럽의 학문과 사상을 수용한다. 이미 임진왜란을 전후하여 포르투갈을 통해 유럽 문화를 수용한 바 있고(南蠻學), 도쿠카와 막부시대에 들어와서는 네덜란드를 통해 서구의 사상과 학문을 수용했다. 이를 난학蘭學이라 한다.

난학 중에는 서구의 근대의학도 포함된다. 동아시아 3국 중에서 서구의 근대의학을 가장 발 빠르게 수용한 나라가 일본이다. 여전히 음양오행설과 오장육부론에 푹 빠져 있던 중국이나 조선과 달리 일본은 18세기에 자신들의 언어로 서술된 해부학책(『解體新書』)을 이미 발간했고, 그것이 일본의 근세에 일어난 일이다.

일본의 역사학자들이 근세와 근대를 구분한 것은 근세와 달리 근대는 서구의 강압과 그 충격에 의해 급격하게 시작되어 빠르게 진행되었다는 점에서 시대 성격이 서로 다르다고 본 것이다. 한국의 근대화 과정을 압축 성장이라고 하지만, 초고속으로 압축 성장을 이루어 내고 서양을 상대로 전쟁까지 할 수 있었던 일본의 근대화 과정에는 견줄 바가 못 된다.

• • •

19세기는 서구 열강을 중심으로 제국주의 국가들의 침탈이 전 지구촌으로 확산되던 시기로, 중국을 포함한 동아시아도 예외가 아니었다. 제일 먼저 무너진 것은 동아시아의 종주국이라고 할 수 있는 중국이었다. 영국과의 아편전쟁(1842) 끝에 굴욕적인 문호개방을 할 수밖에 없었던 중국의 사정을 전해 들은 일본 막부는 극도의 불안에 휩싸이게 된다. 중국이 무너졌으니 일본 역시 제국주의 국가들의 먹잇감이 될지도 모른다는 불안감이 막부체제를 뒤흔들었다.

아편 전쟁 이후 동아시아라는 거대한 먹잇감을 놓고 각축을 벌이던 제국들 중에서 제일 먼저 일본을 찾은 것은 미국의 동인도함선〈ろふね黑船이었다. 1853년, 1854년 연이어 찾아와 문호개방을 요구하는 미국의 강압적인 요구에 의해 불공정 협상으로 문호개방을 할 수밖에 없었던 일본 정부는 일본 사회 전체가 서구 열강의 식민지가 될지도 모른다는 불안과 공포에 휩싸이게 된다. 그래서 미국과 화친조약을 맺은 뒤 프랑스, 러시아, 영국 등, 당시의 제국주의 국가들과 연이어 통상조약을 맺고 이에 반대하는 반대파를 무자비하게 탄압한다(1858, 安政大獄). 그리

고 10년 뒤 일왕을 내세운 왕정복고를 선언한다. 이후 '판적봉환'(1869, 版籍奉還)*, '폐번치현'(1871, 廢藩置縣)**의 과정을 거치면서 막부체제를 해체하고 완벽한 왕실 중심의 중앙집권국가를 구축하게 된다.

일본의 근대화는 서양식 연미복을 차려입은 일왕을 앞세워 일본 고유의 전통과 관습을 타파하고, 강제력을 동원하여 새로운 "서구적 미적 기준에 의한 신체적 공간적 질서 및 수치의 문화를 국민들에게 주입"시키는 것으로 시작한다.*** 그 힘은 왕의 권위를 빌린 경찰의 힘이었다. 메이지 정부의 경찰관들은 대부분 쿠데타의 발원지라고 할 수 있는 가고시마 출신으로 막부의 직할체제에 있던 도쿄 시민들에게 타국의 침략군처럼 거친 폭력을 행사했다. 메이지 혁명정부의 관료들과 경찰이 일본 국민들을 대하는 태도는 "비서양인을 대하는 서양인의 태도"와 전혀 다를 바 없었다.

메이지 혁명의 주체 세력들은 혁명의 목표를 일본의 서구화에 두었기 때문에 공권력을 동원하여 일본인의 복장과 외모에서부터 전통문화까지 송두리째 개조해 나갔다. 서양, 유럽인의 시선을 기준으로 추태, 불결, 오염, 악취, 음탕함, 비정상 등을 반문명, 반질서적 행동으로 간주하고 경찰력을 동원하여 엄하

---

* 각 번(藩)의 영주가 땅의 영주지배권과 백성지배권을 천황에게 넘긴다는 뜻.
** 번(藩) 중심의 행정체제를 타파하고 부(府)와 현(縣)을 설치, 행정구역을 재편하는 것.
*** 나루사와 아키라, 『일본적 사회질서의 기원』, 박경수 옮김, 소화, 2004, 154쪽.

게 처벌했다. 그중에서도 가장 혹독하게 탄압받은 것이 전통적
으로 이어져 오던 일본의 토속, 전통문화였다. 자신이 자기 스
스로를 '타자'他者로 취급한 것이다.*

그리고 위생경찰제도를 도입하여 일본 국민들의 일상적인 신
체를 경찰을 동원한 권력의 눈으로 감시하도록 하였으며, 공중
보건위생을 명분으로 국민 개개인의 몸속 깊은 곳까지 권력의
감시가 이루어진다. 병들지 않는 사람들의 건강을 위해, 건강한
사람이 살아갈 수 있는 국토로 정화한다는 명분으로 메이지 혁
명정부가 설정한 질서에 이탈한 자를 격리하기 위한 정신병원
이 설립된다. 일본에서 최초로 정신병원이 설립된 것은 메이지
혁명(1868)이 일어난 지 딱 7년 만인 1875년이다. 일본 전역에서
7~8년 만에 입원까지 해야 할 정신질환자가 그렇게 폭증한 원
인이 무엇일까? 속살은 봉건 왕조국가이면서 급하게 외형만 유
럽 국가들을 닮아 가려는 권력층의 강박이 불러온 결과일지도
모른다.

유럽 또는 서양은 자신들의 역사발전 법칙에 따라 직선적으
로 근대사회로 진입을 했기에 때문에 '목표지향적인 근대'가 없
다. 반면에 일본을 비롯한 동아시아의 근대는 '서양'이라는 목표
가 설정되고, 목표를 지향하는 근대라는 점에서 서양의 근대와
는 성격이 다르다.

* 야스마루 요시오, 『근대 천황상의 형성』, 박진우 옮김, 논형, 2008, 222~230쪽 참조.

2부 근대의 정신병리

근대화의 목표라는 것이 곧 '서양'인데 이때 서양은 실체가 있는 것이 아니라 막연한 동경 같은 것이요 신기루 같은 것이다. 우리가 서양이라고 하면 그 서양은 유럽인가 미국인가.

"유럽은 공통된 지리와 사상에 의해 연합된 다양한 국가들이 이루는 문명화되고 평화롭고 풍요로운 공동체"이며, "미국은 유럽의 이주민들이 개척한 아메리카 대륙을 통합하는" 명칭이다.[*] 서양은 이 두 가지가 섞인 것이어서 어떤 국가를 특정할 수 있는 개념이 아니다.

동아시아 국가들이 근대화의 목표를 서양에 둔다는 것은 전통적인 봉건체제를 해체하고 서양의 근대를 가능케 했던 '합리주의', '개인주의', '실증주의', '민주주의', '자유주의'와 같은 이념을 추구한다는 의미다. 그런 점에서 동아시아 국가들이 근대화의 목표로 삼는 서양은 뚜렷한 실체가 있는 것이 아니라 추상적 이념 같은 것이다. 그러나 문명은 분명한 실체가 있다. 곁에 야만 또는 미개함이 있으면 상대적으로 빛이 나는 게 문명이다.

메이지 정부는 강제력을 동원하여 발 빠르게 일본의 겉모습만은 유럽 국가들처럼 가꾸었지만, 문명국가인 유럽 국가들이 가지고 있던 식민지가 없었다. 그 당시 식민지를 가진다는 것은 문명국이 되는 필수 자격증 같은 것이기도 했다. 아시아를 벗어나 유럽과 같은 문명국이 되고자 했던 일본 바로 곁에 마침 아

---

[*] 리처드 코치 · 크리스 스미스 『서구의 자멸』, 채은진 옮김, 말글빛냄, 2009, 38쪽.

직 외부에 '문을 열지 않고 있는' 미개未開한 조선이라는 나라가 있었다. 일본 메이지 정부의 문명국가에 대한 욕망이 바로 곁에 문을 꽁꽁 걸어 잠그고 있는 한반도에 투사되기 시작했다.

후쿠자와 유키치의 혐한론

일본이 문명국이 되기 위한 첫발에서 제일 먼저 희생양이 된 것은 홋카이도北海道의 아이누족과 류큐琉球왕국(오키나와)이다. 메이지 유신 이전까지는 일본과는 전혀 무관한 독립국가였던 류큐왕국(1872)과 아이누족의 홋카이도(1875)를 강점하여 일본 본토로 편입시킨 것이다. 그 다음의 표적이 한반도였다. 한반도의 식민지 침탈을 정당화하기 위해서는 먼저 한민족을 미개한 야만인으로 만들어 둘 필요가 있었다.

이런 여론몰이에 제일 앞장선 인물이 후쿠자와 유키치福澤諭吉(1835~1901)다. 그는 일본의 근대화 과정의 계몽사상가요 정신적 이념적 스승이자 지도자로 추앙받고 있는 인물로, 일본의 최고액권인 만 엔짜리 지폐의 초상 인물이기도 하다. 일본에 갔던 개화파 김옥균이 그의 사숙에서 생활했던 적도 있다.

그는 일본이 아시아를 벗어나 유럽과 대등한 국가가 되기 위해 해결해야 할 과제 중에 하나로 사무라이 문화의 청산을 꼽은 바 있다. 그가 본 사무라이 문화는 "고무와 같고, 그 상접相接하는 바의 물질에 따라서 수축과 팽창의 취향을 달리하고, 아래와 접하면 크게 팽창하고 위와 접하면 갑자기 수축하는 성향"이 있다고 했다.* 이런 비열한 기회주의적 처신을 부끄러움으로 여기지 않는 "무가의 위광"으로 가장 큰 피해를 보는 것은 무고한 백성들이라고 혹독한 비판을 하면서 구시대의 상징이라고 할 수 있는 사무라이 문화의 청산을 주장한다.

후쿠자와 유키치의 사무라이 비판을 언뜻 보면 보편적 인권과 평등을 강조함으로써 근대시민사회의 이념에 충실한 것 같지만 그건 어디까지나 일본을 유럽과 견주었을 때만 써먹는 논리였다.

후쿠자와 유키치의 시선이 아시아로 향하게 되면 내면에 숨어 있던 약자에 대한 멸시·차별·혐오·적대감은 무한 팽창한다. 후쿠자와 유키치야말로 상대에 따라 늘어났다 줄어들었다를 반복하는 고무줄 성향의 인물인 셈이다. 메이지 혁명의 주역들 중에는 사이고 다카모리西鄉隆盛(1843~1902)를 비롯한 정한론자가 여럿 있었지만, 우리 민족을 향해서 후쿠자와 유키치처럼 혐오 표현과 독설을 퍼부어 댄 자는 없었다.

그의 시선에 비친 조선인은 "연약하고 염치도 없고", 조선의 상류사회는 "썩은 유학자들의 소굴"이고, 하류는 "노예들의 군집"이어서 일본이 "손 한 번 들고 발 한 번 옮기면" 곧바로 무너

* 후쿠자와 유키치, 『문명론의 개략』, 임종원 옮김, 제이앤씨, 2012, 317쪽.

질, "나라도 아닌 나라"라고 했다. "조선 인민은 소와 말, 돼지와 개와 같고, 조선인은 사지가 마비되어 스스로 움직일 능력이 없는 병자"이며, "조선인의 완고 무식함은 남양의 미개인에게도 뒤지지 않는다"라는 독설을 온갖 언론 매체에 퍼뜨린다.* 국민을 "개돼지"라고 했던 21세기 대한민국의 교육부 관료는 후쿠자와 유키치의 신실한 문하생이 아닐까 싶다.

후쿠자와 유키치가 우리 민족에 대해 진저리를 칠 정도로 혐오 감정을 품게 된 것은 그의 사숙에서 생활했던 김옥균이 갑신정변에 실패하고 일본, 청나라를 전전하며 망명생활을 하다가 끝내 조선으로 체포되어 와서 능지처참되고 그의 머리가 목이 잘린 채 저자거리에 내걸리게 된 이후라고 하지만 그건 하나의 핑계에 불과한 것이 아닐까. 후쿠자와 유키치가 중국과 중국 사람들을 보는 시선도 조선에 대한 편견과 별반 다를 게 없다.

중국은 "노후의 극에 달한 노대국"일 뿐이며, 중국인을 "창창되놈"이라 부르고 중국병사들을 "거지"나 "거지들의 행렬"이라고 조롱했다. 그리고 동학농민전쟁 때는 거류민 보호를 명분으로 한반도 출병을 선동하기도 했고, 청일 전쟁을 "문명과 야만의 전쟁"이라 규정했다.

일본 사람들의 시각에서만 볼 때 후쿠자와 유키치는 일본을

---

* 야스카와 주노스케, 『후쿠자와 유키치의 아시아 침략사상을 묻는다』, 이향철 옮김, 역사비평사, 2011, 8쪽.

2부 근대의 정신병리

문명 선진국으로 이끌어 낸 정신적 지도자로 인정받을 수 있을지는 몰라도 중국이나 한국인의 시각에서 보면 침략자들의 수괴나 다를 바 없는 인물이다. 일본의 국민 작가로 인정받고 있는 나쓰메 소세키도 중국의 만주 일대와 조선을 여행하면서 받은 소회를 담은 기행문 성격의 글에서(『만한 이곳저곳』) 중국인과 조선인에 대한 혐오와 멸시의 감정을 거침없이 늘어놓고 있다.

후쿠자와 유키치와 나쓰메 소세키가 저술 활동뿐 아니라 당시 언론 매체에도 활발하게 기고를 했던 저널리스트였다는 점에서 그들의 글들이 일본 국민들에게 얼마나 많은 영향을 끼쳤을까 하는 점은 쉽게 짐작할 수 있다.

러일전쟁 중 기병전에서 일본의 승리를 이끌어내고, 훗날 일본군 조선주차군 사령관을 지낸 아끼야마 요시후로秋山好古 (1859~1930) 일제 육군대장은 자신이 가장 존경하는 인물로 후쿠자와 유키치를 꼽았다. 아끼야마 요시후로는 후쿠자와 유키치와는 일면식도 없었고 생전에 단 한 번도 만난 적이 없었다.* 그런데도 군인이 사상가요 문필가를 제일 존경하는 인물로 꼽았다는 사실에서 후쿠자와 유키치가 메이지 시대의 일본 사회에 미친 영향을 충분히 짐작할 수 있을 것 같다.

중국 사람과 조선 사람에게 혐오 발언을 쏟아 내던 나쓰메 소세키도 후쿠자와 유키치처럼 일본 지폐 천 엔권의 초상 인물이

---

* 司馬遼太郎, 『坂の上の雲 1』, 文藝春秋, 2023, 159面.

다. 일본 정부가 이런 인물을 자국의 화폐 초상 인물로 사용한다는 것은 과거 일제가 이웃 국가들에게 저지른 식민지 지배와 전쟁범죄에 대해 아무런 죄의식이 없다는 방증이다.[*]

조선전쟁

우리는 19세기 한반도에서 일어난 전쟁을 한민족과는 전혀 무관한 것으로 한반도 땅에서 두 이웃 나라가 싸운, 제3자의 입장에서 구경꾼처럼 그저 '청일전쟁', '러일전쟁'이라고 부른다. 그런데 일본의 역사학자는 청일전쟁을 '제1차 조선전쟁'으로, 러일전쟁을 '제2차 조선전쟁'이라고 하고, 1950년 동족 간에 총부리를 겨눈 한국전쟁을 '제3차 조선전쟁'이라고 부른다. 일본이 청나라와 러시아와 전쟁을 벌인 것은 청나라와 러시아를 넘보려 한 것이 아니라 오로지 한 가지 목적인 식민지 개척, 즉 한반도에 대한 지배권을 확보하기 위함이었기 때문이다.[**]

[*] 일본 중앙은행인 일본은행은 2024년 7월 3일부터 새 지폐를 유통하기 시작했다. 1만 엔권 새 지폐에 후쿠자와 유키치 대신 새로 들어간 초상 인물은 '일본 자본주의 아버지'로 불리는 시부사와 에이이치(澁澤榮一, 1840~1931)이다. 그는 일제강점기 경성전기(한국전력의 전신) 사장으로 재직하며 한민족에 대한 경제 침탈에 앞장섰고, 한반도에서 첫 근대적 지폐를 발행하면서 자신의 초상을 지폐 도안에 넣음으로써 한민족에게 치욕을 안긴 인물이다. 「일본 새 지폐 유통 시작… 1만 엔권에 '韓 침탈 주역'」, 《국민일보》 2024. 7. 4.
[**] 하라 아키라, 『청일·러일전쟁 어떻게 볼 것인가』, 김연옥 옮김, 살림, 2015, 41쪽.

한반도와 한민족이 가장 큰 피해를 입었던 청일전쟁과 러일전쟁, 그리고 한국전쟁까지도 일본 역사학자들의 시각에 의해 '조선전쟁'이라고 이해해야 하는 상황이 개탄스럽다.

서구 열강들의 개국 요구가 거세지던 19세기 말, 조선 왕실은 조미수호통상조약을 체결(1882년)하고 미국이 초대공사 루셔서 푸트Lucius H. Foote(재임 기간 1883~1885)를 파견하자 고종은 특명전권공사 민영익을 중심으로 한 보빙(報聘)사절단을 미국으로 보낸다. 이때 미국에서 당시 아서Chester Alan Arthr(재임 기간 1881~1885) 대통령을 만난 사절단의 처신이 이렇게 기록되어 있다. 사절단이 찾아갔을 때 아서 대통령이 있는 방은 문이 열려 있었으나 그들은 곧장 방안으로 들어가지 않고 복도에 늘어섰다. 그리고 나서….

사절 일행은 대통령을 대면하며 일렬로 늘어섰다. 전권공사가 신호를 보내자 그들은 일제히 무릎을 꿇었다. 그리고 양손을 머리 위로 가져갔다. 그리고 나서 이마가 바닥에 닿을 때까지 천천히 상반신을 앞으로 숙였다. 그 자세를 한참 유지한 후 그들은 일어서서 방 안으로 들어갔다. 대통령과 비서관들은 그들에게 가볍게 인사하며 응대했다.

— 渡辺惣樹,『朝鮮開國と日清戰爭』[*]

---

[*] 渡辺惣樹,『朝鮮開國と日清戰爭』草思社文庫, 2016, 49~50面.

'삼전도의 치욕' 이래 청국의 속국이 된 조선의 사절단이 청국의 황제에게 마땅히 해야 했던 '삼궤구고두례'三跪九叩頭禮*를 미국 대통령에게도 그대로 실천한 것이다. 미국 대통령과 비서관들이 그 모습을 보고 어떤 생각을 했을까.

19세기, 일본을 비롯한 국제사회는 조선을 청나라의 속국으로 여겼다. 사실이 그랬고, 또 조선 왕실의 처신이 그러했다. '삼전도의 치욕' 이래로 청나라와의 관계에서 사정이 달라진 것은 없지 않은가.

그래서 일본이 청나라의 속국인 조선을 강점하기 위해서는 제일 먼저 청나라의 보호와 간섭을 배제해야 했다. 또 일본의 처지에서 한반도의 지정학적 위치는 청나라와 러시아를 비롯한 서구 열강의 남진 정책에 대항하는 방어선이기도 했다. 부동항을 얻기 위해 남진정책을 펼치는 러시아가 조선의 최남단에 거점을 마련한다는 것을 일본 처지에서 보면 "머리 위에 칼이 매달려 있는 꼴"이 되므로 "러시아에게 결코 조선을 빼앗겨서는 안 된다"는 강박이 있었다.

일본이 한반도에서 청나라와 전쟁을 펼친 것은 조선과는 전혀 상관없이 청나라와 맺은 텐진조약 때문이다. 동학농민전쟁이 일어나자 조선 왕실은 청나라에 원병을 요청하고, 청나라 군

---

* 청나라 황제에게 무릎을 꿇고 이마를 세 번 땅에 찍듯이 조아리기를 세 차례 반복하며 예를 표하는 것.

2부 근대의 정신병리

이 아산에 주둔을 하게 되면서 조선 왕실의 요청이 없었음에도 불구하고 일본군이 한반도로 침입하여 청나라 군과 일전을 벌인 것이다. 그런데 청나라 군이 패퇴하자 일본군은 본국으로 회군하지 않고 총부리를 동학농민군에게 겨눈다. 이로 인해 동학군은 괴멸하다시피 했고, 이때 숨진 동학농민의 수가 3만 명이 넘을 것으로 추정하지만 정확한 기록조차 없다. 한국에도 일본에도….

곰나루 함성 뒤
석 달 지난 다음해 정월
보름날,

서정리西井里 역에선
왕병王兵과 왜군, 동네 토반土斑, 유림儒林들이 합세
마을 농민 스물일곱 명을
능지처참했다,

네 마리의, 말 허리에 감겨진
쇠줄로 사지四肢를 묶어
사방四方으로 달리게 채찍한다,

— 신동엽, 『금강』

지금까지 동학농민군에게 저지른 일본군의 만행에 대해 일본 정부가 그 잘못을 인정한 적도 없고 한국정부가 책임을 물은 적도 없다. 오랜 세월 우리는 척왜양이斥倭攘夷를 내세운 동학농민전쟁을 동학을 신봉하는 농민들이 일으킨 난으로 배워왔고, 외국군이든 정부군의 힘이든 난이 평정되는 것을 당연한 것으로 알고 있었다. 동학농민전쟁은 우리 근대사에서 가물가물 잊혀져가고 있는 슬픈 전쟁이다. 가해자가 처벌받지 않고 피해자들이 숨죽이며 살아온 역사…. 우리 근현대사의 슬픈 역사는 동학농민들의 죽음에서부터 시작된 것인지도 모른다.

반면에 청일전쟁의 승리로 일본 국민들 사이에서는 메이지혁명 이후에 등장한 왕의 존재가 각성되기 시작했고 대일본제국의 국민, 즉 자랑스런 황국신민이라는 자부심이 들끓게 된다. 한반도에서 지배력을 강화한 일본의 다음 목표는 러시아가 아니라 한반도의 완전한 강점이었다. 청일전쟁을 시작하기도 전에 먼저 조선왕궁을 점령하고 야인으로 머물던 대원군을 다시 옹립하였듯이 러시아와 일전을 벌이기도 전에 전쟁은 러시아와 무관하게 한반도에서 시작됐다.

이렇게 전쟁은 시작되었다. 또 다른 전쟁이 시작된 것이다. 진해만 점령과 부산 및 마산의 전신국 제압이 러일전쟁이라고 불리는 전쟁에서 최초로 수행된 군사행동이었으며, 그것은 기본적으로 한국의 주권과 영토에 대한 침략 행위였다. 이 사실은 지금까

2부 근대의 정신병리

지의 전사에서는 거의 완전하게 무시되어 왔다.

— 와다 하루키, 『러일전쟁 2』[*]

일본이 태평양 전쟁 패전 이후 불과 10년 남짓 사이에 "이제 전후는 없다"는 사실을 만천하에 공표하고, 다시 선진국의 반열에 올라설 수 있었던 것도 식민지 지배의 책임을 물어야 할 우리 민족이 남북으로 갈라져 서로 싸우는 바람에 배상 책임에서 벗어났을 뿐 아니라 반사이익까지 오롯이 챙긴 결과다.

태평양 전쟁 이후 경제대국으로 일어선 전후 일본의 자부심. 대신 우리는 동족끼리 참혹한 전쟁을 겪어야 했고 아직도 남북이 대치되어 있는 상황에서 한국의 젊은이들은 군대를 가야 한다.

우리가 기억해야 할 것은, 한국의 청년들이면 누구나 국방의 의무를 짊어져야 하고 지금도 군복무 중에 목숨을 잃는 청년들이 있는 반면, 정작 한국전쟁의 전초가 되었던 태평양 전쟁을 일으킨 일본의 젊은이들에게는 국방의 의무가 없다는 사실이다.

[*] 와다 하루키, 『러일전쟁 2』, 이웅현 옮김, 한길사, 2019, 1099쪽.

일제강점이 남긴 상처 ─ 투사 심리

"맞을 짓을 했으니까 때렸지….."

"여자가 옷을 그렇게 입고 꼬리를 치니까….."

이 말은 흔히 아랫사람에게 거친 폭력을 휘두른 상급자들이나 여성에게 성폭력을 저지른 자들이 자신들의 행위에 정당성을 주장하기 위해 내세우는 명분이다. 이런 심리를 정신병리학에서는 투사Projection 심리라고 한다. 투사 심리는 자신의 행위에 대한 부당함이나 죄책감 또 공포감, 열등감을 감추거나 털어내기 위해 책임을 행위의 대상자에게 떠넘기는 심리다.

아프리카 사람들은 유럽 사람들을 만나기 전에는 사람으로 살아왔고 단지 유럽 사람들과 사는 곳과 사는 방식, 피부색이 달랐을 뿐이었다. 그런데 유럽 사람들이 아프리카를 침탈한 이후 '흑인'이 되었고 유럽 사람은 백인이 되었다. 백인들은 아프리카 사람들을 흑인들로 부르고, 그 존재 자체가 '악'이요, '죄'의 원천이며, '나태', '절도', '강간', '무능력', '폭력', '성적인 본능만 있는 동물', '식인종'과 같은 혐오스러운 인상을 덧씌운다. 자신들의 침략 행위와 노예사냥, 학살 행위를 정당화하기 위한 투사 심리를 발동한 것이다.

일본 제국주의자들 역시 한민족의 주권을 강탈하면서 제일 먼저 한 일은 한민족을 진화가 안 된 미개인으로, 생물학적인 야만인으로, 그래서 문화적, 정신적으로 앞선 문명국가의 지도 계몽을 받아야만 비로소 문명의 혜택을 누릴 수 있는 열등한 민족으로 만드는 것이었다. 침략을 합리화하는 명분을 그렇게 만든 것이다. 유럽 사람들이 아프리카 사람들에게 했던 것이나 나치당이 유대인에게 했던 것처럼. 이런 투사 심리를 독일의 철학자 아도르노Theodor Adorno(1903~1969)는 "잘못된 투사"라고 했다.

"잘못된 투사"는 "자신의 것이면서 자신의 것이라고 인정하고 싶지 않은 주체의 충동들을 객체의 탓"으로 돌린다.* 그래서 그럴듯한 제물을 자신의 외부에 만들어 두는 병적인, 아니 거칠고도 잔인한 폭력적 심리다. 아도르노가 "잘못된 투사"라고 점잖게 표현한 이 심리는 자기 몸에 나는 악취를 감추려고 남에게 똥물을 끼얹는 것과 같은 것이다. 이런 심리를 시카고대학 교수 누스바움Martha Nussbaum(1947~)은 좀더 직설적으로 "투사적 혐오"Projective Disgust라고 정의했다.**

일제강점 이후 일제가 우리 민족에게 덧씌운 부정적 편견은 이루 헤아릴 수가 없다. '엽전', '게으름뱅이', '거짓말쟁이', '도둑놈', '핫바지', '미개인', '야만인', '지게', '불령선인', '조센징', '바가야로'….

마사오카 시키正岡子規(1867~1902)와 함께 일본 메이지 시대를 대표하는 하이쿠 작가 다카하마 교시高浜虛子(1874~1959)는 한일

---

* 테오도르.W.아도르노·M.호르크하이머,『계몽의 변증법』, 김유동 옮김, 문학과지성사, 2001, 280쪽.
** 마사 누스바움,『타인에 대한 연민』, 임현경 옮김, RHK, 2020, 149쪽.

합병 이후 부부와 함께 시모노세끼에서 관부연락선을 타고 부산에 내려 조선 전역을 돌아다니며 느낀 소회를 담은 소설, 『조선』을 쓴다(1912). 작가로서 식민지 조선을 객관적으로 묘사했다고는 하지만, 위대한 일본민족의 일원이라는 "억누르기 어려운 자부심"으로 가득한 작가가 자기 나라 식민지를 서술하는 데 있어 편견과 비하의 감정이 어찌 없을 수 있을까. 조선과 조선 사람에 대한 멸시와 혐오, 조롱이 소설 구석구석에서 삐져나온다.

1945년, 히로시마, 나가사키 창공에서 별안간 섬광이 번쩍인 뒤 해방이 벼락처럼 느닷없이 찾아왔을 때 친일 부역배들의 죄책감이나 공포감이 어느 정도였을지는 쉽게 짐작할 수 있다. 그 공포가 친일 부역배들의 투사 심리를 작동시킴으로써 빨갱이라는 '악'을 만들어 낸다. 빨갱이는 인간이 아니고 얼마든지 죽여도 되고 죽이더라도 절대 처벌받지 않는 비인간, 즉 우리 안의 '타자'다. 살아남기 위한 친일 부역배들의 투사적 혐오 심리는 많은 한국 사람들을 빨간색을 칠해 놓은 불쾌한 물질 같은 것으로 만들어 버렸다. 그들 대부분은 이념이 무엇인지도 모르고 평범하게 살아가던 사람들이었다.

해방이 된 지도 벌써 70년이 훌쩍 넘어 80년이 다 되어가는데 식민지 잔재를 비롯한 과거사 문제는 아직까지 해결되지 않은 숙제로 남아 있다. 원폭 피해자 문제에서부터 정신대 피해자, 강제징용 피해자…. 직접적인 피해자들이 아직 살아 있음에도 불구하고 일본 정부의 태도는 오불관언, 요지부동이다.

문제는 이런 구체적인 피해 사례에 국한된 것이 아니라 우리 민족의 정신세계에 남겨진 독소가 대물림까지 되어 아직까지 우리를 괴롭히고 있다는 사실이다. 그 독소가 한국인 특유의 콤플렉스를 형성한다. 한국인의 심성을 콤플렉스 덩어리로 설명할 정도로 사실 우리 국민들에게는 콤플렉스의 종류도 많고 병이라고 해야 될 정도의 심각한 콤플렉스뿐 아니라, 사회의 안정성을 해칠 정도의 콤플렉스도 있다.

그런 콤플렉스의 뿌리를 찾아가면 식민지의 역사와 맞닿아 있고, 식민지 잔재를 청산하지 못한 오욕의 역사와 연결된다. 21세기의 대명천지에, 검사 출신의 공직자(KBS 이사)가 국민을 향해 침을 뱉다시피 "개화가 덜 된 남조선인"이라는 모욕적인 망언을 내뱉고[*], "백성들은 봉건적 조선 지배를 받는 것보다는 일제강점기에 더 살기 좋았을지 모른다"면서, 조선 백성들은 대한제국의 망국을 기뻐했을 것이라는 글을 쓴 검사 출신의 정치인이 국회의원 공천을 받고[**], 헌법기관의 고위 공직자가 "식민지배 받은 나라 중에 사죄나 배상하라고 악쓰는 나라는 한국뿐"

---

[*] 「검사 출신 KBS 이사 "개화 덜 된 남조선인" 발언에 대학생들 규탄 시위」, 《경향신문》 2023. 7. 28.

[**] 「조수연 "일제강점기에 더 살기 좋았을지도"··· 국힘 또 망언 논란」, 《중앙일보》 2024. 3. 13.

이라는 글을 공개적으로 쓰기도 하고*, 한강의 기적이 일제강점 덕분이라는 판결을 내리는 판사**가 있는 것도, 현직 도지사가 공개된 자리에서 너무나도 당당하게 기꺼이 친일파가 되겠다고 설레발을 쳐도 너끈하게 자리 보존을 할 수 있는 것은*** 청산되지 못한 식민지 잔재의 결과가 아니라면 달리 설명할 길이 없다.

구한말의 "게으르고 거짓말만 일삼던 조선 사람"이 21세기의 "부지런한 한국 사람"으로 바뀐 것은 "잘하는 정치, 좋은 정책" 때문이었다라는 글을 쓰는 칼럼니스트의 머리에 일제의 정치와 정책은 어떤 정치와 정책으로 각인되어 있는지 궁금하다.**** 그리고 그 칼럼니스트의 할아버지는 "게으르고 거짓말만 일삼던" 조선 사람이었을까, 아니면 "부지런한" 한국 사람이었을까. 당연히 조선 사람이었을 텐데 패륜도 저런 패륜이 없다.

한국 사람들의 콤플렉스, 그중에서도 집단 콤플렉스는 일제의 한반도 강점과 그 이후에 일어난 한국전쟁에 뿌리가 있고, 지금도 대물림되고 있다. 상대를 비하하고 혐오하고 멸시함으로써 자신의 자아를 보호 방어하려는 투사 심리는 남녀, 지역, 세

* 「석동현 민주평통 사무처장 "식민 지배받은 나라 중 사죄·배상 악쓰는 건 한국뿐"」, 《한국일보》2023. 3. 7.
** 「"일본 돈으로 한강의 기적" … 우리 법원 맞나」, 《한겨레》2021. 6. 8.
*** 「충북지사 "친일파가 되련다" … 망언 속출하는 윤석열 정권」, 《미디어오늘》2023. 3. 9.
**** 「게으른 조선 사람, 부지런한 한국 사람」, 《매일신문》, 함재봉 칼럼, 2024. 1. 14.

대, 학력, 빈부… 어느 한 군데 빠짐없이 전방위로 확산되는 추세에 있다. 그로 인한 갈등과 폭력도 점점 잦아지고 거칠어지고 있다.

이 문제는 프로이트류의 정신분석 이론으로는 해결은커녕 설명조차 할 수 없다. 프로이트의 정신분석학에는 정치도 경제도 역사도 문화도 없고, 딱 한 가지 성충동만 있기 때문이다.

7장 피식민지 정신병리

선망과 자학 — 열등 콤플렉스

19세기 한반도에 살고 있던 우리 선조들은 자신들의 시대가 중세인지, 근대인지, 현대인지도 몰랐고 거저 주어진 당대의 자기 시간을 살았을 뿐이다. '아시아'라는 지역 정체성도 없었다. 아시아라는 말은 유럽이 만든 것이기 때문이다. 그런데 자칭 근대화된 유색 문명인들이라 자부하는 일본 제국주의자들이 초대도 하지 않는 땅에, 느닷없이 총칼로 들이밀고 들어왔다. 그러고는 당시의 우리 선조들을 '개화'開化가 안 된, 미개未開한 상태로 '전근대'적인 사회에 살고 있는 열등한 민족으로 규정하고, 오지랖도 넓게 자신들이 직접 — 경찰의 힘으로 — 전근대적인 조선과 미개한 조선인을 근대적인 문명국의 문명인으로 개조하겠다고 나섰다. 따지고 보면 제국주의란 도둑이 두려워 문을 꼭 꼭 걸어 잠그고 있는 사람들을, '문을 안 열어주는' "미개인"未開人이라 욕하며 강제로 문을 열고 들어가 주인 노릇 한 것이라고 할 수 있다.

여기에 이광수와 같은 친일 문인들이 '민족개조론'으로 화답했고, 역사학자들은 '식민지근대화론'으로 일본의 식민지 지배를 찬양했다. 벌써 청산되었어야 할 식민지근대화론은 청산은커녕 여전히 맹위를 떨치고 있다.

그런데 "전근대적"이라는 말은 근대와 대립하는 의미일 뿐 결코 시간개념으로 사용되는 말이 아니다. 근대 또한 시간개념으로 사용되는 말이 아니다. 탈근대란 말에도 시간개념은 없다. 시간개념이라면 가만히 있어도 시간은 흘러 전근대는 근대로, 근대는 탈근대로 이행할 것이기 때문에 누군가의 힘을 빌리거나 강제로 '근대화'해야 될 이유가 없다. 그래서 근대란 "절대 연대기적 시간으로 전제"해서는 안 되고, "사회학적 개념"으로서 "진보된 사회 형식, 발달된 사회 체계"라는 의미로 받아들여야 한다.* 이때의 사회 체계란 당연히 서양의 사회 체계를 말하는 것이므로 동아시아적인 것은 정치·경제·사회·문화 모든 분야가 '전근대적'인 것이 된다.

19세기의 조선이 일본 또는 서구 유럽 국가들과 비교하여 낙후되었거나, 발달하지 못한 사회 체계를 선명하게 드러내는 상

---

* 사카이 나오키 외, 『근대세계의 형성』, 허보윤 외 옮김, 소명출판, 2019, 132쪽.

징이나 증거라고 하면 철도와 같은 사회 기간시설이 없었다는 것, 그리고 전혀 갖추어지지 않은 보건위생체계를 꼽을 수 있다. 근대의학에 기초한 보건위생체계는 우리나라뿐 아니라 모든 나라에서 근대와 전근대를 가르는 기준으로 삼기도 한다. 지금도 선진국과 후진국을 가르는 중요한 기준 중의 하나가 국가 차원의 보건위생체계와 그 수준이다.

제국주의자들이 바라본 한반도, 땟국물이 줄줄 흐르는 무명 한복을 입은 조선인들, 상하수도도 없고 공중화장실도 없는 길거리에 소달구지, 마차와 사람들이 뒤섞여 다니는 한반도는 이방인들의 눈에는 더럽고 냄새나는 역겨운 나라였고, 사람들은 불결하기 짝이 없는 채로 돌아다니는 병원균, 병원체나 마찬가지 꼴이었다. 반면에 조선 사람들의 눈에 비친 개화된 세상의 모습은 청결하고 화려할 뿐 아니라 빠르고 거대했다. 당연히 조선 사람들의 심중에는 근대 문명에 대한 선망과 전근대적인 자신들의 모습에 대한 자학이라는 양가감정이 형성된다. 그런 한편으로 지켜야 할 전통과 버려야 할 인습 사이의 갈등도 심해진다.

어쨌든 세상이 변했고 전근대에서 근대로 이행하는 길목에 들어선 이상, 진취적인 근대사회의 문명인으로 변신하는 것이 옳다. 그렇다면 변신을 하기 위한 방법은? 변신의 동력을 스스로 찾아가는 험난한 과정보다 가장 현실적인 방법은 치욕을 견디면서 근대 문명인들에게 충성하며 그들을 닮아가는 것, 즉 '동일시'하는 것이다.

'동일시'Identification란 "모범으로 삼은 사람을 본받아 자신의 자아를 형성하려고 애쓰는" 심리기제이다.* 근대사회의 문명인을 본받기 위해서는 제일 먼저 내 몸과 마음에 묻어 있는 전근대적인 것들과 결별해야 한다. 그 다음은 우리 것에 대한 완벽한 멸시와 조롱으로 이어지게 된다. 이 과정에서 유럽의 백인인 프로이트가 상상조차 하지 않았던 피식민지 사람들 특유의 콤플렉스가 형성된다. 열등 콤플렉스다. 피식민지 사람들의 내면에 심어진 열등 콤플렉스는 자학 사관으로 이어진다.

황석영의 장편소설 『철도원』에 등장하는 최달영이 일본인 형사 개인 밀정에서 출발하여 순사보조로 특채되고, 마침내 정식 고등계 형사가 되기까지에는 일본인 교사가 보여 준 혐오와 멸시, 그로 말미암은 열등감이 씨앗이 된다. 최달영의 집에서는 돼지를 기르고 있었는데, 돼지밥을 주는 일은 대체로 집안의 사내 아이들의 일인 터라 그의 옷에서는 "늘 시궁창 냄새가 가시질" 않았다. 어느날 학교에서 위생검사를 하던 일본인 선생이 그의 옷에서 나는 냄새를 맡고 "지쿠쇼ちくしょう,畜生!"라 부르며 당장 옷을 빨아 입고 오라며 출석부로 머리를 내리친다.

그때 옆자리에 있던 소설의 주인공이라고 할 수 있는 이일철이 일어나 최달영을 두둔하려다 일본인 교사에게 뺨을 맞고 둘

---

* 지그문트 프로이트, 『문명 속의 불만』, 122쪽.

이 같이 교실에서 쫓겨난다. 그로부터 세월이 흐른 뒤 이일철과 길에서 우연히 만난 최달영은 일제 고등계 형사가 되어 있었다. 세월이 흘렀어도 최달영은 이일철이 그때 보여 준 우정과 의협심을 잊지 못하고 있었다. 또 그때 몸과 마음에 칼로 새겨진 듯한 열등감과 모멸감도 그대로 남아 있었다. 이를 뿌드득 갈며 기억하고 있었다.

우리 같은 놈들은 그런 욕을 견디면서 차근차근 딛고 올라가는 수밖에 더 있겠냐. 주인에게 충성하고 받들면 그쪽이 알아주게 되어 있는 거지

— 황석영, 『철도원 삼대』

최달영은 그때의 모멸감을 극복하기 위해 자신을 단련시킨 것이 아니라 모멸감을 준 당사자의 주문에 충실함으로써 모멸의 대상에서 벗어나고자 몸부림을 쳤던 게다. 조선인은 원래 그런 모욕을 받아도 되는 열등한 존재라는 자학과 함께….

침략자를 주인으로 섬겨야 하고 가해자에게 피해자가 머리를 곱실거리며 알아주고 챙겨 주기를 바라는 비굴한 처신은 그들이 심어준 열등 콤플렉스에서 벗어나기 위한 피해자들의 자아 방어기제라고 할 수도 있다.

피식민지 국민들의 열등 콤플렉스에서 분출되는 투사 심리를 알제리 출신의 정신의학자 프란츠 파농은 다음과 같이 설명한

다. 다음 문장에서 알제리인을 일제강점기의 조선인으로, 백인을 일본인으로 바꿔 읽어 봐도 전혀 어색하지 않다.

알제리인은 진정한 적인 백인을 공격할 수 없는 자신의 무능력에 좌절하며 동족에게 눈을 돌린다. 알제리인으로 하여금 다른 알제리인에게 칼을 들도록 만드는 것은 바로 식민주의가 강하게 압박한 환경이다. 가난과 굶주린 가족의 모습, 실업과 착취로 일상적으로 조장되는 살인에 노출되면서 식민 주체는 증오에 휩싸이고 경쟁자로 간주되는 동포에게 증오를 드러낸다. 이 증오는 격한 폭력으로 드러나고, 일부 폭력은 동포를 겨냥한다. 그래서 식민지 폭력은 알제리인에게 방출의 방식이다. 즉 백인 주인을 겨냥할 수 없는 피식민지인의 분노가 서서히 증가하다 결국 자기 동포에로 향하는 것이다.

— 프라모드 K. 네이어, 『프란츠 파농 새로운 인간』[*]

일국의 대통령이 미국에 가서 미국의 대통령과 미국의 관료들이 지켜보는 자리에서 영어 노래를 부르고 영어로 연설하는 것도 열등 콤플렉스의 발현이다. 선망의 대상과 자신을 동일시함으로써 약소국의 대통령이라는 자신의 열등 콤플렉스를 이겨 내려는 가련한 몸짓인 게다. 상대방의 승인과 인정을 구걸

[*] 프라모드 K. 네이어, 『프란츠 파농 새로운 인간』, 하상복 옮김, 앨피, 2015, 115쪽.

하는 몸부림 같은 거다. 깜냥에 어울리지 않는 자리에 앉은 탓에 대중 앞에서 연설을 할 때 청중과 눈을 마주치지 못하고 연설문에 코를 박거나 끊임없이 도리도리 도리질을 치는 몸짓의 밑바탕에 깔려 있는 것도 열등 콤플렉스다. 그런 한편으로 자신의 권위에 도전하는 무리들에 대해서는 자신이 동원할 수 있는 최대의 권력을 마구잡이 휘두른다. 쿠데타로 집권한 약소국의 대통령이 미국의 대통령을 만나는 자리에서 눈 둘 곳을 찾지 못해 검은색 색안경을 쓰고 대면하더니[*], 국내에 돌아와서는 무지막지한 독재자로 변신한 것도 같은 맥락이다. 원래 권력욕과 열등 콤플렉스는 한 몸의 두 마음이다.

권력자는 권력이 모자라기 때문에 폭력에 손을 댄다. 폭력의 행사는 무력함을 권력으로 뒤집으려는 절망적 시도다.[**]

---

[*] 5.16 쿠데타 뒤 박정희 소장이 국가재건최고회의 의장 자격으로 미국을 방문했을 때, 수행 기자였던 리영희 기자가 케네디-박정희 회담을 취재할 당시 현장 풍경을 이렇게 설명했다. 케네디 대통령은 "자금성의 옥좌에 앉아서 조선에서 온 왕자를 내려다보는 중국 역대 황제의 모습"이었고, "박정희의 짙은 안경은 자기 열등의식의 표시이고, 강자 앞에 서게 된 약자의 정신적·심리적 동요를 위한 감추기 위한 장치"였다고. 리영희, 대담 임헌영, 『대화』, 한길사, 2005, 278~279쪽.

[**] 한병철, 『폭력의 위상학』, 김태환 옮김, 김영사, 2020, 111쪽.

레드 콤플렉스

2017년 초, 태극기와 성조기가 뒤섞여 나부끼던 탄핵 반대 집회 현장에서 "빨갱이는 죽여도 돼"라는 섬뜩한 구호가 등장한 적이 있다. 그 구호는 자칭 애국 스님이라는 사람이 들고 있던 손팻말에 적혀 있던 것으로 당시 공영방송의 현직 기자와 아나운서는 손팻말을 든 스님 양측에 서서 기념 촬영까지 했다.

그런데 살생을 금기시해야 할 스님과 현직 언론인까지 나서서 마구잡이로 죽여도 된다고 하는 우리 사회의 '빨갱이'는 누구인가. 언뜻 마르크스 사상에 심취한 공산주의자들을 지칭하는 것 같지만, 실은 특정 사상과는 전혀 관계가 없다. 내 생각과 다른 내 이웃에게 던지는 가장 가혹하고, 선혈이 뚝뚝 흐를 정도의 잔인한 멸칭일 뿐이다. 특히 조직의 상사나 권력자가 내던지는 "빨갱이 새끼"라는 말은 벼린 칼이 되어 상대의 목을 겨눈다.

문재인 대통령 재임 시절이었던 2019년은 3·1절 100주년을 맞이한 해였다. 문 대통령이 3·1절 기념사에서 "빨갱이라는 표현은 청산해야 할 대표적 친일 잔재"라고 지적하자 당시 야당들이 들썩거린 것은 말할 것도 없고, 일부 언론은 나라가 망한 듯이 호들갑을 떨었다. 《동아일보》의 김순덕 대기자는 그의 기명 칼럼 「김순덕 칼럼」에서 아비를 아비라 부르지 못한 홍길동이 재림한 듯, "빨갱이를 빨갱이라 부르지 못하는 나라"가 되었다

며 통탄하는 글을 토해 냈다.[*]

그런데 야당 대변인들이나 언론의 반론을 듣다 보면 '빨갱이'라는 말이 북한의 남침으로 시작된 6·25 전쟁 무렵부터 사람들 입에 오르내리기 시작한 말로 오해하게 된다. 정말 그런가.

광복 직후 대구에서, 제주도에서, 여수·순천에서 무고한 양민들이 빨갱이로 몰려 대량학살된 것은 1950년 북한군의 남침 이전에 일어난 일이다. 정작 38선을 밀고 내려온 북한군은 빨갱이 군대가 아니라 '인민군'이라 불렀고, 베이비붐 세대들은 '북괴군'이라 배웠다. 휴전 이후 남파된 간첩들도 빨갱이나 적비赤匪가 아닌 '무장 공비共匪'라 했다. 광복 직후, 그리고 전쟁 전후 북에서 내려온 민간인들 역시 빨갱이가 아니라 '이북내기'라고 불렀다. 광복 이후, 전쟁 이후, 그리고 지금까지 북한에 사는 대다수 사람들을 '북한 주민'이라 부르고, 최근 북한을 이탈하여 남한에 정착한 사람은 '탈북 이주민'이라 부른다. 또 북한의 주체사상을 신봉하는 남한 사람들을 '주사파' 또는 '종북좌파'라고 하지 빨갱이라 부르지는 않는다. 그렇다면 빨갱이는 도대체 누구를 지칭하는 말일까.

러시아 혁명이 일어난 뒤부터 일본에서 '아카'ぁか(赤)라는 말이 쓰이기 시작했는데, 어느 시점부터 이 말은 특정 이념과는 관계없이 "천황제와 결탁한 군국주의적 팽창에 반대하는 모든 것

---

[*] 「'빨갱이'를 빨갱이라 부르지 못하는 나라」, 《동아일보》, 김순덕 칼럼, 2019. 3. 5.

에 대한 낙인"과도 같은 것으로, '더럽다'는 뜻*을 품은 멸칭으로 변했다는 것이 도쿄외국어대 이와사키 미노루岩崎稔 교수의 설명이다.** 이때 일본 정부가 '아카'들을 탄압하기 위해 만든 법이 치안유지법이다. 우리나라의 국가보안법은 일제의 치안유지법을 그대로 계승한 것이라는 평가를 받는 법이다. 그래서 친일잔재라는 말이 나오는 것이다.

그런데 세상에 마구잡이로 죽여도 되는 사람이 있을까? 그것도 중세 봉건국가도 아닌 근대국가에서 아무런 법적 절차 없이 죽여도 되는 사람이 있을까. "빨갱이는 죽여도 된다"는 말은 일제강점기의 일본 경찰과 노덕술 같은 친일경찰들이 독립운동가를 비롯한 조선인들에 대한 악독한 고문수사의 면죄부를 주기 위한 명분이었다.

패전 이후, 패전의 책임을 공산주의자들에게 뒤집어씌우기 위한 책략 때문에 일본에서도 빨갱이 사냥이 기승을 부린 적은 있지만 한국처럼 무차별적이고 무자비하지는 않았다. 패전국가로 미군정 치하에 있었기도 하고, 나라가 분단이 된 것도 아닌데다 공산주의 세력이 일왕 체제에 그리 위협이 되지 않았기 때문이다.

그런데 일본에서 건너온 빨갱이란 말은 일본에서는 이미 사

---

* 일본어로 더럽다(垢)는 단어도 빨강과 같은 あか로 발음한다.
** 이와사키 미노루, 「빨갱이」, 김은애 옮김, 『동아시아 기억의 장』, 정지영·이타가키 류타·이와사키 미노루 편저, 삼인, 2015.

어死語가 된 지 오래지만, 한국에서는 광복 직후부터 지금까지 살기등등한 멸칭으로 통용되고 있다. 그 이유를 미노루 교수는 한반도가 냉전의 결과로 분단에 이어 전쟁까지 겪어야 했던 사정 이외에 "일본의 식민지 지배에 대한 문화적·지적 청산이 아직 끝나지 않은 탓"이라고 설명한다. 빨갱이라는 살인적 멸칭의 유래를 일본인 교수의 해석을 통해 이해해야 하는 것도 통탄할 일이지만, "아직 끝나지 않은" 식민지 지배에 대한 문화적 지적 청산이 언제 끝날지 너무나 아득하여 절망스럽다.

제주도에서부터 무고한 양민들을 빨갱이로 몰아 '골로' 보내기 시작하면서 온 나라가 색깔 공포에 떨게 되었을 때 제일 반색하고 나선 것이 누구였을까. 패전의 책임에서 벗어나기 위해, 또 일왕 중심의 국체를 유지하기 위해 빨간색을 들고나온 일본의 전범들과 마찬가지로 일본이 그렇게 허망하게 패망할 줄 몰랐던 친일 부역배들이었을 게다. 그들에게 빨갱이란 "식민지주의의 청산을 회피하는 망각의 메커니즘"으로 작동하는 한편, 자신들의 친일 부역과 민족반역죄를 대속代贖하게 하는 제물이었다. 그리고 권력과 재물을 안전하게 대대로 세습할 수 있게 했던 방패막이었던 것이다.

친일 부역배들은 자신들의 친일부역과 민족배반의 죄책을 은폐하고 탈색시키기 위해서 자신들에게 조금이라도 불편한 사람이라면 악질적인 투사 심리를 발동하여 빨간색을 덧칠해 버렸다. 한국 사람의 지긋지긋한 레드 콤플렉스는 이때부터 시작되었다. 지금도 정치적 반대자나 경쟁자를 무력하게 만들고 제거하는 데 가장 빠르고 효과적인 방법은 국민들의 레드 콤플렉스를 자극하는 것이다. 여당의 대표가 대통령 부인의 외제 명품 가방 뇌물 사건을 뻔뻔스럽게도 친북 인사의 정치공작이라고 되받아칠 수 있는 것도 국민들의 레드 콤플렉스를 믿고 있기 때문이다.*

그런데 미국에서는 '니그로'라는 말이 공식적으로는 금기어가 되어 있지만, 우리나라 법원은 누군가를 '빨갱이', '공산당'이라고 부르는 것이 상대의 명예를 훼손하는 발언이 아닌, 표현의 자유에 해당된다고 했다.** 일제강점기의 위안부는 "자발적 매춘부"라는 대학교수의 몰역사적인 혐오 발언도, 『제국의 위안부』라는 책에서 "조선인 위안부와 일본군은 동지적 관계"였다고 주장한 박유하 교수처럼 학문의 자유라는 명분으로 면죄부를 받았다.*** 법에 의해 혐오 표현이 이렇게 무제한적으로 허용되는 나라가 또 있을까.

일제강점의 연장선에서 생겨난 한국 사람들 특유의 레드 콤플렉스는 오랜 시간 한국 사람들을 집단으로 함구증Mutism에 시달리게 만들었다. 말이 많아지면 빨갱이로 몰릴 수 있었기 때문에. 베이비붐 세대들 중에서 학창시절에 이 말을 한두 번 안

* 「한동훈, '김건희 디올백' 관련… "친북적인 사람의 공격 의도 명백"」,《경향신문》 2024. 2. 7.
** 「"문재인은 공산주의자" 발언 고영주, 4년 반 만에 무죄 확정」,《조선일보》 2022. 2. 21.
*** 「법원, '위안부 매춘' 표현 연이어 무죄… 판단 근거는?」,《세계일보》 2024. 1. 24.

들어본 사람은 아마 없을 것이다.

"왜 그리 말이 많아! 빨갱이 새끼도 아니고…. 시키면 시키는 대로 하지!"

그런데 함구한 사람들의 입을 열게 하는 권력의 처방도 있었다. 고문이다.

• • •

소설가인 박준(이청준, 『소문의 벽』의 등장인물)은 잡지사 편집장인 주인공 '나'와 우연히 만나 편집장의 하숙집에서 하룻밤을 지내게 되면서 '나'와 인연을 맺게 되는데, 그는 특이한 버릇을 가지고 있다. 잘못을 저질렀을 때는 죽은 사람 시늉을 한다거나 낭패스런 일을 당하면 몇 시간이고 가사 상태에서 지내기도 하는 버릇이다. 특히 밤새도록 전짓불을 켜고 자는 버릇도 있다. 그런 그가 어느날 낯선 병원장의 배려로 정신병원에 입원을 하게 된다. 병원에서도 그의 기행은 계속된다. 저녁부터 아침까지 늘 주위를 대낮처럼 밝혀 두고 지냈고 잠을 자다가도 누군가가 스위치를 내려 놓으면 금방 잠을 깬다. 우연한 사고에 의해 병원 전체가 정전이 되었을 때는 발작을 일으키듯 소동을 벌인다. 그리고 그는 '진술공포증'이 있어 "자기 이야기를 절대 입 밖에 내지 않으려는 경향"이 있었다. 정신병리 중의 하나인 함구증Mutism이 있었던 거다.

이런 박준의 입을 열게 하기 위해 의사는 박준에게는 고문이나 다를 바 없는 처방을 내린다. 불 꺼진 방에 있던 박준에게 간호사가 환자의 상태를 확인한다며 얼굴에다 전짓불을 비추게 한 것이다. 죽음의 공포를 느낀 박준은 간호사의 목을 짓누르며 발작을 한다. 박준의 내면 깊은 곳에 가라앉아 있던 레드 콤플렉스가 폭발하듯 터져 나온 것이다.

한국전쟁 전후, 경찰대와 산사람(빨치산)이 번갈아 산골 마을을 뒤질 때 캄캄한 밤에 정체를 알 수 없는 사람들이 왈칵 방문을 열어젖히고 전짓불을 얼굴에 비추며 '누구 편'이냐고 물으면 감히 누가 어떤 대답을 할 수 있을까? 더구나 얼굴에 비친 전짓불 때문에 정작 전짓불을 비춘 사람의 정체를 알 수 없는데, 누구 편이라고 해야 살아남을 수 있을까? 진술을 거부하는 것이 가장 현명한 방법이겠지만, 입을 다문 사람을 그냥 내버려두는 법은 없다. 끌고 가서 고문으로 입을 열게 했을 것이다.

아직도 우리 사회는 함구증이 처세의 한 방편일 수 있는 세상을 살고 있다. 눈에 전짓불이나 다름없는 쌍심지를 켜고 "너 빨갱이지?", "너 좌파지?"라고 물으면 입을 다무는 것이 상책이다. 다소 세상이 밝아진 탓인지 억지로 '골로' 끌고 가지는 않는다. 또 박종철 군처럼 밀실에서 고문으로 죽이지도 않는다. 대신 법과 원칙에 따라 수사하여 스스로 죽도록 만든다. 자신들의 손에는 피를 묻히지 않고. 그래서 우리나라에는 수사기관에 의해 "자살 당했다"라는 말이 유행어처럼 떠돈다.

차별과 배제

일제강점 이후 만주사변이 일어나고 전쟁의 기운이 동아시아 전역을 휩쓸고 있을 때, 1936년 조선총독으로 부임한 미나미 지로南次郎(1874~1955)는 조선 통치의 방침으로 '내선일체'內鮮一體를 선언한다. 그리고 1937년 중일전쟁이 발발하자 조선 민족에게 각종 행사에서 황국신민서사를 암송하게 하고, 창씨개명을 강요했다.

내선일체를 명분으로 추진한 이런 일련의 정책들이 언뜻 보면 일본 본토의 내지인과 식민지 조선의 조선 사람들을 차별 없이 하나로 여긴다는 뜻인 것도 같지만, 실지로 전쟁터로 내몰기 위한 밑돌을 깔아 놓는 것이었다. 오히려 조선인에 대한 차별은 점점 심해지고 가혹해졌다.

일제에 의해 강점이 되기 전까지 우리 민족은 서로를 우리나라 사람 아니면 고향을 앞에 붙여 '안동 사람', '남원 사람'이라 불렀지, 조센진ちょうせんじん(朝鮮人)이라고 부른 적이 없었다.

이 '조센진'이란 말은 일제강점기의 조선 사람을 일컫는 보통명사가 아니라 우리나라 민족 전체를 비하하는 멸칭이었다. 생물학적으로 의학적으로 열등한 종족이며, 식민지의 안정된 사회질서를 혼란하게 만드는 불쾌하고 불결한 존재라며 멸시하고 차별하는 혐오 표현이었다. 그래서 조센진은 데려다 쓰고 버리고, 심지어 죽이더라도 아무 문제가 없는, 사람은 사람이로되 사람이 아닌 그런 존재였다. 백인들이 아프리카 사람들을 '니그로'라 부르고 대하는 태도와 동일한 멸칭이었다.

관동대지진과 그에 연이은 관동대학살 과정에서 조선 사람을 마구잡이 도륙한 주범들 중에 살인죄로 처벌받은 사람은 없다. 그들의 죄목은 일본 사회의 질서를 잠시 혼란케하는, 경범죄 수준의 '소란죄'였다. 혼란에 빠진 민심의 분노가 정부로 향하는 것을 차단하기 위해 일본 정부와 언론이 분노한 군중들에게 '조센진'을 먹이로 던져준 것이다. 정부 문서로 확인된 정신대 문제나 강제징용 문제에 대해서도 입을 다물고 있는 일본 정부가 '관동 대학살' 사건에 대해 진상을 밝히고 사죄와 사과, 배상을 할 리는 없다. 정작 우리나라 국민들은 물론 정부조차 관심이 없기 때문이다.

일제강점이라는 것은 일왕에게 절대 충성하는 일본의 군인들에 의한 조센진의 지배라고 할 수 있다. 해방 후 70년의 세월이 흘러간 동안에도 조센진의 지위는 단 한 번도 변하지 않았다. 하지만 조센진의 존재는 한국 사람들의 기억 속에서도 점점 희미해져 가고 있다. 이제 우리는 조센진이 아닌 간코쿠진かんこくじん(韓國人)이기 때문이다.

식민주의 정신병리에 대해 거의 유일하고도 독보적인 업적을 남긴 알제리 정신과 의사 프란츠 파농은 식민주의란 "타자에 대한 부정이고, 타자에 대해 어떤 인간적 속성도 허용하지 않으려 하기 때문에 그것은 피지배 민족으로 하여금 항시 '나는 누구인가'라는 자기 검열을 하게 만든다"고 했다.*

유럽의 백인들에게 아프리카 원주민들, 그리고 이슬람권 유색인종들은 존재 자체가 '범죄'요 '악'으로 인식되듯이, 일본인들에게 "조선놈이면 그만"인 것이고, "조선놈이면 나쁜 놈"이 되고, "조선놈이기 때문에 수상한 거고 증거가 있어서 수상한 게 아니"라 "조선놈이기 때문에 증거가 있을 것이고 그 증거는 수상한 게 틀림없는" 거다(최인훈, 『서유기』).

식민주의가 피식민지 민족에게 유발하는 정신병리에 대해서 우리 의학계가 심각하게 고민한 흔적은 없다. 일제강점기의 한국인 의사들은 일본인에 의해 부정된 타자가 아니었고, 식민주의자들에게 인정받는 기특하고도 총명한 '조센진'이었기 때문이다.

우리 안의 식민주의

일본에 의해 느닷없이 조센진이라는 멸칭으로 악마, 범죄, 병원체로 '타자화'되었던 우리 민족이 지금은 간코쿠진 즉 한국인으로 바뀌었지만 그 잔재가 청산되었는가 하면 고스란히 계승되어 한국인끼리 서로가 서로에게 혐오 감정을 품고 저주에 가까운 독설을 퍼붓고 있다. 그나마 조센진은 남북한이 갈라지지

---

* 프란츠 파농, 『대지의 저주받은 자들』, 박종열 옮김, 광민사, 1979, 201쪽.

2부 근대의 정신병리

않는 상태의, 한민족 전체를 지칭하는 말이지만 광복과 함께 남북으로 갈라진 뒤 지금까지 남한 사람들에게 북한 사람은 같은 민족이 아니다. 36년간 한반도를 강점하여 한민족을 짐승처럼 취급했던 일본 제국주의자들보다 북한사람들에게 더 격한 증오심을 품고 있고, 그 세월이 70년을 이어 오고 있다.

정작 식민 지배에 대한 사죄와 배상의 책임이 있는 일본 정부에 대해서는 함께 미래로 나아갈 동반자라고 추켜세우면서 한없이 따사로운 눈길을 보내고 있다. 그래서 핵오염수를 방류하겠다는 일본 정부를 향해 일본 국민들보다 더 열성적인 격려를 보내고, 멀지 않은 장래에 한반도 해역으로 밀려 들어오게 될 핵오염수 걱정을 하는 국민들을 일본 제국주의자들이 조센진을 무지몽매하다며 삿대질을 해대듯이, 무식한 국민들을 대신해 핵 오염수를 직접 마시겠다는 과학자까지 나서 설쳐댄다.* 이런 만용이 침략자와 가해자를 선망하는 대신 동족을 혐오하고 멸시하는 식민주의 사고방식의 잔재가 아니라면 무엇으로 설명이 가능할까.

식민주의의 잔재는 지금도 여전히 우리의 생활 속에 스며들어 서로 멸시하고 차별한다. 현재 한국의 인구 구성은 서울 사람들과 지방 사람들로 갈라져 있고, 서울 사람과 비교하여 '지방 사람'이란 말은 일제강점기의 조센진만큼이나 멸칭에 가깝다.

* 「충북대 약대 교수 "후쿠시마 오염수 가져오면 마시겠다"」, 《주간조선》 2023. 6. 8.

우리 사회에서 '지방', '지방 사람' 즉 촌사람이란 말은 거주지를 특정하여 부르는 호칭이 아니라 서울 사람에 비해 뭔가 지적, 경제적, 문화적으로 열등한 존재임을 가리키는 말로 쓰인다. "교양 있는 서울 중산층들이 쓰는 말"이라는 표준말의 정의에서 보듯이 교양은 서울 사람들만이 가질 수 있고, 중산층조차도 서울에만 모여 사는 듯한 착각에 빠지게 만든다.* 일본 사람들의 눈에 교양 있는 조센진이 없었듯이 해방된 이 나라에서 "교양 있는 지방 중산층"이란 건 형용모순의 표현이다. 지금 이 나라에서 '지방대'를 지방에 있는 대학이라고 받아들이는 사람은 없다. 서울에 있는 대학보다 수준이 낮은 대학을 지칭하는 보통명사다. 학생들은 서울과 지방으로 갈라져 서로 개 닭 보듯 하고 있다. 서울에 있는 대학에 재학 중인 학생들이 지방에 있는 자기 대학의 분교 학생들을 보는 시각을 보면 한국 사회가 견고한 신분제 사회임을 절감하게 된다. 카스트 제도는 없지만 대학생들 사이에는 카스트 제도보다 더 잔인하고 가혹한 카스트 문화가 깊숙이 뿌리내려 있다.

　게다가 남북이 갈라진 것도 모자라 동서가 갈라진 채로 이유

* 국립국어원은 1988년부터 표준어 정의를 "교양 있는 사람들이 두루 쓰는 현대 서울말로 정함을 원칙"으로 하고 있다. 그래도 '서울 표준말'과 '지방 사투리'의 이분법적 구도는 변하지 않을 뿐 아니라, '두루'의 범위도 불확실하고, 어떤 사람을 교양 있는 사람이라고 평가할 수 있는지의 기준도 없다. 따라서 서울 사람이 서울에서 쓰는 말이 곧 표준어가 되는 셈이다.

도 없이 서로를 경원시하고 혐오한다. 대구경북 지역에서 '전라도'와 '전라도 사람'이라는 말은 특정 지역 주민을 지칭하는 것이 아니라 특정 지역 주민에 대한 멸칭에 가깝다.

프란츠 파농은 자신의 조국, 알제리가 프랑스로부터 독립하기 한 달 전에 백혈병으로 숨을 거둔다. 파농이 자신의 격정적인 삶을 마무리하기 직전에 가장 걱정을 한 것은 백인들보다 더 잔인하고 혹독한 흑인들이 권력을 차지하는 것이었다. 마침내 알제리는 프랑스로부터 독립은 했지만 파농의 우려는 현실이 되었고, 우리나라도 마찬가지였다. 일본 제국주의자, 인종주의자들보다 더 잔인하고 더 폭력적인 한국인이 권력을 잡은 것이다. 그리하여 극복되어야 할 식민주의가 우리의 일상 속으로 더 깊이 파고들게 된다.

8장 조국 근대화

조국 근대화

일제강점기에 피식민지 백성이었던 조선인 중에서 과연 자신들의 시대를 왕조 중심의 '봉건사회'에서 '근대사회'로 이행하는 과정으로 이해하고, 일제의 지도와 편달로 계몽된 근대 문명인으로 변신해 간다고 고마워했던 사람들이 얼마나 있었을까? 자신을 일본, 일본인과 동일시한 일부 소수의 친일 부역배 정도가 아니라면 대부분 일제의 압제와 수탈에서 벗어나기 위해 그저 발버둥만 치고 있지 않았을까.

우리가 일제의 식민지가 된 덕분에 근대화되었다는 '식민지 근대화론'은 식민지사관에 물들어 있는 친일 역사학자들이 일제의 강점을 합리화하고 정당화하는 과정에서 갖다 붙인 용어이지 사회적 동의가 있는 용어나 개념으로 보기는 어렵다. '식

220   2부 근대의 정신병리

민지근대화론'은 침략자요 압제자에 불과했던 일본 제국주의자들에게 우리 조선 민족이 야만인, 미개인이 아님을 인정받으려는 구걸행위를 고상한 용어로 포장해 놓은 것일 뿐이다. "다른 누가 와서 또 한 번 겁탈하는 것을 기다리는 실성한 갈보"(최인훈, 『회색인』)들의 논리. 식민지근대화론자들이 입에 달고 사는 말은 "일본이 아니었으면 우리는…"이라는 일본 제국주의자들에 대한 감사의 표현이고, 이에 대한 일본의 대답은 "우리가 아니었으면 너희들은…"이라는 식으로, 식민지 지배를 정당화하는 논리다.

그런데 일제의 식민지가 됨으로써 그 덕택에 근대화되었다는 나라에서 다시 근대화 바람이 분다. 해방과 함께 전쟁이 끝나고 절대빈곤에 허덕이며 보릿고개를 겨우겨우 넘기던 60년대, 그 배경에는 이승만 정권의 무능과 부패가 있었다. 분노한 민중들의 힘(4·19혁명)으로 이승만 정권은 무너졌으나, 계속 타올라야 할 혁명의 열기를 장면 정권의 무능에 편승한 박정희 소장이 일으킨 5·16쿠데타로 한순간에 식어 버렸다.

무력으로 실권을 장악한 박정희 소장은 스스로 국가재건최고회의 의장에 취임한 뒤 곧바로 일본으로 건너간다. 도쿄의 수상관저에서 열린 만찬회에 초대받은 당시 박정희 의장은 자신에게 발언 기회가 돌아오자 다음과 같이 말했다고 한다.

경험도 없는 우리한테는 그저 맨주먹으로 조국을 건설하겠다는

의욕만 왕성합니다. 마치 일본의 메이지 유신을 성공시킨 청년지
사와 같은 의욕과 사명감을 품고 그분들을 모범으로 삼아 우리나
라를 빈곤으로부터 탈출시키고, 부강한 국가를 건설하려 합니다.

— 강상중·현무암, 『기시 노부스케와 박정희』*

일본군 장교 출신의 박정희 의장이 일본까지 건너와서 하는
발언을 듣고 있는 일본의 관료들의 심중은 어떠했을까? 아무리
생각해 봐도 기특하고 갸륵하고, 또 맡겨만 놓으면 얼마든지 자
신들에게 옛 식민지의 영광을 되찾아 줄 수 있을 것이라는 믿음
을 주는 큰 머슴으로 여겼으리라.

대통령에 취임한 박정희가 내세운 정책 구호는 '조국 근대화'
였다. 그 방식은 메이지 유신의 주체 세력들이 추진했던 일본근
대화의 방식 그대로였다. 그리고 메이지 유신의 주체 세력들이
일왕의 이름을 빌린 '교육칙어'와 '군인칙유'로 일본 국민들을
통제하였듯이, 메이지 주체 세력들의 교육칙어를 흉내 낸 '국민
교육헌장'을 반포하여 국민들의 정신을 강압으로 개조하려 들
었다.

1968년에 반포된 국민교육헌장의 첫 구절은 "우리는 민족중
흥의 역사적 사명을 띠고 이 땅에 태어났다"로 시작한다. 모든
국민은 민족중흥의 역사적 사명을 수행하기 위해 한반도에 태

---

* 강상중·현무암, 『기시 노부스케와 박정희』, 이목 옮김, 책과함께, 2012, 18쪽.

어났고 또 태어나야만 한다고 윽박질러 댔으니, 우리나라 국민들의 본질은 실존보다 앞선 꼴이 되고 말았다. 실존에 앞선 국민의 본질을 국가 최고권력자가 규정해 버린 것이다.

그다음, 온 나라에 시도 때도 없이 울려 퍼진 노래가 "잘살아 보세, 우리도 한번 잘살아 보세"였다. 가수들이 발매하는 음반에도 가수들의 의중과는 상관없이 건전가요라는 명목으로 〈잘살아 보세〉류의 노래가 한 곡씩 삽입되어야 하는 어처구니없는 일이 벌어졌다. 국가가 국민 전체의 '웰빙'을 선전 선동한 셈이다.

그리고 일본의 메이지 유신의 주체 세력들이 감시와 규제를 통해 일본인의 생활습관을 서구식으로 개조하였듯이 민족의 대명절 설을 구정으로 바꿔 부르게 하고, 설은 양력 신정을 쇠도록 강요했다. 이것은 일제의 식민지 정책을 그대로 계승한 것이기도 하다. 그리고 학생들의 위생 청결 상태를 감시 감독하는 한편, 두발과 복장까지도 경찰력을 동원하여 단속했다. 대학생들의 긴 머리를 '장발'이라 하여 길거리에서 경찰들이 잡아들여 머리를 마구잡이 밀어 대는가 하면 경찰들이 줄자를 들이대고 여학생들의 치마 길이를 재는, 한심한 일들이 백주대로에서 벌어진 것이 조국 근대화를 기치로 내세운 박정희 정권 치하의 일상 풍경이었다. 일장기를 우러러보며 황국신민의 서사를 외워야 했던 일제강점기의 조선인들처럼, 여섯 시만 되면 길거리에 모든 차들과 사람들이 가던 길을 멈추고 국기가 내려오는 모습을 지켜보며 국기에 대한 맹세를 듣고 있어야 했다.

최인훈의 장편소설 『태풍』은 '나파유', '애로크', '아니크', '니브리타', '아키레마'라는 가상 국가와 가상 인물을 등장시켜 태평양전쟁을 재구성하는 소설인데, 나파유의 오토메나크 중위가 주인공이다. 오토메나크 중위는 원래 나파유의 식민지인 애로크 출신이지만 식민지 출신이라는 열등감과 자격지심을 "지나칠 만큼의 군인 정신"으로 극복하고, "나파유의 피를 자기 정신으로 선택한 사람"이다. 그래서 나파유보다 더 나파유스러운 식민지 출신의 장교가 된다.

그는 "식민지에 태어났으면서도 자기를 종으로 삼고 있는 나라를 적으로 생각해 보지 않았던 청년"이며, "나라를 망친 자기 나라 왕에 대한 원한이, 자기들을 망친 다른 나라 왕에 대한 충성"으로 뒤바뀐, 역발상의 젊은 군인이다. 이 오토메나크 중위가 누구인지, 나파유와 애로크가 각각 어느 나라인지 작가는 아무런 언질도 주지 않는다. 하지만 한 줄 한 줄 읽어 내려가다 보면 오토메나크 중위가 누군인지, 그리고 '나파유', '애로크' 같은 나라들이 어느 나라인지를 짐작하게 된다.

가난했던 유년시절을 거쳐 교사가 된 이후, 피식민지 백성이라는 열등감에서 벗어나는 유일한 길이 제국의 군인이 되는 것으로 판단하고, 혈서까지 써 가며 만주군관학교에 입학, 수석으로 졸업하고 이어 일본 육사에 편입하여 우수한 성적으로 졸업, 천신만고 끝에 만주군 장교로 임관하였으나 자신이 종주국으로 섬기며 충성하던 나라는 패전국이 되었고, 자신 역시 패잔병 신분으로 숨어들 듯 귀국해야 했던 사정, 그리고 남로당원이 되었다가 죽음 직전의 극한 상황에까지 내몰렸다가 구사일생으로 구제된 것에 대한 상처와 공포감···. 권력에 탐닉하여 쿠테타를 일으킨 것, 그리고 그 이후 '조국 근대화'와 '민족중흥'에 대한 강박에 가까운 집착과 무력에 의존한 독재정치는 아무래도 인간 박정희의 콤플렉스가 만들어 낸 결과 아닐까.

나 이래 봬도···

19세기 조선 사회는 유교 이데올로기에 근거한 왕조체제를 유지하고 있었으니 근대화를 추동할 만한 이념이나 사상, 철학이 있을 리 없었고, 해방 이후 '조국 근대화'를 추진했던 박정희 대통령과 3공화국의 관료들 역시 이념이나 사상이 있을 턱이 없었다. 있었다면 박정희 대통령 스스로가 밝혔듯이 "일본의 메이지 유신을 성공시킨 청년지사와 같은 의욕과 사명감"을 모범으로 하겠다는, 만주군 시절에 형성된 친일 사상과 동족에 대한 증오심을 부추기는 반공 이데올로기뿐이었다. 반공을 부정하는 그 어떤 사상도 불온사상으로 간주했다. 자유민주주의를 부르 짖으면서도 사상의 자유 자체를 허용하지 않았던 거다.

일본의 혁명주체 세력이 근대화를 추진하는 과정에서 일왕을 앞에 내세워 권력을 몰아줌으로써 정부 주도의 개혁에 대한 저항을 무력화시켰듯이, 박정희 대통령 역시 10월유신을 통해 야당과 재야 세력, 학생들의 저항을 무력화하는 한편, 자신에게 모든 권력을 집중시켜 버렸다. 종신집권을 생각하며 힘으로 밀어붙인 개정 헌법을 유신헌법이라고 이름 붙인 것이 결코 독창적이거나 우연한 명칭은 아니고, 메이지 유신에서 따온 것임을 누구라도 쉽게 짐작할 수 있다. 메이지 유신을 모방한 유신헌법이 추구한 것은 바로 '한국적 민주주의의 토착화'였다. 한반도 토양에 맞게 정착된 한국적 민주주의의 실질적인 내용은 어떤 것일까.

한 사람의 매국노에게 동정을 베푸는 것을 휴머니즘이라 칭하고 만 사람의 민중이 압제와 우롱을 받고 있는 것을 가만히 지켜보는 것을 민주주의라 부른다.

— 최인훈, 『서유기』

그 민주주의는 다른 민주주의도 아닌, 자유! 민주주의였다. 자유 민주주의 외에 우리 사회에 저변에 깔려 있어 한국 사람들의 사유나 행동을 제어하던 이념이나 철학은 무엇이었을까? 그것은 외국에서 흘러들어온 실용주의나, 실증주의, 실존주의도 아니고, 자유주의는 더더욱 아니고 기독교 근본주의도 아니다.

그것은 조선 왕조 오백 년을 지탱하게 해 주었던 유교 철학이요 유교 이념이다. 19세기의 한반도에서 붕괴된 것은 왕을 정점으로 한 사대부들의 지배 체계였지 유교 이념 자체가 붕괴된 것은 아니었다. 다만 시대 흐름을 좇아가지 못하는 고답적 논리 탓에 실용성으로 포장된 서양사상에 밀려 뒷방 늙은이 신세로 고서점에 처박히게 된 것일 뿐. 흔적도 없이 소멸된 것은 아니었다.

유교 이데올로기는 20세기 이후 외형적으로 근대화된 한국에서도 여전히 사람들의 사고와 행동을 제어하는 힘을 가지고 있었다. 중고등학교 교육과정에서 가장 강조되는 가치가 삼강오륜과 충효 사상이었고, 군인들을 정점으로 군관민 일체를 내세운 국민동원체제는 유교 사상의 군사부일체의 변형된 형태라고 보아도 무방하다.

• • •

윤흥길의 단편소설 『아홉 켤레의 구두로 남은 사내』는 '조국 근대화'를 기치로 무자비한 개발 정책을 펼치는 과정에서 억울하게 피해를 입고, 자신의 의지와는 상관없이 저항의 중심에 섰다가 사지로 내몰린 다섯 식구 가장의 이야기다. 권씨 성을 가진 사내는 출판사에 근무하는 화이트칼라 신분이었으나, 뜻하지 않게 재개발 과정의 비리에 대한 투쟁에 앞장섰다가 해직이 되어 건설 현장의 막노동꾼으로 전락하고, 그나마 수사당국의 사찰 대상이 된 사람이다.

궁핍한 처지에 내몰린 그가 한 덩어리의 이삿짐과 두 아이, 그리고 임신 중인 아내를 이끌고, 당시 성남에서 몇 안 되는 현직 교사의 집 문간방에 세를 얻어 들어오게 된다. 가정방문을 다녀오던 집주인 오 선생과 공사판 현장에서 우연히 마주친 그는 "나 이래 봬도 안동 권씨요"라고 자신을 소개한다. 안동 권씨임을 알리는 그의 속내는 지금 꼴이 이렇긴 하지만 한때 잘나가던 집안의 후손이니 함부로 무시하지 말아 달라는 뜻이 아닐까.

'수신제가치국평천하'修身齊家治國平天下가 말해 주듯이 유교의 이념은 가정의 윤리가 사회로 확장된 것이다. 나의 의지나 노력과는 무관하게 한 가문의 후손으로 태어난 것, 가문의 영향력과 세도의 크기에 따라 가문에 속한 후손의 운명은 이미 결정된 것이나 다름없다. 가문은 출세의 밑거름이기도 하지만, 오갈 데 없이 나락으로 굴러떨어진 자들이 마지막으로 기대는 곳도 집안, 가문의 그늘이었다. 싫든 좋든 집안의 그늘로 숨어들어 온 혈육을 함부로 내치지 않았던 것이 집안 어른들의 도리였다. 일본에서 가족家族이라는 한자말이 들어오기 전에 우리는 한 집안에 같이 사는 사람을 식구食口라 불렀다. 식구 중에서도 혈연이 아닌 식구는 '객식구'客食口라 하였는데, 객식구조차 함부로 내치지 않는 것이 우리 전통의 '집안' 문화였다.

일제강점에 이어 전쟁을 치른 후유증으로 가정과 가문이 힘을 잃어갈 때 대안으로 찾은 것은 학벌이다. 한국 사회에서 대학은 출세의 보증수표이기도 하고, 그런 학벌로 형성된 학연을 통해 가정과 가문이 할 수 없었던 보호망을 구축할 수 있었다. 뼈대 있는 가문 출신 대신 일본으로, 미국으로 유학을 갔다 온 사람들이 서로 밀어주고 당겨주면서 관직을 독차지하기 시작했고, 국내에서 대학을 나온 사람들도 학연을 중심으로 나름의 입지를 구축했다. 오 선생이 교직에 몸을 담고 집을 구해 세입자까지 둘 수 있는 형편이 되었던 것은 척박한 시절에 대학을 나왔기 때문이고, 불순분자로 지목된 권 씨를 정기적으로 사찰하는 이 순경이 다른 순경처럼 거친 일을 하지 않고 펜대를 굴릴 수 있었던 이유는 대학을 나왔기 때문이고, 권 씨가 한때 출판사 일을 할 수 있었던 것도 그가 대학을 나왔기 때문이었다. 비록 뜻밖의 일로 공사판에서 허드렛일이나 하고, 아내의 출산 비용조차 마련하지 못해 강도짓을 해야 하는 처지에 내몰려 있지만…. 그래서 더 원통하게 울부짖는다. "나 이래 봬도 대학 나온 사람"이라며.

• • •

베이비붐 세대들에게 험한 농사일을 물려주지 않겠다는 선대들의 교육열, 빨리빨리 조국 근대화를 추진하겠다면서 불도저와 경찰을 앞세운 개발독재의 결과로 우리는 한강의 기적을 이룩했다. 하지만 그 기적이 신기루에 불과했음이 밝혀지기까지는 그리 긴 세월이 걸리지 않았다. 누군가는 샴페인을 너무 일찍 터트렸다고도 했다. 나라의 외환 금고가 텅 비게 되면서 또

한 차례 주권을 잃는 치욕적인 상황을 경험하게 된다. 19세기 말, 정치외교의 주권을 일본총독부에 넘겨주더니, 한 세기가 지난 20세기 말에는 경제주권을 국제통화기금IMF에 넘겨주게 된 것이다. 이때 평생 직장으로 알고 일하던 사람들이 일터에서 우루루 쫓겨 나왔다. 이미 가정과 가문이 힘을 잃은 터라 그들은 갈 곳이 없었다. 조국 근대화를 부르짖고 민족중흥의 사명을 다하고자 할 때, '복지'라는 말을 입에 올리는 것조차 불온시했던 나라에서 가정과 가문이라는 안전망이 사라진 뒤 그들은 어디에도 기댈 곳이 없었다. 길거리를 헤매다 스스로 목숨을 끊기도 하고, 역사 주변을 전전하는 노숙자 신세로 전락하기도 했다. 그들 중에 대부분은 "대학 나온 사람"들이었다.

김지영 씨(『82년생 김지영』)가 육아 문제로 퇴직을 한 뒤 다시 일자리를 얻기 위해 찾아간 곳은 대형 마트 입구의 아이스크림 가게였다. 점원은 구인 광고를 보고 들어온 김지영 씨에게 생각해보고 빨리 연락 달라고 말한다. 그러고는 가게를 나가는 김지영 씨에게 한마디 덧붙인다.

"나도 대학까지 나온 사람이에요."

무너져 내리는 자아를 지키며 버티어내는 마지막 힘 같은 것이 자존심일진대, 우리 사회에서 대학은 많은 사람들의 자존심을 충족시켜 주는 교육기관이었다. 한평생 배우지 못한 아비, 어미의 마지막 남은 자존심을 지켜 주는 것도 자녀들의 대학 졸업장이었다.

그런데 지금 대학을 나와서 아이스크림 가게 점원 일을 하는 것이 그리 낯설지 않고, 대학을 졸업하고서도 "그냥… 취업 준비"하고 있는 청년 백수들이 넘치고, 그나마 온 나라의 우등생들은 의과대학이 아니면 다른 대학을 거들떠보지도 않는다면 대학의 역할에 대해서 심각한 고민을 해야 할 상황이 되지 않았을까.

간혹 "대학은 결코 취업 준비 학원이 아니"라고 주장하는 사람들이 있다. 주로 취업률이 낮은 학과의 교수들이 하는 소리다. 대학이 정말 취업 준비 학원이 아니었던가? 대학과 대학교수들은 그렇게 생각하는지 몰라도, 대학을 진학하려는 학생들은 그렇지 않았다. 취업에 있어 '고졸'/'대졸'과 같은 학력에 따른, 게다가 출신 학교에 따른 차별이 없었더라면 한국의 입시 경쟁이 이토록 험악하지는 않았을 것이고, 사교육 시장이 이렇게 팽창하지도 않았을 것이고, 공교육이 지금처럼 나락으로 굴러떨어지지도 않았을 것이다.

우리나라는 36년간의 피식민지 상태에서 벗어나서 곧바로 혹독한 전쟁을 치른, 후발 후진국이었다. 후발 후진국의 교육은 "근대/전근대 부문 사이의 소득 격차가 워낙 크서 시험 성적이나 학위가 개인에게는 사활이 걸린 문제"가 되고, 학교에서 배우는 "서구 문화와 후진국의 전통문화 사이의 간격이 너무 크서 교육이 형식화"되며, 인프라 부족으로 "교육은 주입식이 될 수밖에 없"고, "순수 학문의 전통이 있는 선진국과 달리 후진국의 학교는 출발 때부터 취직수단의 성격을 가진다는" 특성이 있다.[*] 한국 대학들의 기형적인 성장은 학력과 학벌에 목숨을 걸다시피하는 온 국민의 진학열, 교육열 때문에 가능했다.

이제 모든 대학들이 성장의 정점에서 가파른 내리막길에 맞닥뜨린 모양새다. 그나마 대학 졸업장이 취업의 보증수표가 되는 시대도 아니고, 지식을 꼭 학교에서만 얻을 수 있는 세상도 아니다. 게다가 대학에 진학한다는 것이 그리 어려운 것도 아니다. 성적 불문, 입학만 하면 4년 장학금을 준다는 대학도 지천에 널려 있다. 그래서 이제는 어디가서 누구한테 "나 이래 봬도 대학 나온 사람"이란 말을 함부로 할 수 없는 시대가 된 것이다. 그러다 보니 온 나라 수험생들이 대학의 '간판'에 목숨을 걸다시피 한다.

지금 우리나라 대학들이 위기다. 그러나 국민들은 별 관심이 없다. 우리나라는 베낀 논문으로도 학위가 "Yuji"되고, 그따위 휴지조각 같은 학위증으로 교수가 되고, 총장이 되고, 장관은 물론 대통령 부인의 지위까지 오를 수도 있는 사회이지만, 정작 학생들이 받은 졸업장만은 그다지 쓸모가 없다면 대학에 대해 국민들이 기대할 게 뭐가 있을까. 대학가 주변의 상인들 말고는….

[*] 이정우,『불평등의 경제학』, 후마니타스, 2010, 119쪽.

아시아적 가치는 없다

"나이 많은 교사 한 명 내보내면 젊은 교사 세 명을 고용할 수 있다."

외환위기와 함께 집권한 김대중 정권에서 초대 이해찬 교육부 장관(재임 기간 1998~1999)이 교육계 구조조정을 강조하면서 내뱉은 말이다. 이때부터 교사의 정년은 65세에서 62세로 3년이 줄어들게 된다. 당연히 현직 교사들의 반발이 있었겠지만 외환위기와 함께 온 나라에 구조조정의 칼바람이 불고 있던 시절이었기도 하고, 교육 수요자 측의 나이 많은 교사들에 대한 불만이 전혀 없다고는 볼 수 없었기에 교사의 정년은 여론의 지원을 등에 업은 정부의 의지가 관철되었다고 볼 수 있다.

그런데 여기서 우리가 다시 살펴보아야 할 대목이 있다. 사회가 늙은 사람을 적대시하는 것은 동서고금의 보편적인 현상이지만 그런 정서를 공개적으로 드러내는 경우는 잘 없다. 하지만 당시 이해찬 교육부 장관은 대담하게 "나이 많은 교사"에 대한 가치 평가를 단호하게 내린다. 그 평가는 다른 모든 가치는 덮어둔 채 순전히 경제적 가치에 대한 평가가 전부였다. 즉 정부의 교육재정 지출을 줄이기 위해서 급여가 많은, 나이 많은 교사를 구조조정하겠다는 것이었다. 그러나 이해찬 장관의 호언대로 나이 많은 교사를 구조조정한 대신 젊은 교사의 고용이 확대되었는가? 그건 아니다. 늙은 교사의 빈자리를 기간제 교사들로 채우면서 공교육의 질은 더 척박해졌다는 것이 대체적인 평가다.

외환위기로 경제주권이 박탈당했던 시절에 외국에서 내린 단한 줄의 평가, "아시아적 가치란 없다"는 말이 논란의 대상이 된적이 있다. 1980년대 이후 아시아 신흥국들의 급격한 경제성장이 가능했던 배경에는 '아시아적 가치', 즉 유교 이념이나 가치관이 작동했던 결과이지만, 우리나라를 비롯하여 아시아 신흥국들이 거의 같은 시기에 똑같이 외환위기와 함께 경제위기에내몰리게 된다. 이런 현상을 두고 서구 사회를 중심으로 아시아신흥국들의 고도성장은 하나의 신기루에 불과한 것이었으므로,아시아적 가치란 허구요 허상이며, 없는 것이나 마찬가지라는평가를 내린 것이다.

외환위기의 원인이 한국을 비롯한 신흥 아시아 국가들의 고질적이면서도 '전근대적'인 아시아적 가치 탓인지에 대한 평가와는 상관없이, 한국 사회에서 일제강점기와 개발독재 시대를거치는 과정에서도 면면하게 이어져 오던 유교 이데올로기와거기에 기반한 국민 일반의 정서가 무너져 내리기 시작했던 것은 외환위기 이후부터란 것은 부정할 수 없는 사실이다.

외환위기 이후 구조조정 과정에서 제일 먼저 부정된 유교 이데올로기는 장유유서長幼有序에 기반한 연공서열이다. 한 조직내에서 나이가 들었다는 사실 하나만으로 존경과 배려의 대상이 되었던 문화가 무색해지고, '사오정', '오륙도'라는 말이 떠돌기 시작한 것이 그 무렵이고, 늙은이에 대한 혐오 문화가 확산되기 시작한 것도 외환위기 이후부터 생겨난 현상이다.

그리고 경제활동에 있어 정부와 관료들의 간섭과 규제에 제동이 걸리기 시작했다. 사회체제 내에서 관료 우위의 사고방식은 오래된 유교 이데올로기 중의 하나였고, 유교사회에서 학문을 한다고 하는 것은 조정의 관료가 되고자 함이 유일한 목적이었다. 그 전통이 외환위기 직전까지 이어져 왔다고 볼 수 있다.

관료, 즉 공무원은 식민주의자들이 피식민지 국민들을 바라보듯 국민들을 지도와 편달의 대상으로 바라보았고, 그런 관료들의 정점에는 무력으로 권력을 찬탈한 군인들이 있었다. 그래서 '군관민'이라 불렸고, 관은 민의 우위에 서서 그들을 통치하고 다스리는 위치에 있었다. 게다가 식민지 잔재가 청산되지 못한 나라의 관료들이 국민들을 바라보는 시선은 피식민지 백성들을 거저 먹여주기만 하면 되는 개돼지 취급을 하던 조선총독부 관료들의 사고수준에서 크게 벗어나지도 않았다.

또 관료들은 그들에게 국민이 법률에 의해 위임한 권한을 행사할 수 있는 '규제'를 통해 민간의 경제활동을 통제하기도 하고 또 특혜를 베풀기도 한다. 외환위기의 한 원인이 되었던 정경유착은 정치권력 앞에서는 영혼 없는 착한 양들이나 다를 바 없는 관료들이 실무자로 활약했던 결과의 산물이다.

그래서다. '규제 완화', '규제 철폐'가 대세를 이루고, 단박에 전봇대를 뽑듯이 규제를 철폐해야 하고, "규제는 암덩어리"라는 말까지 나왔다. 아직까지 철폐되지 않은 규제가 남았는지 대통령만 바뀌면 대통령의 공약 중에서 제일 중요한 공약 중의 하나가 규제 철폐다. 2022년에 새로 바뀐 대통령은 "킬러 규제"를 철폐하라 엄명을 내렸다. 정작 국민들 중에서 어떤 규제가 "킬러 규제"인지 아는 사람이 별로 없었다.

1997년 외환위기 이후 정권의 성격과 상관없이 규제 철폐 일변도의 정책이 유지되어 오는 동안 우리 사회는 어떻게 변했는가? 한강의 기적을 이룬 서울 중심의 수도권은 '한강 르네상스'를 계획하는 반면, 낙동강, 영산강, 금호강 주변은 몰락에 몰락을 거듭하고 있고, 대학으로 가는 모든 빗장이 풀리면서 전국의 수험생들은 서울로 서울로만 몰려들고 있다.

법 이전에 한국 사람들의 내면의 정서와 외형의 행동을 규제하던 유교의 철학은 가족과 가정의 윤리라고 할 수도 있다. 대학까지 나온 안동 권씨가 살던 시대는 출산을 코앞에 둔 임산부조차 보증금이 없으면 의사가 당당하게 입원은 물론 치료까지 거부할 수도 있던 시대였다. 네 식구 끼니 잇는 것조차 빠듯했던 권 씨는 가족 부양과 지아비의 책임을 다하기 위해 급기야 강도짓을 한다. 오 선생은 자신의 방에 칼을 들고 쳐들어온 어설픈 강도가 자신의 집 갓방에 세든 권 씨임을 알아차리고 달아나는 강도를 쫓아가지도 않고 신고도 하지 않고 그저 달아나도록 내버려 둔다.

아시아적 가치가 힘을 잃은 지금 궁지에 몰린 가장은 자신의 아내와 어린 자녀들을 죽이고 자신도 함께 세상을 등진다. 가끔

2부 근대의 정신병리

일어나는 일이 아니다. 국가가 보장하는 복지 혜택이나 의료서
비스 보장 수준이 안동 권씨가 살던 시절과는 비교조차 할 수 없
는 수준으로 높아졌음에도 가정과 가문의 유대가 사라진 세상
에 홀로 내던져진 무능력한 가장이 선택할 수 있는 길은 사실 제
한되어 있다. 그렇다고 해서 어린 자녀들의 목숨까지 앗아가는
것을 물끄러미 쳐다만 보고 있을 수는 없지만 시간이 갈수록 무
덤덤해지고 있다. 너무 잦은 일이므로….

우리나라 언론들은 이런 사건들을 '일가족 동반 자살'이라고
기사를 쓴다. 성인이 된 부부야 스스로 죽음을 선택했을 수도
있겠지만 삶이 무엇인지 죽음이 무엇인지도 모르는 어린 생명
의 죽음을 어찌 자살이라 규정할 수 있는지….

한 사회를 지탱하는 철학이 낡아 힘을 잃은 뒤 그를 대체할
새로운 철학이 세워지지 않은 무규범, 무규제 상황에서 나타난
섬뜩한 풍경들이 우리 주변을 둘러싸고 있다.

절차적 민주주의의 완성, 그 이후

군부독재를 청산하고 87년 체제를 이끌어 낸 유월항쟁 당시
학생들과 시민들의 요구사항은 그리 대단한 것이 아니었다. 5
공화국의 전두환이 "구국의 결단"이라며 내세운 "4·13 호헌조
치"에 대한 반발이라고 할 수 있는 '독재 타도, 호헌 철폐', 그것

이 전부였다. 결과는 학생들과 시민들의 승리로 끝났다. 전두환의 호헌조치는 철폐되면서 헌법은 개정되었고, 군복을 입은 군인들이 정치의 전면에서 후퇴하는 대신, 민간인 복장을 한 '보통 사람'을 국민들이 투표라는 절차를 통해 직접 선출했다. 이를 두고 정치학자들은 '절차적 민주주의의 완성'이라고 불렀다.

그런데 대통령을 뽑는 절차를 제외하고서 사회 구석구석에 민주주의의 내용을 채울 운동이나 이념이 있었던가? 민주주의 형식은 완성되었는지는 몰라도 지금 우리 사회의 민주주의 내용은 어떤 수준인가? 한 예로 사립대학의 경우, 설립자와 설립자의 가족들이 전횡을 일삼아도 구성원들은 속수무책 고개를 숙이고 있고 정부는 수수방관하고 있는 것이 현실이다. 우리나라 사립대학에서 민주주의를 기대하는 것은 "휴지통에서 장미꽃이 피는 것을 기대하는 것"과도 같다. 그렇다면 다른 분야는? 민주주의의 내용이 꽉 차 있는 곳에서 과연 '직장 내 괴롭힘'이 가능할까?

환란으로 경제주권을 빼앗긴 1997년은 유월항쟁으로 우리 사회에서 절차적 민주주의가 완성되었다는 평가를 받은 지 딱 10년째 되던 해였고, 여당에서 야당으로 실질적인 정권 교체가 이루어진 첫해였다. 그와 동시에 한국 사람들의 내면을 규제하고 규율하던 유교 철학은 서서히 힘을 잃어갔다. 그 대신 절차적 민주주의가 강조되고 그 절차를 보증해 주는 것은 유교의 예법 대신 '법과 원칙'이었다.

2부 근대의 정신병리

과거 우리 사회가 법치보다는 덕치를 더 우선시했던 유교 문화의 잔재가 있었기도 했고 법보다는 정실, 온정주의, 가족 중심의 혈연주의가 만연했던 것도 사실이다. 그래서 역대 정부의 강력한 개혁정책이 추진되면서, 겉보기에는 추상같은 법과 원칙이 지배하는 사회로 탈바꿈한 것처럼 보인다.

우리 사회에는 언제부터인가 정치인을 비롯한 유명인사들 사이에서 "법적 대응도 불사"한다는 말이 강력한 협박의 수단으로 통용되고 있다. 이 말은 소송이 시비를 가리는 공정한 절차라기보다는 소송, 특히 검찰의 수사에 이은 '기소' 자체가 — 유무죄와 상관없이 — 평범한 사람의 일상을 파괴하는 잔혹한 형벌이란 경험칙이 있기 때문에 쓸 수 있는 말이다. "검찰에게 한번 기소가 되면 대법원에서 무죄가 나도 그 사람의 인생은 거덜이 난다"라고 했던 검사가 지금 대통령이 되어 있는 세상에 살고 있다. 그야말로 법치사회가 된 것이다. 그렇다면 법치사회의 실상은 과연 공정한 사회일까? 정의가 강물처럼 흘러가는 그런 세상일까?

법치와 염치

카프카Frantz Kafka(1883~1924)의 대표작, 『소송』을 읽어 보면 카프카가 21세기 한국 사회를 지배하고 있는 '법치'의 현실을 소름

끼치도록 정확하게 예측하고 있었다는 착각이 들 정도로 법치의 살풍경한 모습을 사실적으로 묘사하고 있다.

『소송』의 큰 줄거리는 직장과 가정에서 신망이 두터웠던 은행의 중간 간부, 요제프 K(이하 K)가 어느 날 새벽 죄목도 모른 채 집안에서 체포되어 법정에 끌려가게 되고, 길고 긴 재판이 진행되는 도중에(불구속 상태로) 판결도 내려지기도 전, "개같이" 처형됨으로써 "죽어도 치욕이 남"는 죽음으로 끝나는 이야기다.

『소송』은 카프카 자신의 뜻과는 무관하게 출판된 소설*이기도 하고, 미완성으로 끝난 상태이기 때문에 K의 죽음을 실지 죄목도 없이 사형이 집행된 것으로 받아들여야 할지, 아니면 언론과 손잡은 한국검찰과 경찰의 전매특허라고 할 수 있는 '피의사실 공표'에 의한 '인격 살인'으로 봐야 할지는 불확실하다.

다만 이 소설을 통해 보통 사람은 접근할 수 없는 "거대한 조직"이 독점하고 있는 '법'이 평범한 시민의 일상을 어떻게 파괴하는지는 분명하게 읽을 수 있다. 하지만 평범한 시민들은 '법' 안으로 한 발짝도 들어갈 수가 없다. '법 앞의 문지기'와 '시골 사람'의 대화 형식을 빌린 우화를 통해 카프카는 '법 앞에 선' 시민들은 '법 앞을 지키'는 최말단 문지기의 "털외투 옷깃에 묻어 있는 '이'만큼의 힘"도 없는 존재로 묘사한다.

실지로 우리는 법치국가의 '법' 안에서 일어나는 일은 알 수

---

* 카프카의 유언 집행자인 막스 브로트가 미완성 유고를 카프카가 죽은 이듬해에 출판.

　　　　　　　　　　　　2부 근대의 정신병리

가 없다. 검찰은 "수사 중인 사안이라 확인해 줄 수 없고", 법원은 "재판 중인 사안에 대해 의견을 밝히는 것은 적절치 않"아서, 재판이 끝난 사안은 "개인 신상정보에 관한 사안"이라는 이유로 공개하지 않기 때문이다.

K의 체포와 소송의 배후에는 "거대한 조직"이 있다. 그 조직은 "쉽게 매수되는 감시인, 몰상식한 감독관에서부터 예심판사와 최고위 판사, 수많은 법원정리, 서기, 경찰관, 게다가 사형집행인"까지 거느리고 있다. 하지만 그건 카프카가 글을 쓰던 20세기 초의 이야기일 뿐이다. 21세기의 "거대한 조직"은 20세기의 조직에다 국민 개개인의 신상정보는 물론 유전자를 비롯한 생체정보와 통신 기록까지 한 손에 움켜쥐고 있다. "공포, 증오, 고통만 가득한, 빅 브라더가 지배하는 사회"(조지 오웰, 『1984년』)가 현실이 된 것이다.

K는 소송 과정에서 변호의 주된 가치는 "법원 고위관리들과 변호사 개인의 연줄뿐"인 것을 확인하고 변호사의 도움을 포기하는 대신, 은행에서 업무관계로 만났던 제조업자로부터 소송에 도움을 줄 만한 화가 한 사람을 소개받는다. 그 화가는 아버지 때부터 2대에 걸쳐 판사들의 초상화를 "근엄한 자세"로 그려줌으로써 판사들의 "허영심"을 충족시켜 줄 수 있는 재주를 가진 탓에 판사들과 깊은 연줄을 맺게 된, 그래서 법원 속사정을 훤히 꿰뚫고 있는 일종의 법원 브로커다. K를 만난 화가는 지금까지 자신이 경험한 소송의 결과를 세 가지로 나누어 설명한 뒤,

자신의 도움으로 K가 소송에서 풀려나는 방법을 제시한다.

첫 번째가 "실제적 무죄 판결". 실제적 무죄 판결은 "소송서류가 감쪽같이 사라지고, 기소장, 소송기록, 무죄 판결문까지 폐기" 되는 것을 말한다. 그러나 화가는 자신이 지켜본 소송 가운데 실제적 무죄 판결은 단 한 건도 없었다고 한다. 그러나 우리나라에서는 간혹 그런 사례를 찾아 볼 수 있다. 김학의 사건이나 "50억 클럽" 사건에서 보듯이 검사가 연루된 사건들이 주로 그렇다.

두 번째, "외견상 무죄 판결". 이것은 소송 서류가 상하급 법원을 오갈 때 다른 판사에 의해 얼마든지 새로운 체포와 소송이 가능한 경우인데, 그 과정에 "일시에 힘을 집중하는 노력"으로 얻어낼 수 있는 판결이고, 화가는 자신의 능력으로 충분히 가능하다고 떠벌린다. 무죄를 선고할 힘을 가진 최고법원에 접근할 수 있는 능력을 가진 자들은 어떤 사람들일까. 우리나라 법조계에서 "일시에 힘을 집중할 수 있는 노력"을 기울일 수 있는, 힘을 가진 사람들은 대개 전관 변호사들일 게다.

세 번째가 "판결 지연"으로 이것은 "소송을 가장 낮은 단계에 붙잡아 두는 것"인데, "소송이 끝난 건 아니지만 유죄판결을 받을 염려가 없어 거의 자유로운 몸이 된 거나 다름없고", "다른 어떤 경우보다 피고인들의 미래가 확실하다"는 장점이 있다고 설명한다. 그런데 이 판결 지연의 혜택을 누리기 위해서는 피고인과 변호사와 같은 조력자가 사적으로 끊임없이 법원과 접촉을 해야 하고 담당판사와 친분을 유지해야 하며, 담당판사를 모를 때는 다른 판사를 통해 영향력을 행사해야 가능한 일이라고 화가는 K에게 조언을 한다.

"세기의 재판"이라고 했던 사법 농단 사건이 전형적인 사례라고 할 수 있을 것 같다. 1810일! "세기의 재판"이 아니라 "세기의 재판 지연"이라는 비아냥을 들을 정도로 5년이 넘는 심리 끝에 법원은 당시 양승태 대법원장에게 적용된 47개의 범죄 혐의에 대해 전부 무죄를 선고했다.* 이제 겨우 1심. 두 차례의 항소심이 남아 있긴 하지만 양승태 전 대법원장이 앞으로도 처벌을 받을 가능성은 거의 없다. 대법원 확정 판결까지 얼마나 시간이 걸릴지도 알 수 없지만, 만의 하나 기소한 검찰의 체면을 고려해서 항소심에서 일부 혐의를 인정한다 하더라도 3심이 끝난 뒤 그의 나이를 고려한, 따뜻하고도 인정 넘치는 판결이 내려질 것이다. 게다가 그가 평생 법관으로 살면서 국가 발전에 이바지한 공로도 있지 않은가. 유죄든 무죄든 그는 '자유'다.

• • •

소설에서 K는 끝내 소송의 결말을 보지 못하고 비참하게 생을 마감하는데, 우리가 주목해야 할 것은 죽기 전에 소송 진행

---

* 「'공모 없다' '남용할 권한 없다'… 사법농단 정점 '양승태' 전부 무죄」, 《한겨레》 2024. 1. 27.

과정에서 그의 일상은 이미 파괴된 것이나 마찬가지였다는 사실이다.

"앞으로 얼마나 걸릴지 예측할 수 없는 소송"에 시달리면서도 자신의 일상 업무를 보아야만 하는 것 자체가 "법원에 의해 공인된 고문"을 받는 것이지만, 직장에서 "그의 일을 평가할 때 특수한 처지를 고려해 줄" 리는 없다. "명예로운 일이라 할지라도 출장이 잦으면 사무실에서 없어도 되는 사람 취급을 받을 수 있는데, 하물며 소송 때문에 법원에 들락거리기 시작하면 시간이 갈수록 사무실에서 없어도 되는 사람 취급"을 받거나 주위 시선이 차가워지는 것은 당연한 것. 소송이 길어질수록 소송의 승패와 관계없이 "다시 일상 업무로 돌아올 수 없을지도 모른다는 두려움"은 소송에 시달려 본 사람이면 누구나가 느끼는 공포일 게다. 그 공포는 소설의 이야기가 아니라 한국에서는 실화다.

지난해 배우 한 사람이 그런 공포에 시달리다가 스스로 목숨을 끊었다. 우리나라에서 검찰, 경찰의 수사를 받다가 스스로 세상을 등진 사람들이 줄을 잇는 것은 그리 낯선 풍경이 아니지만, 국민들은 어떻게 할 도리가 없다. 국민은 법 앞에서는 '법 앞을 지키'는 최말단 문지기의 '털외투 옷깃'에 묻어 있는 '이'만큼의 힘도 없는 존재이기 때문에….

'아무 일도 아닌 것'을 정말 '아무 일도 아니'라는 법원의 판결을 받아 내기 위해 길고 긴 시간을 소송에 대비하는 일 이외에

'아무 일도 할 수 없도록 만드는 것', 그것이 유무죄와 상관없이 소송이 주는 잔혹한 형벌 효과다. 그런 소송의 힘을 철저하게 악용하고 있는 것이 '법치'라면, 그 법은 '정의'나 '공정'과는 거리가 먼, 우리 모두의 일상을 위협하는 흉기일 게다. 그런데 법이라는 것이 원래 정의나 공정을 실현하는 수단인 것은 맞을까.

법이라는 것이 원래 악당들에게는 무용지물이에요. 세력이 강한 악당에게는 법의 손이 미치지 못하고, 운이 좋은 자는 법망을 빠져나가고, 칼 이외에 다른 어떤 재산도 소유하지 못한 가련한 자에게는 법이 두려움의 대상이 되질 못했기 때문이에요.

— 사드, 『미덕의 불운』

"법 앞 문지기의 외투에 묻은 이만도 못한" 존재인 시민들이 다시 묻는다. 법이 원래 그런 건가? 답은 한결같다. 수사 중인 사안은 "법과 원칙에 따라 수사 중"이란 말 이외에 달리 들을 수 있는 말이 없고, 재판 중인 사안에 대해서는 재판에 영향을 줄 수 있는 언급을 자제하는 것이 옳기 때문에 들을 수 있는 말이 없고, 재판이 끝난 사안은 이러쿵저러쿵 따지지 말고 그저 "사법부 판결을 존중"하는 것이 민주시민의 덕목이라고….

이것이 바로 "법률의 정신분열적, 편집병적 특징"인 한편, "아무것도 알리지 않고 또 알 수 있는 대상도 가지고 있지 않으며, 배심원의 평결이 제재에 선행하지 않으며 법률의 조문이 평결

에 선행하지도 않는", "우울증적이고 광적인 특징"이다.* 법은
또 자폐증이 워낙 심각하여 누구와도 소통하기 어렵다는 특징
도 있다. 그래서 "법 앞 문지기의 외투에 묻은 이만도 못한" 존재
인 시민들은 오랜 세월 실정법보다는 기소장도 판결문도 없는
'천벌'天罰을 믿어 왔다. 시민들에게 천벌에 대한 믿음은 법치주
의가 조장하는 불의와 부조리를 건뎌내게 하는 힘이었다.

공자는 "형벌로 백성을 다스리면 백성들이 형벌을 면하려고
만 하지 수치를 모를 것이나, 덕과 예로 다스리면 백성들은 수치
를 알고 또 품격을 갖추게 될 것"이라고 했다(『논어』, 「위정」)

지금 우리 사회는 법적으로 문제 될 것이 없으면 무슨 짓을
해도 용인되는 사회가 되었다. 회사에 일 년 남짓 근무한 젊은
이가 퇴직금을 무려 50억 원을 받아도 법적으로만 문제가 없으
면 당당하게 큰소리를 칠 수도 있는 세상이다. 주가 조작을 해
도, 논문을 베껴서 교수 자리를 차지해도, 뇌물로 고가의 손가방
을 받아도 검사가 기소하지 않으면 뻔뻔스러운 얼굴로 온 세상
을 활개치며 돌아다닐 수도 있다. 공자의 말처럼 부끄러움을 모
르는 세상이 된 것이다.

부끄러움이란 게 없는 곳이 짐승들이 사는 세계다. 사슴을 물
어뜯어 배를 채운 사자는 아무런 표정도 없이 아무런 감정 동요
도 없이 길게 내민 혓바닥으로 피 묻은 입을 핥은 뒤 포만감 뒤

---

* 질 들뢰즈·펠릭스 가타리, 『앙띠 오이디푸스』, 318쪽.

에 오는 식곤증을 해소하기 위해 나무 그늘을 찾아 어슬렁거린다. 사자가 사슴의 목을 물어 죽이고 살을 물어뜯어 제 배를 채우는 것은 법적으로 아무 문제가 없다.

법과 원칙에 따른다는 말은 약육강식의 논리가 지배한다는 말과 같은 뜻이다. 법 이전에 스스로를 규제하고 절제하던 유교 이데올로기가 퇴색된 이후 법으로 사익을 추구하는 법가들의 세계가 되면서 세상에 염치라는 것이 굉장히 희소한 가치가 되고 말았고, 나라에 품격이 없어졌다.

사회와 법률은 약자에게는 새로운 구속을 부여하고 부자에게는 새로운 힘을 부여해 자연적 자유를 영원히 파괴해 버리는가 하면, 소유와 불평등의 법률을 영구히 고정시키고 교활한 횡령을 당연한 권리로 확립시켜, 그 후 온 인류를 몇몇 야심가의 이익을 위해 노동과 예속과 비참에 복종시킨 것이다.

— 장 자크 루소, 『인간 불평등 기원론』[*]

---

* 장 자크 루소, 『인간 불평등 기원론』, 주경복·고봉만 옮김, 책세상, 2003, 116쪽.

9장 세계화 이후

'글로벌 스탠더드'

과정이야 어찌되었던 한국이 기적의 나라였던 것은 틀림없는 사실이다. 36년간 식민지 지배를 받고, 잇달아 일어난 3년 전쟁의 참화로 허허벌판이요 폐허나 다를 바 없는 나라가 불과 한 세대 만에, 그것도 국토의 허리가 반으로 잘린 나라가 세계 10위권의 경제대국으로 성장한 것은 기적이 틀림없고, '한강의 기적'은 세계가 인정하고 있는 사실이기도 하다.

재독 사회학자 김덕영은 '한강의 기적'과 함께, 포니 신화를 만들어 낸 '현대(재벌)의 기적'과 유교·불교·선교(도교)가 습합된 반만 년 전통의 고유 종교를 제치고 기독교 세가 확산된 '복음의 기적'을 합하여 한국 현대사의 기적으로 세 가지를 꼽고 있다.* 이 기적들 하나하나가 긍정적인 의미만을 가지고 있는가에 대한 평가는 별개로 하더라도, 이 세 가지 기적을 빼고는 한국 사회의 특성을 설명하기는 어려울 것 같다.

여기에 최근에 일어난 한 가지 기적을 더 보태자면 'K-팝의 기적'을 꼽을 수 있겠다. K-팝 가수가 뜨면 온 세계가 들썩이고, 준비 부족으로 엉망진창이 되었던 세계잼보리대회에 각국 참가자들의 불만을 조금이나마 누그러뜨릴 수 있었던 것도 K-팝 가수들의 공로라고 해야 할 것이다. 외국의 청소년들이 한국의 국민 가수 이미자, 나훈아, 조용필이 누군지는 몰라도 K-팝 가수는 생일까지 꿰뚫고 있다 하니 기적은 기적임에 틀림없다. 그런 점에서 한국 대중문화의 '세계화'는 완벽하게 성공한 것 같기도 하다.

'조국 근대화'를 앞세운 독재 권력자에게 "닭의 모가지를 비틀어도 새벽은 온다"며 거세게 저항하던 야당 지도자가 여당 지도자로 변신한 뒤 마침내 권력의 자리에 오르자 그는 세계화를 추진했다. 당시 정부는 대한민국을 세계화한다면서 세계화를 'Segyehwa'로 표기했는데, 도대체 무슨 말인지를 이해하지 못 하는 해외 언론을 향해 "세계화의 개념"The Concept of Segyehwa이라는 보도자료를 돌리기까지 했다.** 그래도 해외에서 고개들을 갸

---

* 김덕영, 『환원근대: 한국 근대화와 근대성의 사회학적 보편사를 위하여』, 길, 2014, 77쪽.
** 당시 정부가 배포한 '세계화의 개념'(The Concept of Segyehwa)에 대한 설명은 이렇다. Segyehwa is the Korean word for globalizaion. Globalization primarily refers to the

우뚱거리자 끝내 Segyehwa를 포기하고 채택한 단어가 글로벌리제이션Globalization이다. 그 이후로 '글로벌'이란 단어는 "글로벌 경쟁력"이란 표현에서 보듯이 우리나라 모국어 지위를 확보한 것 같다.

권력에 의해 일방적으로 추진된 조국 근대화와 마찬가지로 세계화도 외형만큼은 빠르게 성공했다. 근대화처럼 세계화가 순전히 서구 사회를 닮아가는 것이라면 지금 한국의 겉모습은 서구화에 거의 완벽하게 다가선 것은 맞다. '글로벌 스탠더드'라는 말은 모든 가치판단을 서양 사회의 기준에 맞춘다는 말 아닌가. 지금 우리 눈앞에 펼쳐지는 풍경은 거의 '글로벌 스탠더드'를 충족하고 있는 것 같다.

세계화의 비싼 수업료라고 할 수 있는 외환위기로 말미암아 온 나라에 구조조정이라는 칼바람이 불고 있을 때 공교롭게도 사람들의 귓전을 울린 것은 "모두 부자 되세요"라는 고혹적인 목소리를 가진 여성 연예인의 덕담이었고, 길거리 광고판이나 TV 언론 매체에서도 "Buy Korea"라는 광고가 넘쳐났다. 한국을 사라? 실지로 정부는 외환위기를 극복하기 위해 내다 팔 수 있는 것은 세계 시장에 다 내다 팔았다. 그 결과는?

emergence of a borderless world. (···) The Segyehwa policy that the Administration of Peseident Kim Young Sam of the Republic of Korea is now pursuing represents national reform strategy designed to ensure that the Republic will success finally the challenges of globlalizton.

온 나라가 세계화된 지금, 길거리의 간판이나 아파트 이름만 들어서는 여기가 한글을 쓰는 한국이 맞는지 의심스러울 정도이고, 가수들이나 연예인들의 이름 중에서 한글 이름을 듣기도 어렵다. 누가 강요한 것도 아닐 터인데 거의 서양식 이름으로 창씨개명을 했다. 그래서 이름과 외모만을 봐서는 저 가수가, 저 배우가 한국인인지를 쉽게 알아차리기 어려울 정도다. 창씨개명을 친일의 증거로 삼는 나라에서 일어난 기괴한 변화다. 그나마 창씨개명은 일제의 강압에 따른 것이었지만 요즘의 창씨개명은 자발적이라는 차이가 있다. 자발적으로 피식민지 백성임을 자청하고 있는 꼴이다.

언론과 방송에서도 영어를 섞어 쓰는 것을 당연한 것으로 여기는 모양새다. 80년대까지 국한문 혼용체를 쓰다가 잠시 한글 전용인가 싶더니 이제는 국영한 혼용이 표준어처럼 굳어지고 있다. 그 틈새에 일어도 심심찮게 눈에 띈다. 그래서 우리말인지 외래어인지를 구분조차 하지 못할 표현들이 넘쳐난다. 오죽했으면 〈우리말 겨루기〉라는 프로그램이 장수 프로그램이 되었을까. 길거리 간판에서 한글 찾기란 하늘의 별따기만큼이나 어렵다. 거의 모든 상호와 상품명은 영어이고, 한글로 표기해야 할 상호조차도 알파벳으로 표기되어 있다. 이런 현상이 바로 우리나라가 세계화되었다는 증거가 아닐까 싶다.

이제는 세계화에 뒤처진 지방대학을 '세계화'하려는 정부의 눈물겨운 배려가 꿈틀거리고 있다. '리저널 이노베이션 시스템

앤드 에듀케이션'Rise 체제 아래 '글로벌'과 '로컬'을 합치고 대학까지 비벼 놓은 "글로컬 대학" 사업이다. 영어와 한글을 비벼 놓으니 뭔가 수준 높은 정책일 것 같다는 생각이 들긴 한다.

지리멸렬(Incoherence of thought)

"Dugo 봐! 갓생러의 잇템 유니버스, 나의 ○○대학교.

교육을 맛나야 미래를 내달리죠"

이 문장은 정신분열증 환자가 의미를 알 수 없는 말을 주절주절 내뱉은 것(단어 비빔, Word salad)을 받아 적은 것이 아니다. 얼마 전까지 대구 시내를 주행하는 교통버스 차체 뒤편에 붙어 있던 어느 대학교의 홍보 문구이다. 저 문장을 읽고 무슨 뜻인지를 이해할 수 있는 시민들이 얼마나 될까? '갓생러'가 무슨 뜻인지도 모르겠지만 왜 저 대학교 학생은 미래를 열기 위해 학교에서 교육을 '만나지' 않고 '맛나야' 되는지….

저 문장이 대구 시민들에게 자신들의 대학을 홍보하기 위한 목적 의식을 가지고 만든 글귀라면 글귀를 만든 사람, 또 저 글귀를 대학의 공식 홍보 문건으로 채택한 학교 홍보 책임자의 사고는 거의 병적으로 '지리멸렬'(Incoherence of thought)한 상태라고 보면 된다. 그렇다면 전문가의 글은 어떨까? 대학병원에서 나에게 보내온 진료회신서에 담긴 문장이다.

"On the MRA taken/상기 소견 보이나/low risk of stroke/ due to mild in degree/로 판단되어/medication and image f/u 권고하였습니다."

의사가 의사에게 보내는 진료회신서 역시 공문서라면 공문서 일진대 공문서의 이 검정색 기호들이 도대체 말인가 글인가 암호인가? 그냥 지리멸렬 수준을 넘어 거의 황폐화된 수준의 '단어 비빔'이다. 그런데 이 글을 쓴 전문의(!)는 자신이 쓴 글에 문제가 있다는 사실은 단 한 순간도 생각하지 못하고 이 글을 이해하지 못하는 사람들의 무지를 조롱하고 경멸하고 있을 것이다. 그런 의사들이 모여 최신 학문을 주고받는 학회에서 진지한 표정으로 고개를 끄덕이며 무언가를 열심히 받아 적는 말은 이렇다.

"… 브레인 메타스타시스가 의심되어 이미지 스터디한 결과, 마진이 이레귤라하고 하이포덴스한 리전이 보이는데, 오리진을 이벨류에이션하기 위해서는 인베이시브한 스터디나 인터벤션이 필요한데 에이지 톨러러블한 스터디를 실렉션하기 쉽지 않아서 오리지날 사이트를 컨펌하지 못한 케이스로…."

미국 사람도 알아듣지 못하고, 한국 사람도 알아듣지 못하는 이런 말들을 자기네들끼리 모여 심각한 표정으로 의견을 주고받으며 고개를 주억거리고 있는 현장을 의사들은 학회라고 한다.

그런데 영어와 한글, 또 영어를 소리나는 대로 한글로 쓰고, 또 한글을 영어로 쓰는 글 버릇, 특히 강의할 때 영어나 외국어를 추임새로 집어넣는 것은 의사들뿐 아니라 우리나라 거의 모든 '먹물'들 특유의 말버릇이다. 철학자가 쓴 글을 한번 보자.

> 한 장면을 캡처했다. 두 사람이 거리에서 두 번째 조우하는 일련의 장면들이다. 남자의 저녁 초대를 여자가 거절하고 돌아서는 장면. 아름다움의 쓸쓸한 절정. 모든 것들을 다 잃거나 버렸을 때 문득 들어서게 되는 존재의 헤테로토피아가 있다. 일체의 노스텔지어가 사라지는 생의 밑바닥 어느 곳. 이 밑바닥으로 하강하는 알콜리카를 여자는 구원을 포기한 천사처럼 동반한다. 그리하여 남는 건 몰락의 셀레브레이션. 오르페우스와 에우리디케의 전복적 알레고리.
>
> ─ 김진영, 『조용한 날들의 기록』[*]

학력으로만 따지면 남들보다 2년이나 더 긴 학부 생활을 했고, 대학원의 석박사 과정까지 마치고 학위까지 받았지만, 영문도 일문도 한문도 아닌 순수하게 한글로 쓴 저 위의 글을 나는 이해할 수 없었고, 이해할 수 없었기에 내 자신에게 굴욕감을 느낄 정도로 불쾌했다. 한국인이면서도 한글로 된 문장을 이해할 수 없어서 구토가 일어났다.

· · ·

[*] 김진영, 『조용한 날들의 기록』, 한겨레출판, 2023, 700쪽.

누군가의 설명이 덧붙여지지 않으면 도저히 이해하기 어려운 신어와 조잡한 조어들이 길거리에 넘쳐난다. 인터넷의 댓글이나 SNS에 올라오는 장난기 섞인 글들이 아니라, "몸도 챙기GO 마음도 챙기GO"처럼[*] 정부나 지방자치단체의 공식 문건에서도 쉽게 확인할 수 있다.

언론 매체의 약어·조어의 남용은 더 심각하다. 2024년 5월 7일 단 하루치 신문만 보자.

「배리어프리, '가치봄' 영화 상영관 대구엔 2곳뿐…」(《영남일보》), 「주주손실 기업 58% CEO만 연봉업, 갈길 먼 밸류업」(《한겨레》), 「55만 N잡러−20만 프리랜서 긴장시킬 '종소세 시즌' 왔다」(《중앙일보》), 「베일 벗은 후계자, 한물간 서울랜드가 EDM 성지로 부활하다 [여기힙해]」(《조선일보》), 「개미 울리는 불법 공매도 글로벌IB 9곳 2천억 적발」(《매일신문》), 「9일 팜스터치 액셀러레이팅 경영체 모집 설명회」(《중앙일보》)…. 제목만 봐서는 도대체 무엇을 말하고자 하는 기사인지 짐작조차 하기 어렵다.

게다가 한자까지 끼어 넣은 조잡한 조어들 ─ '美친자', '味친맛', '문화路 채움', '근대路의 길', '청렴韓세상' ─ 과 무슨 뜻인지 헤아리기조차 어려운 신어들, 영어 발음을 그대로 한글로 옮겨 놓은 말들 ─ '모큐멘터리', '댓글러', '악플러', '싫은러', '학폭커', '그립감', '바디감', '부동산오프슈퍼맨', '세이브더칠드런',

---

[*] 대구광역시와 대구테크노파크가 공동 주관하는 시민 건강관리 서비스 홍보 문건.

'도어스테핑', '타운홀미팅', '핀플루언서', '바디 솔루션', '워케이션'… — 이 넘쳐난다. 이런 말들을 이해하지 못하는 사람들이 오히려 시대 감각이 떨어지는 혐오의 대상이 되는 기가 막힌 세상이다.

언제부터 우리나라 문법이 명사에 관사를 붙이는 쪽으로 바뀌었는지 영문법에나 나오는 관사 'THE'(더)를 붙이는 것도 유행처럼 번지고 있다. 'THE'가 붙으면 상품이나 아파트, 회사의 위상과 품격이 '더' 높아진다고 생각하는 것인가.

"낳을수록 The 행복한 성주를 꿈꾼다." 성주 군수가 일간지에 기고한 기고문의 제목이다.* 유치해서 웃음이 나왔다. 저런 글을 쓰는 필자보다 저런 글을 걸러 내지 못하는 언론사 편집부가 더 문제 아닌가? "더그랜드너츠리저브"! 최근에 지인에게 받은 작은 선물이다. 음식 같기는 한데 군침이 돌기는커녕 이맛살이 먼저 찌푸려졌다. "바이브랩 리바이브 테라피 헤어 스칼프 앤 브로우 앰플 더블기획" …. 이게 어떤 기획인지 이해할 수 있는 사람이 얼마나 될까.

한 나라의 말과 글을 바로 쓰고 바로 잡아야 할 언론이 더 가관이다. '토크人사이드&직터뷰'(《영남일보》), '문화人&스토리'(《매일신문》), '댕기자의 애피랩'(《한겨레》), '먼저 보는 칸업 컨텐츠', '김경식의 이세계(ESG)'(《경향신문》), '박인규의 노잉 어스'(《프레시안》),

---

* 「낳을수록 The 행복한 성주를 꿈꾼다」, 《매일신문》 2024. 3. 25.

2부 근대의 정신병리

'인사이트를 더하다', '글로벌 아이', '이재승의 퍼스펙티브'(《중앙일보》), '김한수의 오마이갓'(《조선일보》), '딥다이브', 'e글e글'(《동아일보》)….

공중파 방송이라고 다를까? '더시즌즈 – 지코의 아티스트'(KBS1), '아이 러브 스포츠'(KBS2), '슈퍼윙스 일렉트릭 히어로즈', '도레미 프렌즈'(EBS1), '모두의 챌린지'(MBC), '나이트라인', '모닝와이드'(SBS)….

내 나라에 살면서 내 나라 말을 이해 못 하고 신문조차 제대로 읽을 수 없는 지금 이 상황을 어떻게 받아들여야 할까. 단어와 철자를 조합하여 새로운 말을 만드는 사람은 자신의 기발한 착상에 스스로 무릎을 치며 자신을 대견하게 생각할지 모르겠지만 읽는 사람은 짜증이 난다. 불쾌하다.

게다가 "개킹 받고", "개잼 있고", "개이익이고", "개드립치고", "처맞고", "처먹고", "처자고", "킹받고", "킹발작"…에서 보듯이 말은 점점 더 거칠고 험악하고 또 잔인하며 살벌해지고 있다. 한때 유행했다 사라진 "아헿헿하다", "뷁" 따위의 표현은 그나마 애교스럽기나 하였지만….

신어증Neologism이나 다른 사람이 쉽게 이해하기 어려운 조어造語를 반복하고 되풀이하는 것은 사고 기능이 지리멸렬(Incoherence of Thought)한 틱장애나 자폐증, 정신분열증과 같은 정신질환을 앓고 있는 사람들에게 흔히 볼 수 있다. 그게 아닌 '신어'의 다른 목적은 특정 "세계관과 정신 습관에 대한 표현 수단을 제공"하는 것이 아니라, "다른 사상을 갖지 못하도록" 하는 한편, "사고의 영역을 넓히기 위한 것이 아니고 줄이기 위해" 만들어진 것이다(조지 오웰, 『1984년』).

우리는 현대 정신병리의 많은 원인이 "말과 글이 기호로 대체되면서 인간의 수용능력을 초과하는 정보의 과잉과 간접경험에 의해 세계 체험에서 소외"된 탓이라는 사실에 주목해야 한다.[*]

K 문해력

몇해 전 "심심甚深한 사과"라는 말을 놓고 심심함을 정말 심심하다거나 지루하다는 뜻으로 이해한 몇몇 네티즌들의 댓글 때문에 온 세상이 떠들썩했던 적이 있다.[**] 이를 계기로 "한국인의 실질 문맹률이 75퍼센트로 OECD 국가 중 꼴찌 수준"이라면서 한국 사람들의 참담한 문해력 수준이 재조명된 적이 있다. 75퍼센트라는 수치의 정확성에 대한 논란이 있긴 했지만, 우리나라 사람들의 문해력 수준이 낮다는 것은 이미 오래 전부터 공인된 사실이었다.

우리나라 사람들의 문해력 수준이 낮은 원인으로는 제일 먼

---

[*] 市川 浩, 『身の 構造』, 講談社, 2022, 72~73面.
[**] 「'심심한 사과' 공지에 "심심해서 사과하나?" … 문해력 논란」, 《동아일보》 2022. 8. 22.

저 책을 잘 안 읽는 국민들의 습성을 지적하지만, 책을 읽을 짬을 낼 엄두조차 못 내는 근로시간을 먼저 생각해야 하지 않을까. 더 큰 문제는 독자들이 아니라 글 쓰는 사람들의 태도에 있다. 문장에 영어를 비롯한 외국어와 일어와 한자가 비벼 넣어져야만 품격 있고 수준 높은 글이라는 생각을 가진 먹물들이 있는 한 한국인의 실질 문맹률이 호전되기는 어려울 것 같다.

"신화는 빠롤Parole이다." 신화와 관련된 번역물(롤랑 바르트, 『신화론』)의 첫 문장이다. 빠롤이 뭘까? 하나마나한 번역 아닌가? 이 문장을 나만 이해 못하는 것인가? 읽는 것만이 문제가 아니다. 쓰는 것은 더 문제다. 대학을 졸업했다는 사람이 노트북이나 컴퓨터 없이, 원고지와 연필만 주면 한 문장도 못 쓰는 사람도 있다. 겨우 써 놓은 글도 읽기 어려운 글자가 더 많다. 컴퓨터 자판에 중독되었기도 하지만, 'Ctrl C', 'Ctrl V'가 몸에 밴 탓이다.

인문학의 본고장인 유럽에서 인문학이 태동한 것은 순전히 모국어의 힘이다. 라틴어의 속박에서 풀려나 모국어로 생각하고 모국어로 읽고 모국어로 쓰면서 인문학이 그리고 철학이 신학의 시녀 노릇에서 벗어나 시민들의 교양이 된 것이다. 그러나 우리 모국어는 한문에 의해, 일어에 의해, 영어에 의해 누더기가 되었다. 보통 사람들이 이해하기 어려운 남의 나라 글을 더 많이 쓰고 남의 나라 글을 더 많이 읽는 것을 학식의 잣대로 삼았던 사람들이 만들어 놓은 결과다. "전문어를 사용한다는 것은 민중을 문외한으로 취급하기로 결심"한 것으로, "언어를 애매하게 사용하는 것은 그 뒤에 숨은, 보다 많은 약탈을 가리우는 베일"이라는 알제리의 정신과 의사 프란츠 파농*의 지적을 이 나라의 모든 글 쓰는 이들은 뼈아프게 받아들여야 한다.

"의사가 제약회사로부터 리베이트를 받았다"라는 말과, "의사가 제약회사로부터 뒷돈을 받았다"라는 말에서 연상되는 의미 차이는 크다. 읽는 사람들의 이해 속도도 다르다. 그런데 우리나라 모든 언론들은 '리베이트'라는 말을 쓴다. 지난 정권의 핵심 관계자는 언론의 이런 글쓰기를 "마사지"하는 거라고 했다. '전화 금융 사기'라고 하면 뜻이 더 선명할 텐데 똑똑한 기자들은 일관되게 '보이스피싱'이라고 쓴다. '여론 조작'이 이해하기 쉬울까, '프레임 전환'이 알기 쉬울까. 그런데 '페이크 뉴스'는 왜 '가짜 뉴스'라고 하는지 모르겠다. 대통령이 '가짜 뉴스'라는 말을 해서?

지금 한쪽에서는 인문학이 죽는다고 아우성이다. 우리말과 우리글로 읽고 쓰지 않는 인문학이 죽든 말든 무슨 상관이 있나. 그래서 인문학이 죽든 살든 대중들은 관심 없는 거다. 원래 우리나라 인문학이란 게 대중들이 이해하기 어렵고 손 닿기 어려운 저 높은 곳의 고상한 학문이었고, 먹물들끼리만 아는 말로 지껄이는 고담준론이었으므로. 공자가 일찌감치 명칭과 말의 중요성을 강조한 바 있다.

---

* 프란츠 파농, 『대지의 저주받은 자들』, 151쪽.

명칭이 바르지 않으면 말이 순리에 맞지 않고 말이 순리에 맞지 않으면 일이 이루어지지 않는다. 일이 이루어지지 않으면 예악이 발흥하지를 않고, 예악이 발흥하지 않으면 형벌이 공정하지 않고 형벌이 공정하지 않으면 백성들이 손발 둘 곳이 없어진다.

—『논어』, 「자로」

현재 우리나라 사람들의 처지가 이렇다. '무전유죄', '유전무죄', '유권무죄', '무권유죄'…. 이것이 우리나라 형벌의 실상이다. 그래서 국민들은 도대체 손발 놓을 마땅한 곳을 찾지 못하고 있다. 그 뿌리는 전부 말과 글에서 비롯된 것으로 보아야 한다. 우리나라 대부분의 법률용어는 시민들이 잘 쓰지 않는 일본식 한자어다.

한국 사회는 지배자의 언어와 피지배자 사이의 언어가 늘 달랐던 사회다. 조선은 한문을 쓰는 사람이 한문을 모르고 한글조차 쓸 줄 모르는 사람을 지배했고, 일제강점기에는 일어를, 군정 시기에는 영어를 쓰는 사람이, 지금은 영어와 일어, 한문이 범벅이 된 전문용어를 아는 전문가들의 카르텔이 사회 전체를 지배하고 있다. 이 전문가들은 내면의 열등감을 감추기 위해 남이 쉽게 이해하지 못하는 말과 글을 골라 쓰면서 자기 과시를 하고 우월 의식에 빠지는, 언어 사디스트들에 가깝다.

지금 우리나라 대통령은 각국의 정상들이 만나는 외교 무대에서 비속어를 남발하고, "뇌물을 받는다"는 것을 "박절하게 거절하지 못하는" 따뜻한 마음씨로 이해함으로써 처참한 K 문해력의 수준을 온 세계에 자랑하고 있다. 그는 후보 시절에 "학교에서 국어를 왜 가르치는지를 모르겠다"고 했던 사람인데, 대통령이 되고 나서는 '반드시'와 '반듯이'를 구분하지 못한다는 사실을 방명록에다 자기 이름과 함께 남겨 두었다.*

사디즘

프로이트는 사디즘(가학증)을 한가롭기 짝이 없게 공격성이 강한 남성들의 성적 취향 정도로 가볍게 다루고 말았지만, 가학증은 도착적인 성행위에서만 나타나는 성향이 아니다. 가학증이란 타인에 대한 지배욕이 발현된 것이며, 다른 사람의 고통에 즐거움을 느끼고, 다른 사람을 완벽한 복종으로 이끌어냄으로써 느끼는 만족감이다. 이런 만족감이 꼭 성행위에만 적용되는 것이 아니다.

직위를 이용한 갑질로 정도로 포장되는 직장 상사의 악행도 그 뿌리는 상대방에 대한 완벽한 지배와 함께 완벽한 복종을 요구하는 가학적 성향이 원인이다. 어린 소년 소녀들이 집단으로 여리디여린 한 친구를 골라 집단 폭행을 서슴치 않으면서 깔깔

* 「윤석열 방명록 '반듯이' 논란… 과거 與 홍영표도 썼다」, 《조선일보》 2021. 11. 12.

　　　　　　　　　　　　2부 근대의 정신병리

웃어댄다. 집단화된 사디즘이다. 나날이 잔혹성이 더해 가는 데이트폭력도 가학적 성향이 드러난 것이다. 요즘은 사과 한마디면 끝날 다툼이 상대를 죽일 정도의 무자비한 폭력으로 이어지기도 한다. 사람이 사람에게 맞아 죽는 일이 그리 낯선 일이 아닌 것이 요즘 세태다.

가학적인 폭력은 연령과 세대를 구분하지 않고 확산되고 있다. 언제부터인가 우리 사회 곳곳에서 사소한 실수를 저지른 사람에게 무릎 꿇고 사과를 요구하는 풍조가 생겨났다. 손님이 왕으로 대접받는 시대라고는 하지만 도가 넘는 고객들의 횡포는 상대의 완벽한 굴종을 요구하는 가학적 심리가 담겨 있다.

사람에게 가학적인 충동과 욕구를 충족시킬 수 없는 사람은 그 욕구를 동물에게 요구한다. 한국 사회는 지금 반려동물의 왕국으로 변해 가고 있다. 반려동물과 함께 사는 일명 '펫팸족'이 천 오백만 명을 헤아릴 정도이고 동물병원을 비롯해서 반려동물과 관련된 사업들이 신종 산업으로 번창하고 있다. 저출산으로 유모차는 노인들의 보행 보조기로 용도가 변했고, 길에서 만나는 유모차에는 아기보다는 강아지가 타고 호사를 누리는 경우를 더 자주 본다. 어쩌면 사람보다 개나 고양이가 더 대접받는 세상으로 바뀐 것이다. 자신에게 완벽한 복종을 요구하는 가학적 욕구를 충족시켜 주는 대상으로 반려동물만 한 것도 없다.

사랑을 정의하는 것은 간단하다. 하지만 존재들의 연속 속에서 그것들이 발생하는 경우는 거의 없다. 우리는 개들을 통해, 사랑에 그 가능성에 경의를 표한다. '사랑하는 기계'가 아니라면 개란 도대체 무엇이란 말인가? 개에게 인간 존재를 제시하고 그를 사랑하라는 임무를 부여하면, 아무리 보기 흉하고, 사악하고, 기형적이고, 멍청해도 개는 그를 사랑한다. 예전의 인간들에게는 모두 증언이 일치한다. 그 특성이 너무나 놀랍고 충격적이어서 그들 대부분도 그들의 개를 사랑하게 되었다. 그러니까 개는 '훈련 효과를 지닌 사랑의 기계'였다. 하지만 그렇게 배운 사랑은 개들에게 한정되었을 뿐, 결코 다른 인간들에게로 퍼져 나가지는 못했다.

— 미셸 우엘벡, 『어느 섬의 가능성』

"사랑하는 기계", 반려견이 자신의 명령에 충실하게 복종하지 못하고 늙거나 병들어 고장 난 상태가 되면? 내다 버린다. 한 세대 전에 우리나라에서 유기견 문제가 사회문제가 될 것이라 예상한 사람은 아무도 없었을 것이다. 버려진 유기견은 사나운 들개가 되어 다시 사람들을 공격하고 있다.

가학증은 일회성이거나 우발적인 것이 아니다. 습성이 되고 성격으로 굳어진다. 도스토옙스키의 소설에는 빠짐없이 잔인한 사디스트들이 조연으로 등장한다. 『죄와 벌』의 루쥔이 그렇고 『카라마조프가의 형제들』 중 이복형제 스메르자코프가 지독한 사디스트다. 도스토옙스키는 인간이라면 누구나 가학적 성향을 가질 수 있음을, 그리고 미래 사회에는 그 정도가 점점 더 심해

질 것임을 예측한 작가다. 거의 집단 정신질환 수준의 가학증이 가장 빨리 찾아왔고 무서운 기세로 확산되고 있는 곳이 한국이 아닐까.

　일제강점기로부터 한국전쟁, 외환위기를 거치는 동안 한국 사회의 성격과 한국 사람들의 심성도 같이 바뀌었다. "살아남으려면…" 또는 "살아남기 위해서" 강자에게는 굴종하고 약자에게는 완벽한 복종을 요구하는 이중적 태도가 자신을 돌아볼 겨를조차 없이 황급히 살아온 사람들의 몸에 배인 것이다. 사회 정의나 약자의 인권을 들먹이는 것을 불온시하던 군사독재의 잔재가 청산되지 못한 것도 하나의 원인이리라.

　식민지 조선에서의 침략자들의 협조자들은 마치 트로이 목마 속에 숨겨 놓은 군대들처럼 그들이 물러간 즉시 한국에서 권력의 중심이 되었고, 30년에 걸친 군사독재를 하필이면 식민지 군대의 용병 출신들을 핵으로 삼아 조종한 미국의 정책을 보고 있다. 그곳에는 한 민족의 역사적 권리나 문화적 자존심에 대한 추호의 배려나 상상력조차 찾아볼 길이 없다. (중략) 가해자에게는 관대하여 오직 힘의 논리만을 믿는 질서에서 사람들은 어떤 부조리에도 눈을 감으면서 오직 한 몸과 한 가족의 생존만을 염원한다.

　　　　　　　　　　　　　　　　　　　　　　　— 최인훈, 『화두』

에리식톤 콤플렉스

우리 사회가 보릿고개를 넘어 근대화, 세계화라는 과정을 거치면서 OECD 국가에 진입했다는 것, 그래서 지난 시절과 전혀 다른 세상으로 진보, 발전했음을 증명하는 딱 하나의 증거가 있다면 과거와 비교할 수 없을 만큼 비대해진 소비수준이다. 우리나라 사람들의 소비수준만 보면 "모두 부자 되세요"라는 덕담이 현실이 된 것 같다.

소비의 측면에서 볼 때 20세기가 독보적이라는 데에는 반박의 여지가 없다. 어떤 문명 어떤 시대도 눈코 뜰 새 없이 돌아가는 현대적 쇼핑몰의 완벽한 유동성과 비교될 수 있는 것을 가지지 못한다.
— 미셸 우엘벡, 『어느 섬의 가능성』

이건 어디까지나 프랑스 이야기다. 만약 미셸 우엘벡이 한국에 와서 필요한 소모품을 새벽에 자기 집 문 앞까지 가져다주는 우리나라 택배 회사들만의 독창적인 배송 체계를 보았더라면 위의 문장에는 한국의 소비문화에 대한 언급이 들어갔을지도 모르겠다. 소비의 측면에서만 보면 우리 사회는 어느 나라와도 비교할 수 없는 완벽한 유동성과 빠른 배송체계를 갖고 있다.

넘쳐난다. 남아돈다. 쓰고 남아 버린다. 쉴 새 없이 바꾼다. 지금 가난하다고 손가락질을 받는 것은 옷을 기워 입어서가 아나라 철 지난, 유행 지난 옷을 입었기 때문이다. 쌀 한 톨이 아쉬워 분식을 장려하는 정도가 아니라 강제하기도 했고, 중고등학생들의 도시락을 검열(보리쌀 혼식)하던 것이 언제인데, 지금은 쌀 소비를 늘이기 위해 "밥 한 공기 더 먹기" 운동을 하자는, 모자라도 한참 모자라는 국회의원이 설치고 다니는 나라로 변했다.*

먹을 것이 넘쳐나서 쌀이 남아돌게 된 것이다. 온 나라 사람들이 먹고 쓰고 버리고, 먹고 쓰고 버리고를 되풀이한다. 아무리 먹어도 허기를 감출 수 없었던 에리식톤**처럼….

더 쓰고 버릴 것이 없으니 언제부터인가 살던 집도 버릴 지경에 이르렀다. 억대의 자동차라 하더라도 공산품이 소모품인 것은 당연하겠지만 사람이 사는 집, 즉 아파트까지도 교체 주기가 있는 소모품으로 바뀐 것은 인류 역사에서 유례가 없는 일 아닐까. 지은 지 겨우 30년이 지난 아파트 단지에는 서울, 지방 가릴 것이 어김없이 펼침막이 펄럭거린다.

"경축! ○○아파트 안전검사 통과"

저 경축 문구는 내 사는 집이 안전하다는 말이 아니라 부수고 새로 지을 수 있게 되었다는 말이다. 자기 집 무너질지 모른다

---

* 「조수진의 '밥 한 공기 더 먹기' 제안, 이래서 참 민망합니다」, 《오마이뉴스》 2023. 4. 6.
** 그리스 신화에 등장하는 에리식톤은 아무리 먹어도 허기를 감출 수 없는 저주를 받은 인물이다. 전 재산을 다 팔아 먹을 것을 사도 배를 채우지 못해 딸까지 팔아서 먹을 것을 챙긴다. 마지막에는 자기 몸까지 뜯어 먹는다. 재독 사회학자 김덕영은 한국 사회의 소비 문화를 저주받은 에리식톤에 빗대어 '에리식톤 콤플렉스'라고 정의했다. 김덕영, 『에리식톤 콤플렉스』, 길, 2019.

고 동네방네 떠들며 축하잔치를 벌이는 민족이 또 있을지 모르겠다. 이제는 경축 펼침막을 내걸어야 하는 수고로움도 들게 되었다. 대통령의 공약으로 지은 지 30년만 지나면 아무런 절차도 없이 집을 부수고 다시 지을 수 있게 되었다. 한국의 부는 그렇게 집이, 아니 아파트가 유행주기가 있는 소비상품이 됨으로써 쌓아 올린 부다. 그렇게 모래성처럼 쌓아 올린 부에 들떠있는 한국 사람들이 얼마나 신기했으면, 아니 한심했으면 외국인이 한국 사회를 발로 쫓아다니며 『아파트 공화국』*이란 책을 다 썼을까? 지금 그 모래성이 무너지는 조짐이 보인다. 그런데도 세상은 여전히 아무 일 없다는 듯이 돌아가고 있다. 원래 모래성은 소리 없이 한방에 푹 무너진다. 벼락부자가 되었다가 벼락거지가 되는 거다.

빨리빨리…

지금 한국인들이 앓고 있는 신경증은 프로이트가 이야기한 성충동이 억압됨으로써 생긴 불안신경증과는 무관하다. 한국의 지난 1세기가 성충동을 충족시키지 못했다고 칭얼댈 정도로 한가롭고 평화롭고, "아름다운 시대"가 아니었기도 하고, 프로

---

* 발레리 줄레조, 『아파트 공화국』, 길혜연 옮김, 후마니타스, 2007.

이트가 상담하여 분석의 대상으로 삼았던 유럽의 중산층이라는 계층이 한국에는 없었다. 현재는 있다 하더라도 19세기 말 유럽의 중산층들과는 성향이나 가치관이 전혀 다르다.

그래서 신경증이 무엇인가, 노이로제가 무엇인가에 대한 정의는 몰역사적이며 몰사회적인 프로이트류의 정신의학에서 내린 정의를 참고할 것이 아니라 우리 소설가가 역사적인 맥락 속에서 찾아낸 정의를 참고하는 것이 더 정확하고 해결책을 찾기가 쉬울 것 같다. 이청준(『소문의 벽』)은 신경증, 즉 노이로제를 "어떤 일정한 사물에 대한 반응이나 사고의 과정에서 자기를 극복"하지 못한 것으로, "환자의 의식 밑바닥에 깊이 뿌리박고 있다가 어느 계기엔가 그것이 원인이 되어 심한 정신적 갈등"을 일으키고 나중에는 "터무니없는 불안감"을 일으키는 것으로 설명한다.

온 세계에서 인정하는 한국 사람의 특유의 신경증은 '빨리빨리'다. 빨리빨리는 내가 늦으면 손해 보지 않을까 하는, 정말 "터무니없는 불안감"에서 비롯된 한국인 특유의 문화적 습성이기도 한데, 그 뿌리는 다시 군사독재 시절까지 거슬러 올라가야 한다. 삶의 태도에서 '유유자적'悠悠自適함을 강조하며 풍류와 해학을 즐기던 근대 이전의 사회에서는 볼 수 없던 현상이다. '빨리빨리'라는 조급함에서 풍류와 해학의 정서가 깃들기는 어렵다.

군복과 흡사한 교련복을 입고 학교에서 사람을 찔러 죽이는 총검술을 배우고, 체육시간에 멀리던지기를 할 때 원반이나 공도 아닌 모형 수류탄을 던져야 했던 베이비붐 세대들에게 '선착순 달리기'는 학교에서 반드시 이수해야 할 필수과목 같은 것이었다. 선착순 달리기는 곁에 있는 친구를 적으로 만드는, 교육이라고 이름 붙이기조차 역겹고 잔인하고도 잔혹한 형벌이었다. 체력이 약하고 체격이 작은 학생들에게는 이미 정해진 결과인 거나 마찬가지인 것을 교사들은 그걸 교육이라 믿었던 모양이다. 뒤처져 들어오는 학생들에게 교사들은 마구잡이 몽둥이를 휘둘러 댔다. 선착순 달리기에서 먼저 들어와 운동장에 편하게 퍼질러 앉아 쉬고 있는 학생들은 뒤늦게 들어와 다시 뺑뺑이를 돌거나 교사에게 매질을 당하고 있는 친구들을 보고 무슨 생각을 했을까? 아마 부당하다고 생각한 학생들은 없었을 것이다. 달리기 능력이 있는 자신들이 받는 처우는 정당하고 뒤처진 학생들이 받는 처벌 역시 당연하다고 생각했을 것이다. 그걸 차별이라고 생각한 학생은 없었고, 그것을 차별이며 학대라고 생각한 교사들도 없었다.

선착순 달리기와 성적순은 종목이 다를 뿐 같은 성격의 경기다. 일등부터 꼴등까지 줄을 세우는 학교 교육은 온갖 형태의 신경증 발병의 배양지 기능을 했다. 그런 교육이 조금이라도 개선된 조짐이 있는가? 더 심해졌으면 심해졌지 개선된 것은 없다. 요즘 학생들은 아예 구구단 외우듯 외우고 다닌다. "의치한 약수 서연고지거국…." 이게 선착순, 성적순과 무엇이 다른가?

사회구조가 거의 전부 디지털 체계로 재편되면서 '빨리빨리'

와 선착순 경쟁은 더 심해졌다. 대학생들의 수강신청에서부터 열차표 예약, 병원 진료 예약, 아파트 청약에 이르기까지 인터넷 접수는 거의 모든 분야가 선착순이다. 컴퓨터 작동이 서투른 사람들, 특히 노인들에게는 절대 불리한 환경이다. 그러나 어떻게 할 방법이 없다.

외국에서도 정평이 나 있을 정도의 한국인 특유의 신경증, '빨리빨리 증후군'은 학교에서 배운 선착순 문화가 사회에 정착된 결과라고 볼 수 있다. 남들에게 '뒤처지면 안 된다'라는 조급증과 강박증, 그리고 남들보다 조금이라도 앞서야 매 맞지 않더라는 학생 시절의 경험칙이 만들어 낸 신경증이다. 그것은 또 빨리빨리 조국 근대화를 이루어야 한다는 권력자의 강박이 학교 교육에까지 스며든 결과였던 거다.

병원을 찾은 환자들이 제일 먼저 기대하는 것은 정확한 진단이라든지 친절한 배려라기보다는 남들보다 한발 먼저 빨리빨리 진료받는 것이다. 한때 의료계 안팎에서 "병원 경비원이라도 알아야 대접받는다"는 말이 떠돌아다니는 이유도 경비원이라도 알면 빨리빨리 진료받을 수 있다는 믿음이 있었기 때문이고, 이 또한 부인할 수 없는 사실이었다. 이 좁은 땅덩어리의 나라에서 환자들이 서울 대형병원으로만 몰려가는 이유도 의료 수준의 차이를 무시할 수는 없겠지만, 규모가 크고 인력이 풍부한 대형 병원일수록 '빨리빨리' 진료가 가능하기 때문이다.

"3시간 기다려 3분 진료"라는 우리나라 병의원의 진료 현실이 순전히 의사들 탓이라고 보기는 어렵다. 3분 진료가 30분 진료로 길어졌을 때 밖에서 기다리는 대기 환자는 '빨리빨리' 약 타고 다른 일 보러 가야 하는 자신의 일정이 뒤틀린 탓에 난동을 부릴 가능성이 높다. 응급실에서 일어나는 난동과 폭력의 원인은 대개 '빨리빨리' 욕구가 충족되지 못한 사람들이 일으키는 것이다. 응급실은 선착순 진료가 허용되지 않는 곳인데도 불구하고, 응급실로 와서는 안 되는 경중환자들까지 '빨리빨리' 진료 받기 위해 응급실로 몰려온다.

차를 몰고 도로에만 나서면 '빨리빨리'는 절정에 이른다. 신호가 바뀐 뒤 1~2초만 출발이 늦어도 뒤에서 벼락같은 경적음이 울리고, 불만이라도 표시하면 '보복운전'으로 보복(!)한다. 배달 오토바이들의 폭주는 신기에 가깝다. 운전하는 자신이 죽든지 아니면 걸리적거리는 보행자들이 죽든지 누구 하나는 죽일 기세로 달린다. 그런데 빨리빨리 배달해 달라는 주문자의 요구가 지속되는 한 배달 오토바이의 폭주는 어쩔 수 없는 것 아닐까. 배달 노동자만 탓할 수 있는 일이 아니다.

우리에게는 '빨리빨리'가 너무나도 당연한 생활습관으로 굳어져 있지만, 정작 외국학자는 한국의 빨리빨리 현상의 원인을 "갈피를 잡지 못할 정도로 극심하고 갑작스런 생존경쟁" 탓이라고 정확하게 꿰뚫어 보고 있다.* 하지만 경쟁이 조금이라도 완

---

* 마라 비슨달, 『남성 과잉 사회』, 박우정 옮김, 현암사, 2013, 59쪽.

화될 조짐은 안 보인다. 오히려 더 빨리 더 빨리를 요구하는 분위기다. 우리가 느끼지 못하는 상태에서 극심한 생존경쟁과 그에 따른 빨리빨리 문화는 이제 사회 전체를 파국으로 몰아가고 있다.

멸종을 향해 내달리는…

한국 사회 특유의 "갈피를 잡지 못할 정도로 극심하고 갑작스런 생존경쟁"은 남녀 사이의 관계도 치열한 경쟁관계로 만들어 놓았다. 남성은 여성을 혐오하고, 여성은 남성을 경멸하는 관계로 변하면서 '사랑의 광기'인 에로스가 자취를 감추어 버린 것이다. 에로스 대신 이성에 대한 경이로운 호기심마저 말라버릴 정도의 포르노만 구석구석에서 꿈틀거리고 있다.

2017년 한국을 찾은 라가르드Christine Madeleine Odette Lagarde 국제통화기금 IMF 총재는 한국 사회를 "집단 자살 Collective Suicide 하려는 사회" 같다고 했다.[*] 그가 한국을 집단 자살 하려는 나라로 생각한 이유는 좀처럼 꺾일 기세를 보이지 않는 자살률 때문이 아니라 저출산율 때문이다. 라가르드 총재가 한국을 찾았던 2017년, 우리나라의 출산율은 1.07이었다. 그런데 10년

---

[*] 「라가르드 IMF 총재, "한국, 집단 자살사회" 한탄한 까닭」, 《중앙일보》 2017. 10. 24.

도 채 지나지 않은 2023년 출산율 0.79. 서울 지역은 0.70, 0.60 대로 내려앉는 것도 시간문제일 터이니 집단 자살의 수준을 넘어 소멸의 길로 들어선 것이라 할 수 있다. 기적처럼 일어났다가 어느 나라도 흉내 내지 못할 정도로 기적처럼 빠르게 사라지고 있는 나라가 된 것이다. 더 심각한 것은 뾰족한 해법이 보이질 않는다는 것이다. 올더스 헉슬리(『멋진 신세계』)가 앞으로 "애 낳는 일은 그저 개돼지가 하는 일"이라고 했던 예상은 정확하게 적중한 듯하다. 문학을 하는 사람들의 예지력이 놀랍다.

몇십 년 전부터 서구의 인구 감소(사실 그 현상은 서구에만 특별히 나타나는 것이 아니었다. 일정한 경제적 수준에만 도달하기만 하면 나라, 문화와 관계없이 어디서나 일어났다) 현상은, 모두가 입을 모으는 것으로 보아 어딘지 모르게 수상쩍은, 위선적인 한탄의 대상이었다. 좋은 교육을 받았고 사회경제적으로 상당 수준으로 도달한 젊은 이들이 사상 처음으로 더는 아이를 원치 않는다고, 자녀의 양육과 결부된 소란을 견뎌내고 부담을 짊어지고 싶은 의사가 없다고 털어놓았다. 물론 그 거리낌 없는 태도는 모방자들을 만들어낼 수밖에 없었다.

— 미셸 우엘벡, 『어느 섬의 가능성』

출산율이 떨어지는 것은 비단 한국 사회의 문제만이 아니라 모든 선진국에서 나타나는 현상이다. 저출산 고령화 문제는 우리보다 일본에서 먼저 시작한 문제다. 그런데 우리나라가 일본보다 더 빠르게 상황이 악화되고 있는 것이다.

지금 젊은 세대가 결혼을 기피하고 결혼을 하더라도 출산을 꺼려하는 이유가 단순히 집값이나 육아 비용이라는 경제적 시각으로만 접근하는 것은 근시안적인 대책이 아닐까?

정부가 저출산 대책으로 십수 년간 300조가 넘는 예산을 쏟아부었음에도 출산율은 계속 내리막을 치달았고 그 돈이 다 어디로 증발했는지 아무도 모른다. '돈'만 있으면 아이 낳아 기를 환경이 저절로 만들어지기나 한다는 듯이, 인구 소멸을 우려하는 지방자치단체에서는 한결같이 젊은 부부들을 그저 돈으로만 유혹한다. 과연 당장의 돈 몇 푼에 혹해서 지방 광역시도 아닌, 서서히 소멸해 갈 변방에 불과한 중소도시로 내려와서 '맘충' 소리 들어가며 둘째, 셋째 아이까지 낳을 젊은 부부가 얼마나 될까?

지금 세상은 청년들이 미래에 대한 전망을 가질 수 없게끔 빠르게 변화하고 있다. 가족은 세포분열하듯이 끝없이 분열, 해체되어 1인 가구가 대세가 되어가는가 하면, 가족이라 하더라도 서류상의 가족일 뿐 일자리를 찾아서, 또 일자리 때문에 산산이 흩어져서 살고 있다. 게다가 정착된 삶이 불가능할 정도로 세상은 '빨리빨리' 바뀌고 있고, 변화의 지평은 한계도 없고 국경도 없다. 과연 이처럼 불안정하고 가족 사이의 유대조차 끊어진 삶을 살도록 하면서 아이를 낳아 기르라고 하는 말이 가당키나 한 말인가?

또 늙은 아버지가, 그리고 할아버지 할머니가 요양병원에 갇힌 채 쓸쓸하게 삶을 마감하는 모습을 지켜본 청년 세대들이 자신들의 늙음을 생각할 때 자녀들에 대한 생각이 좀더 타산적으로 바뀌지 않을까. 늙고 병든 내 몸을 내 자식에게 의지할 수 없는 세상이라면 굳이 아이를 낳아 내 청춘을 혹사시켜 가며 그 아이에게 투자할 이유가 있을지를 따지지 않을까? 청년들의 속마음을 함부로 넘겨짚을 건 아니지만….

우리 사회는 지금 족보가 쓰레기통에 처박힌 뒤 가문에 이어 가족마저 해체된 사회다. 소득에 견주어 집은 그야말로 "그림의 떡"이라 할 정도로 비싸고, 그나마 청년들의 일자리는 대부분 비정규직. 결혼은 할 수 있어도 가정을 꾸릴 수 없는 형편인데 어떻게 아기를 낳아 기르란 말인가. 그리고 각자도생 각자도사의 시대에 자녀가 왜 필요할까.

그런데 정부는 이대로 가다가는 나라가 망한다고 아우성이다. 아무 메아리 없는 아우성이다. 어떤 부부도 내 나라의 장래를 위해서 아이를 낳지는 않기 때문이다. 국가의 미래를 위해 아이를 낳는다는 것은 순전히 내 아이를 국가의 도구로, 경제 회생의 수단으로 삼는 것이다.

대부분의 아이는 부부의 사랑으로 우연히 태어난다. 지금 젊은 부부들이 아이를 낳지 않고, 젊은 남녀들이 결혼을 하지 않는 것은 이대로 나라가 망하라는 억하심정 때문이 아니라 사랑을 할 수 없는 세상이기 때문이다.

세상을 이렇게 만들어 놓은 것은 젊은이들이 아니다. 시장경제를 전과옥조처럼 여기는 사회에서 결혼이란 정말 채산성 없는 거래요 불확실한 미래에 무모한 투자를 하는 것과 다를 바 없다. 어릴 때부터 시장경제 원리가 몸에 익은 탓에 무모하고 무리한 투자를 하지 않으려는 젊은 그들을 나무랄 일도 아니고 다그칠 일은 더더욱 아니다. 이런 형편에 "초저출산과의 전쟁"을 하겠다고 나서는 지방정부도 있다.* 도대체 누구와 어떤 전쟁을 어떻게 하겠다는 것인가. 그 전쟁이 시장경제 원리에 맞나?

• • •

한편 저출산 문제를 고민하면서도 결혼을 안 하고, 결혼을 해도 안 낳는다는 데만 관심이 모아져 있고, 하고 싶어도 결혼을 못하고 결혼을 하더라도 아기를 못 낳는다는 문제는 관심 밖에 놓여 있다. 물론 해결책이 찾기 어려운 문제이기도 하지만.

한국은 1990년대 이후 심각한 성비불균형으로 악명이 높은 나라였다. 통상 의술의 인위적 개입이 없는 상태에서 남녀의 출생비율은 105:100 정도로 추산하고 있다. 출생 당시에는 남아가 좀 더 많더라도 아무래도 사고의 비율이 남아가 높기 때문에 출

---

* 「이철우 경북도지사 "초저출산과 전쟁선포⋯ 전담 위원회 구성, 본격 대책 강구"」, 《매일신문》 2024. 1. 10.

생 당시는 남아의 성비가 다소 높더라도 자연스럽게 남녀의 성비는 균형을 이루게 되는 것으로 추정하고 있다.

그런데 1990년대 초중반 한국 사회의 성비불균형은 116을 넘어섰고, 셋째 아이의 경우는 120을 넘어서기까지 했다. 남아 선호사상에다 의료기관의 문턱이 낮아지면서 여아에 대한 낙태가 무분별하게 일어난 탓이다.

세계적으로도 악명이 높았다. 그래서 정부에서는 성감별하는 의료기관과 의사들을 처벌하겠다는 엄포를 놓기도 했다. 2007년 이후 출생시 남녀 성비는 거의 정상으로 돌아왔다고 하지만 문제는 그 이전에 태어난 세대들이다.

2000년대 이전에 이미 시골 총각들의 혼인 문제가 사회문제가 되어 있었는데, 한국 남성들의 혼인문제는 도농 구분없이 확산되고 있는 것으로 보아야 한다. 짝을 찾지 못하는 남성이 많으면 성범죄가 늘어나는 것은 자연스러운 현상 아닐까? 지금 한국 사회의 불안 요소 중의 하나는 분명 남성 과잉 현상에서 찾아야 할지도 모른다. 이 문제가 과연 돈으로 해결될 수 있는 문제인가? 그런데 지금까지 한국 사회에서 성비불균형에 의한 짝짓기의 어려움이 그렇게 두드러지지 않았던 이유는 무엇일까.

남성의 수가 많아진 최초의 세대에서 잉여 남성들은 대개 자신보다 어린 여성과 결혼했다. 이는 여성 부족이 실제로 이 남성들에게 영향을 미치지 않았다는 의미이다. 하지만 몇 년 뒤 그보다 어린 남성들이 성년이 되면서 상황이 곤란해졌다. 동년배 남성뿐 아니라 나이가 더 많은 남성과도 경쟁해야 하게 된 이 새로운 남성 집단은 여성 부족 문제를 절감한다. 파리에서 크리스토프 길모트가 내게 말했듯이 잉여 남성이 축적되었고 두 번째 세대의 많은 남성이 결혼을 하지 못했다. (타이완과 한국에서처럼) 부모들이 아들을 선택한 것과 같은 시기에 한 나라의 출생률이 떨어질 경우 압박이 심해진다. 세대가 내려갈수록 인구가 감소되는 현상이 여성의 감소를 의미한다면 뒤 세대의 미혼 남성들은 아내를 얻기가 더 힘들어진다.

마라 비슨달, 『남성 과잉 사회』[*]

1990년대 우리나라에서 일어났던 극단의 남녀 성비의 불균형[**]에 따른 '잉여 남성'들의 문제가 현재 2030 세대들에게 현실로 닥쳐왔다는 이야기다. 점점 늘어나는 성범죄도 이와 연관이 있지 않을까.

무제한적인 경제자유주의와 마찬가지로 섹스의 자유주의는 '절대빈곤' 현상을 낳는다. 어떤 이들은 매일 사랑을 하는데, 어떤 이들은 평생 대여섯 번뿐이다. 어떤 이들은 열댓 명의 여자들과 사

---

[*] 마라 비슨달, 『남성 과잉 사회』, 229쪽.
[**] 2007년에 이르러 20여 년 만에 한국은 정상 성비를 이루었다고는 하지만, 여기에는 심각한 출생률 저하라는 새로운 문제가 도사리고 있다.

랑을 나누는데, 어떤 이들에게는 여자가 한 명도 없다. 그것이 바로 우리가 '시장의 법칙'이라고 부르는 것이다. (중략) 완전 자유 섹스 체계에서 어떤 이들은 정말로 다양하고 짜릿한 성생활을 즐기지만, 다른 이들은 자위 행위와 외로움 속에 늙어 간다.

— 미셸 우엘벡, 『투쟁 영역의 확장』

또 한 가지 유념해야 할 것은 남성들의 정자 수가 유례가 없을 정도로 감소했다는 사실이다. 현재 전 세계 남성들의 정자 수는 지난 50년 간 50퍼센트 정도 감소한 것으로 추산하고 있는데,[*] 남성들의 정자 수 감소는 당연히 불임으로 이어진다. 결혼을 하더라도 아기를 낳을 수 없는 남성들이 늘어나고 있다는 것이다.

남성들의 정자 수가 감소하는 원인으로는 중금속이나 유기용제의 과다 노출, 활동량의 부족, 기후 변화에 따른 체온 상승 같은 것들을 원인으로 꼽고 있지만, 이런 원인들은 쉽게 해결책을 찾을 수 없다는 것이 더 심각한 문제다.

이제 한국의 저출산 문제는 이제 온 세계의 관심거리가 되었다. 중세 페스트가 창궐하던 유럽보다 더 빠른 속도로 인구가 감소하고 있다며, 온 세계가 한국을 예의주시하고 있는 듯하다. 하지만 뚜렷한 해결책이 없다는 것이고, 남의 나라가 걱정하는 판

---

[*] 「지난 50년간 남성 정자 수 50% 감소… ○○○가 원인」, 《동아일보》 2023. 11. 16.

에 우리 정부는 너무나 태평스럽다. 특히 미래 세대의 삶을 황폐화시킬 기후환경 문제에 대해서는 아예 넋 놓고 있는 것 같다.

대안 없는 세상의 삭막함

"There is no alternative."

'대처리즘'으로 영국 사회를 개혁 혹은 개악했다는 평가를 받는 마가렛 대처Margaret Thatcher(1925~2013) 영국 수상이 정치적 반대자들에게 했다는 말이다. 대안이 없다! 대안이 있으면 내놓아 보라는데, 대처리즘 외에 실지로 대안이 없었는지, 대안이 있어도 수용을 하지 않았는지, 대안을 생각조차 해 보지 않았는지는 알 수 없다. 다만 도대체 어떤 철학이, 어떤 신앙이나 이념이 대안없이 비판도 없이 모든 사회, 모든 인간에게 적용될 수 있는지 의문은 든다.

확실한 것은 김영삼 대통령이 "Segyehwa"를 선언한 이후 우리 사회에도 "대안 없음", "이 길뿐"이라는 선언에 모두 무기력하게 굴종하고 있는 것만은 분명하다. 세계화 선언 이후 외환위기를 겪은 뒤 무한 경쟁체제에 내던져진 우리 국민들의 머리 속에는 '경쟁력', '효율성', '생산성', '전문성', '채산성', '수익성', '상품성', '투자가치'와 같은 단어들로 세뇌되었다고 할 수 있다. 다른 생각을 할 수도 없고 다른 생각을 할 짬도 없이 쫓기다시피 한

길로 내몰려 왔다. 결과는 세상 모든 것을 경제적 가치로만 평가하는 세상이 되었고, 그런 세계 속에 사는 우리는 잠시도 쉴 틈이 없는 경제적 인간, 'Homo Economicus'가 되었고, 세상은 디지털 체계로 재편되면서 인간은 몸에 기계가 부착된 'Homo Digitalis'로 변신했다.

그러나 지금 디지털 체계로 재편된 이 세계가 실제 세계인가? 우리가 반만년 이상을 닫힌 사회, 즉 미개사회에서 살다가 열린 사회로 진보하는 데 채 백 년이 걸리지 않았다. 지금 우리가 살고 있는 사회는 칼 포퍼Karl Popper(1902~1994)가 전망했던 '열린사회' — "인간이 실제로 아무와도 대면하지 않는 사회"로 "모든 일이 타이프로 된 편지와 전보로 의사 교환하고, 또 밀폐된 자동차로 나다니는 고립된 개인"에 의해 처리되는 사회이며, "인공 수태로 인간적 요소가 개입되지 않는 번식"까지도 가능한 사회* — 보다도 더 열려 있다.

하루 종일 사람과 마주치지 않아도 컴퓨터만 있으면 일상업무에서 먹거리까지 완벽하게 해결할 수 있는 세상이다. 타이프나 전보와는 비교할 수 없을 정도로 빠르고 편리하고 광범위하게 소통되는 SNS가 사람들을 빈틈없이, 쉴 틈 없이 연결한다. 배우자도 없이 아이를 낳은 여성 방송인의 사연이 연일 전파를 타기도 한다. 과학기술의 진보로 인간은 이제 손가락 동작만으

---

* 칼 포퍼, 『열린사회와 그 적들 I』, 이한구 옮김, 민음사, 1998, 242쪽.

로 모든 것을 해결할 수 있는 완벽한 초연결사회를 만들었다.

이렇게 기가 막힐 정도로 '스마트'한 세상에 사는 우리는 지금 행복한가? 정작 인간은 초연결사회를 둥둥 떠다니는 한 점에 불과한 존재로 전락하지 않았는가. 활짝 열린 이 사회는 오히려 "허구적인 사회"요 "비인격적인 사회, 추상적인 사회" 아닌가. 인간과 유대가 끊어진 인간은 "익명과 고립 속에서 그리고 그 결과 불행 속에서" 살고 있는 것은 아닌가. 디지털로 활짝 열린 이 세계는 전원만 꺼버리면 아무것도 없는 그냥, 텅 비어버린 '공'空에 불과한 세상 아닌가.

• • •

일본의 국민 작가 나쓰메 소세키의 대표작 중의 하나로 꼽히는 『마음』은 대학생이었던 주인공 '내'가 우연히 가마쿠라 해수욕장에서 초면의 중년 남성을 만난 뒤, 그를 "선생님"이라 부르면서 서로가 숨기고 있던 마음을 주고받는 이야기다. 그 선생님은 메이지 시대에 도쿄제국대학을 졸업한 사람으로 결혼까지 했으면서, 자발적 실종까지는 아니어도 자발적 '고립'을 선택한 뒤, 그냥 "집에서 생각하거나 공부만 하며" 살아가는 사람이다.

'나' 역시 별로 눈에 띄지 않는 졸업 논문을 제출하고 어렵사리 도쿄제국대학 졸업장을 거머쥐긴 하였으나, 졸업식을 마치고는 졸업장이 별다른 의미도 없는 이상한 종이에 불과한 것이란 생각에 책상 위에 내던져 버린다. 한편 병이 깊어 몸이 불편한 아버지는 아들의 졸업을 축하하면서 '빨리빨리' 일자리 찾기를 바라지만, 그런 아버지의 "무지에서 나오는 촌스러움"을 불쾌해하며 친구가 소개하는 교사 자리도 일언지하에 거절하고 적극적으로 일자리를 찾으려 하지 않는다. 일본 근대화의 초입에 도쿄제국대학 졸업장이 가진 힘이 결코 만만치 않았음에도 불구하고….

나쓰메 소세키의『마음』은 '선생님'과 '나', 두 사람의 마음이 서로 교감하면서 선생님이 자신의 과거를 편지글로 '나'에게 고백하는 것이 주요 줄거리다. 생면부지의 두 사람이 의기투합할 수 있었던 것은 당시 최고의 엘리트라고 평가받는 도쿄제국대학 출신이면서도, 그 대학 출신이라면 그 시절에 당연히 정해진 길, 아니면 강요된 길이거나 곁에서 주변에서 기대하는 길을 거부할 수 있는 마음의 용기가 있었기 때문이다.

메이지 유신이 촉발한 일본의 근대화 초입의 시대를 살았던 나쓰메 소세키는 유신 세력의 개혁 정책을 "대안 없음", "이 길뿐"이라는 무자비한 강요로 받아들였던 것 같고, 또 사실이 그러했다. 다른 선택을 용납하지 않는 사회분위기가 나쓰메 소세키 자신의 몸과 마음을 괴롭혔으니까…. 그래서 대안이 없는 것이 아니라 대안을 생각하는 마음이 고갈되고, 또 다른 길을 생각할 수 있는 상상력이 마비된 메이지 시대의 현실을 나와 선생님의 관계를 통해 드러낸 것이 아닐까. 그런 삭막한 한 시대를 견뎌내는 힘은 명문대학 졸업장이 아니라 바로 '마음'의 힘임을 강

2부 근대의 정신병리

조하기 위해 소설의 제목을 '마음'으로 붙인 것이리라.

지금 20~30대는 외환위기 이후 우리 사회의 가치관이 물질과 돈이 최고의 가치로 뒤바뀐 시대에 태어나 성장기를 보낸 세대들이다. 성적이면 성적, 경제력이면 경제력, 무엇이든 남과 싸워서 이길 수 있는 힘, 즉 경쟁력을 갖추기 위해 청소년기를 혹사당한 세대들이다. 다른 생각을 해볼 기회도 여유도 없이 학원에서 살았던 세대들이다.

경력이라는 것이 세월이 흐르면서 경험이 누적된 것을 일컫는 말일 텐데 사회에 첫발을 내딛는 청년들에게 사회는 성적에다 경력까지 요구한다. 경력이나 이력이란 말을 '스펙'이라는 말로 세탁, 마사지하여 사용하니 스펙, 즉 경력이 능력과 동의어로 해석되기도 한다. 그래서 스펙은 능력주의자들의 자녀들이 독점하게 된다. 그런데도 청년들이 신기루 같은 스펙을 쌓겠다며 발이 부르트도록 좇아다닌다. 이 길 아니면 다른 길이 있을 수도 있다는 생각을 할 수 없도록 몰아붙이기 때문이다.

그래서 입시 실패든, 취업 실패든 실패를 수용할 마음의 여유가 없고, 실패한 다음의 일을 계획하고 상상할 수 있는 마음의 준비를 할 수 없다. "공부 못했으니 배달하는 것 아니냐"라는 혐오, 멸시, 차별을 견뎌낼 수 있는 마음을 가진다는 게 쉬운 일이 아니다. 세상이 싫어진다. 세상이 싫어지면 사람이 싫어진다. 세상을 만드는 게 결국은 사람의 마음이니까…. 그래서 숨는다. 세상이 싫어서 사람이 무서워서 모든 것이 갖추어진('풀옵션') 자기만의 방으로….

전쟁이 끝나고 방 한 칸에 온 식구가 모여 살던 시절의 『마당 깊은 집』(김원일 장편소설)은 화장실 한 번 가려 해도 줄을 서야 했고, 좁은 마당에 오글오글 모여 있는 사람들 사이에 시기와 질투, 다툼이 끊이질 않았지만 그래도 사람 사이의 유대와 연대, 소통은 있었다. 이야기가 있었다. 고립되지 않았다.

요즘의 풀옵션 원룸은 이웃에 대한 시기와 질투도 없고, 다툼도 없고, 소통도 없다. 당연히 이야기도 없다. 그래서 적막함 속에 편하게 자신을 가두어 둘 수 있다. 적막을 깨트리는 것은 온기가 있는 사람의 음성이 아니라 기계(스마트폰)에서 울리는 유튜버들의 거친 말장난과 경박스런 웃음소리뿐…. 대신 마음 속에 스멀스멀 자라는 것이 있다. '원한'Resentiment이다.

풀옵션 원룸에 갇힌 채 몸집을 키운 '원한'이 오랜 칩거 생활을 끝내고 길거리에 나서는 순간 '원한'은 흉기로 변한다. 흉기로 변한 원한이 겨누는 표적은 대상을 가리지 않는다. 길거리에서 부닥치는 '아무나'일 수도 있고, 자기 혈육일 수도 있다. 물론 자기 자신일 수도 있고.

10장 생활수준과 철학

그냥… 쉬면서 일자리 찾는 사람들

37세 미혼 남성 박 씨. 진료실로 들어서는 표정부터 잔뜩 찌푸려져 있고, 옷매무새가 그다지 단정하지 못하다. 앉자마자 찌푸린 표정의 그의 입에서는 불평불만이 쏟아진다. 머리가 텅 빈 것 같고 자다가 아파서 자꾸 잠을 깨고, 낮에는 무기력하면서 어지럽고, 어지러워서 아무 일도 못 하겠고, 가슴이 답답하고 먹은 게 소화도 안 되고, 식욕은 없는데 자꾸 구역질이 나오고…. 이런 증상이 몇 달째 지속이 되니 불안해지고 사람들도 만나기 싫어지고, 외출을 안 하게 되고….

조심스럽게 하는 일이 무엇이냐는 물음을 던졌더니 "그냥… 쉬면서 일자리 찾고" 있다는 답이 돌아왔다. 다니던 직장 사정이 어려워지고, 몸도 좀 불편해지면서 퇴직한 지가 한 일 년 정도 되었다고.

박 씨가 병원을 찾은 이유는 머리가 아프고 어지러운 증상이 뇌의 문제 때문에 생긴 것이 아닌가 하는 의구심에 자기공명영상MRI 같은 뇌정밀 검사로 원인을 찾아보겠다고 병원을 찾은 것이다. 이런 경우 의사들은 대개 관성처럼 영상 촬영 처방을 내주기 마련인데 잠시 한발 물러선 자리에서 몇 가지를 짚어 보자.

먼저 박 씨는 자신의 뇌에 정말 무슨 문제가 있을 것이라고 생각을 하는지, 아니면 무슨 문제가 없기를 바라는 것인지, 그래서 검사 결과 아무 이상이 없다는 것이 확인되면 증상은 저절로 해소될 수 있을 것인지.

또 하나는 이때 의사가 상당한 비용이 들어가는 뇌정밀 검사를 시행하는 것이 옳은 처방인지. 이 질문에는 나를 포함한 거의 대다수 의사가 영상 촬영 처방을 내주는 것이 '맞다'라고 대답할 것이다. 의사가 환자에 대한 진찰 과정에서 특별히 뇌질환을 의심할 만한 소견이 없어서 굳이 비용 부담이 상당한 영상 촬영까지는 필요 없다고 설명을 하더라도, 이 환자는 의사의 말을 수긍하지 못하고 다른 병원의 다른 의사를 찾아가서 기어코 촬영을 할 것이기 때문에 그런 이중의 수고를 덜어주는 차원에서라도 영상 촬영을 하는 것이 맞다는 것이 의사들의 판단이다. 물론 소리 없이 아무 증상도 드러내지 않고 숨어 있는 질병이 있을 수 있다는 점도 고려해야 한다. 이런 병을 놓치면 의사는 곤

2부 근대의 정신병리

경에 빠질 때가 있다. 경우에 따라서는 '주의 의무 위반'에 따른 법적 책임까지 감당해야 한다.

그렇다면 뇌 영상 소견에서 특별한 문제가 '없음'이 확인되었다 하더라도 환자의 증상이 해소될 것인가. 뇌 속에 특별한 병변이 없음에도 여전히 일상을 제약할 정도의 자각 증상이 지속된다면 환자는 어떤 선택을 할 것이며, 또 의사는 어떤 처방을 권할 것인가? 아마 대부분의 의사는 대증요법으로 효과를 확신하기 어려운 몇 가지 약제를 처방하다가 정신과 의사와 상담해보기를 권할 것이다. 그러면 이 환자의 증상이 정신과 의사의 상담과 약처방을 병행하면 해결될 수 있을까?

내가 마주친 이런 37세의 미혼의 실직 남성 박 씨, 아픈 환자라고 하기에도 어정쩡한 이런 사람을 만나는 것이 요즘은 그리 특별한 사례는 아니다. 주변을 살펴보면 실직 상태에서 궁핍과 고독, 고립과 싸우면서 꾸역꾸역 힘겹게 하루하루를 버티는 사람들이 한둘이 아니다. 이들을 힘들게 하는 것은 고독이나 궁핍이라기보다는 직장 없이 혼자 사는 30대 남성에 대한 세상의 편견이 오히려 더 힘들지 않을까 싶다.

술에 취한 경우가 아닌, 심신미약 상태란 이런 처지에 놓여 있는 사람들의 몸과 마음을 설명하는 적절한 표현이긴 하지만 이것은 어디까지나 법적 개념이다. 의사들은 심신미약이라는 용어를 잘 쓰지 않는다. 심신미약에 상응하는 용어로 신경쇠약 Neurasthenia이나 신경증Neurosis이라는 용어를 쓴다. 어쨌든 이런 사람들에게 어떤 도움이나 대책이 절실한 것은 틀림없다. 그런데 정신의학적 처방은 한계가 분명하다.

사실 심신미약 상태를 비롯해서 모든 정신질환이라는 것이 자신과 이웃, 그리고 세계와의 관계 설정의 실패에서 비롯된 몸과 마음의 현상들이기 때문에 의학적으로 접근하는 것은 근본 해결책이 될 수는 없다. 자신을 둘러싼 상황이나 환경이 개선되거나 극복되지 않는 한 증상은 반복될 것이기 때문이다. 따라서 그 사람이 처해 있는 상황 혹은 환경에 대한 숙고 없이 이루어지는 처방은 일시적 효과를 넘어서지는 못한다.

신경쇠약

37세 미혼 상태의 실직 남성 박 씨의 경우, 갖가지 신체 증상에 시달리다가 그는 자신이 느끼는 불편함을 의학적으로 증명하고 싶어 병원을 찾은 것이다. 몸에 병이 있음을 과학적으로 입증이 되면 그 병 안으로 자기를 숨기면 되기 때문이다. 자신의 몸을 도피처로 삼고 싶은 것이다. 몸이 병든 것이 확인이 되면 현재 자신의 상황에 대한 변명이 될 수도 있고, 주변의 배려도 기대할 수 있다. 또 다행히 약을 쓴다든가 해서 치료가 가능하면 치료를 하면 될 터이다. 그래서 온갖 첨단 진단장비로 자신의 몸속 구석구석을 뒤져 병을 찾는 것이다.

만약 민간보험(실비보험)이라도 가입해 둔 사람이라면 점점 더 집요해진다. 병을 찾아내지 못하면, 다시 말해 검사 결과만으로는 대단히 '건강한 상태'라는 말을 들으면 낙담하기도 하고, "오진이 아니냐"며 의사들에게 거칠게 항의하는 경우도 있다. 이런 경우는 불안신경증이나 강박신경증과는 성격이 다른 신종 '재해신경증'(보상신경증)이다. 재해신경증, 즉 '보상신경증'이란 "보상금에 대한 소망"이 "히스테리 메커니즘의 도움으로 다종다양한 고통으로 변하는 현상"을 말한다.* 이런 사람들은 주관적 고통을 객관적으로 입증하기 위해 이 병원 저 병원을 전전한다. 진단이 나올 때까지…. 카를 야스퍼스가 자신의 시대에 "1급 사회현상"이라고 했던 이 '보상신경증'이 지금 한국 사회에 '특급 사회현상'처럼 만연하고 있다. 진단서에 쓰인 글자 한 자에 온 인생을 걸다시피하는 '진단서신경증'까지 변이 바이러스 확산되듯이 번지고 있다.

박 씨의 바람과는 달리 병원에서 시행한 모든 검사들에서 박 씨의 몸에 병을 의심할 만한 결과는 없었다. 예상한 대로 뇌 자기공명영상 소견도 정상이었다. 하지만 박 씨는 여전히 찌푸린 얼굴로 자각증상을 호소하는데, 이런 상황에서 의사가 선택할 수 있는 처방은 물론 언어까지도 제한된다. "신경성인 것 같다"라는 말 이외에는 달리 설명할 말이 없다.

---

* 카를 야스퍼스, 『정신병리학 총론 4』, 송지영 외 옮김, 아카넷, 2014, 217쪽.

이때 신경이라는 말은 중추신경이나 말초신경과 같이 해부학적인 구조를 가진 '신경'이 아니라 '심인성'心因性, Psychogenic, 즉 마음의 병이라는 말을 에둘러 포장한 표현이라고 할 수 있다. "마음의 병"이라고 직설적으로 설명을 하면 "그럼 내가 꾀병을 부린다는 말이냐"는 반응에서부터 심한 경우 "내가 미쳤다는 말이냐"라는 격한 반응을 예상한 의사의 방어적 표현이라고도 할 수 있다. 그래서 거의 똑같은 말이지만 "스트레스 탓"인 것 같다고 살짝 비켜 가기도 한다.

원인을 알 수 없는 두통, 어지럼증, 불면, 식욕부진, 소화불량, 초조, 불안, 땀이 흥건한 손발, 이유없이 두근거리는 심장, 의기소침, 거부증, 우울, 짜증, 안절부절, 강박적인 행동, 조절되지 않는 분노, 폭언, 폭행, 폭력, 급기야는 자살 아니면 살인까지….이 모든 증상들을 한 단어로 포괄할 수 있는 용어가 신경쇠약Neurasthenia이다.* 사실 헤아리기조차 어려울 정도로 많은 정신질환은 신경쇠약이란 뿌리에서 자라 나와 갈라진 가지들이라고 할 수 있다.

원인은 바이러스나 세균 감염도 아니고, 면역상태의 문제도 아니고 유독성 물질에 오염된 탓도 아니다. 순전히 '근대'라는 시대가 만들어 낸 증상들이고 화려한 문명의 삶을 즐기는 대가로 짊어지게 된 마음의 짐이라고 할 수 있다. 그래서 신경쇠약

---

* 의료계에서는 '신체형 장애'(Somatiform Disorder)라고 한다.

은 정도의 차이가 있을지는 몰라도 현대사회를 살아가는 사람이라면 누구나 시달리게 되는 마음의 문제다. 몸안에 머물던 신경쇠약이 밖으로 표출되면 '신경질'이 된다. 요즘 신경질을 다스리지 못해 아무런 이유 없이 낯선 이웃에게도 폭언과 폭력을 휘두르는 사람을 마주치기란 그리 어려운 일이 아니다.

그러면 어떤 유형의 인간들이 신경쇠약에 시달리게 되는 것일까? 그런 사람을 찾기 위해 먼길을 돌아다닐 필요는 없다. 바로 내 곁에 있다.

37세 미혼의 실직 남성인 박 씨를 포함하여, 구조 조정이나 조직 개편을 언제 할까를 생각하며 출퇴근을 하는 회사원들, 실적에 목숨을 걸다시피 하는 영업사원들, 주문콜을 기다리는 자영업자들과 배달노동자들, 빚을 내고 영혼까지 탈탈 털어 아파트를 산 사람들, 주식에 전 재산을 걸어 놓고 스마트폰만 들여다보고 사는 사람들, 대형마트 계산대에서 바코드를 찍으면서 속으로 "나 이래도 대학 나온 사람인데…"를 곱씹고 있는 사람들, 벚꽃 지는 순서대로 대학이 망한다는데, 그래 봤자 "내 퇴직하고 난 뒤의 일인데…"를 주문처럼 외우고 다니면서도 왠지 마음한구석이 찝찝한 늙수그레한 지방대 정교수들, 승진을 위해서는 영혼까지 팔 수 있다고 생각하는 공무원들, 그냥 쉬면서 일자리 찾고 있는 사람들, 그냥 집에서 애 키우는 여자들, 그냥 취업준비하고 있는 청년들…. 그래서 이 험한 세상에 내 자식만은 "죽을 때까지 해 먹을 수 있다"는 의사를 만들기 위해 가진 시간과 재산을 모두 자녀 사교육에 갖다 바치는 부모들, 그런 부모의 헌신에 보답하기 위해 하루 중 20시간을 책상 앞에 앉아 있는 수험생들, 아침에 눈 뜨면 살아 있음을 알고 매일 가슴을 쓸어내리는 독거노인들, 층간 소음에 시달리는 아파트 주민과 층간 소음 때문에 아래층 사람의 신경질을 돋울까 봐 매일 어린 자녀들을 잡도리해야 하는 젊은 부부들…. 일일이 다 헤아리기도 숨이 찰 정도다.

결국 우리 사회에서 1퍼센트를 제외한 99퍼센트는 신경쇠약에 시달린다고 보면 된다. 물론 1퍼센트도 장담할 수는 없다. 99퍼센트가 도저히 알 수 없는 심각하고도 심오한 문제가 있을 수는 있기 때문에….

도대체 결핍이라는 걸 모르고 자랐을 고위 검사의 아들이 왜 친구들에게 잔혹한 폭력을 일삼는 괴물이 되었는지, 누구나 선망하는 대기업의 임원이 왜 스스로 삶을 마감하는지, 객관적으로 한없이 행복해 보이는 의사가 왜 마약 공급책이 되기도 하고 스스로 마약에 취하기도 하고 환자들을 성추행까지 하는지, 왜 마약에 손을 대는 재벌가의 후손들이 그렇게 많은지, 대법원장이 되려는 고위직 판사가 부동산 투기를 하고 재산을 허위 신고까지 하고서는 불법인지 몰랐다는 헛소리를 어떻게 온 나라에 생중계되고 있는 청문회장에서 그렇게 당당하게 할 수 있는지…. 이런 현상들을 99퍼센트의 정신 상태로는 이해할 수 없다.

2부 근대의 정신병리

상식에 비추어 볼 때 그들은 분명히 행복해야 되고 건강해야 하고, 정직해야 되는데, 실지로는 행복해 보이지도 않고, 그다지 건강해 보이는 것 같지도 않고, 거짓말을 하면서도 얼굴색 하나 붉히지 않고, 특히 정신은 신경쇠약 수준이 아니라 병이 들어도 단단히 든 것 같은데, 당사자는 자신의 정신세계가 황폐하다 할 정도로 병이 들었다는 사실조차도 자각하지 못한다. 사정이 이러한데도 도대체 누가 누구를 지도한다는 건지, 우리나라 기자들은 이들을 '사회지도층'이라 계층 분류를 한다.

자기 몸에 도취된 사람들

신경쇠약은 지금 현재, 21세기의 대역병이라고 할 정도로 광범위하게 퍼져 있지만 대부분의 사람들은 병원에서 와서 자신이 '신경쇠약'에 시달린다는 이야기는 하지 않는다. '쇠약'이라는 말에서 풍기는 불쾌감 때문이 아닐까 싶다. 대신 "스트레스 받는다"라는 말을 많이 하는데, 신경쇠약이란 것이 결국은 스트레스가 누적된 결과일진대 스트레스는 전혀 문제가 안 된다는 듯이 가볍게 이야기한다. 또 스트레스가 무슨 주고받는 물건인 것처럼 자신은 "스트레스 잘 안 받는 체질"이라고 자기를 과시하는 사람들도 있다. 이런 사람들은 "스트레스 받는다"라는 말 대신, "요즘 신경 쓰이는 일이 많아서…"라는 말로 자신의 상황을 설명한다.

스트레스 탓이든 신경성이든 많은 사람들이 자신의 문제에 대해 마냥 넋 놓고 있는 것은 아니다. 미약해진 자신의 심신을 다스리기 위한 자기 만의 비방을 찾는다. 안동 권씨 집안의 남자요 대학까지 나온 권 씨(『아홉 켤레의 구두로 남은 사내』)가 옹색한 자기처지를 스스로 위로하고, 갈갈이 찢겨진 채 겨우 한 조각만 남아 덜렁거리는 자존심을 지키기 위해 자신의 처지와 전혀 어울리지 않는 구두를 열 켤레씩이나 가지고, 매일 반짝반짝 광이 나도록 손질하던 것처럼….

70년대의 권 씨가 반짝반짝 빛이 날 정도로 구두를 손질했다면 요즘 사람들은 자기 몸에 광을 낸다. 건강을 유지하기 위해 몸을 관리하는 것이 아니라 몸에 투자를 하고 소비를 한다 할 정도로 몸에 대한 집착이 심하다. 건강을 지키기 위해 몸을 관리하는 것이 아니라 오히려 없는 병을 불러오지 않을까 싶을 정도로 몸에 대해 집착을 하고, 학대까지 한다.

'헬스', '요가', '에어로빅', '휘트니스', '마라톤', '유산소 운동'은 이미 한물 지나간 것 같고, '울트라 마라톤', '사막 마라톤', '웨이트 트레이닝', '인터발 트레이닝', '크로스트레이닝', '트레일러닝', '백패킹 크로스핏', '노르딕워킹', '마사이워킹', '맨발로 걷기', '뒤로 걷기', '올렛길 돌기', '둘레길 걷기', '스쾃', '케틀벨 스윙', '등척 Isometric 운동', '실내 클라이밍', '패덜링 효과 극대화한 MBT 자전거 타기', '다이어트 댄스', '폴댄스', '하이컨디션 황금똥 댄조',

"10년 젊어지는 3M[*]"과 함께 "남들보다 10년 늦게 늙는 비결"을 숙지하고, '스킨'을 케어하고 '필러'로 '테라피'하고, '바디웍스'Body works로 필라테스하고, 여기에 모발이나 두피 케어는 필수이고, 네일을 케어하고 아트까지 추가하면 금상첨화. 이렇게 근육질의 몸과 반짝반짝 빛나는 외양을 유지하면 늙지도 않고, 우울증 걱정도 없고, 치매 걱정도 남의 이야기다.

이렇게 몸에 온 정성을 쏟아붓는 사회 분위기라면 온 나라에 근육으로 가꾼 건강이 물결 쳐야 할 터인데 실상은 딴판이다. 불안과 우울, 신경쇠약에 시달리는 사람의 수는 점점 더 늘어나는 추세다. 치료약도 예방책도 없는 치매는 안 그래도 전망이 불투명한 초고령 사회를 잿빛으로 만들어 버릴 우려까지 있다.

몇몇 개인의 문제가 아니라 사회 전체가 점점 신경질적으로 변해 가고 있는 이유는 몸의 근육이 아니라 마음의 근육이 감소하고 위축되고 소진됨으로써 나타난 현상이다. 상황을 해석하고 또 견뎌내고 헤쳐 나갈 마음의 근육이 없는데 몸의 근육이 무슨 소용이 있을까.

중국의 근대 사상가이자 소설가인 루쉰이 의학을 공부하기 위해 도쿄로 유학을 갔다가 문학으로 돌아선 것은 낯선 일본 땅에서 마음의 근육이 없는 중국인들로 말미암은 비참한 '적막'을 경험했기 때문이다. 그래서 의사가 되는 길을 포기하고 적막의

---

* Muscle(근육), Mind(마음), Microbiome. 《조선일보》 2024. 1. 4. 기사 참조.

슬픔을 치유하기 위해, 중국 사람들의 마음의 근육을 키우기 위해 청진기를 내던지고 필설로 외친(訥) 거다.*

마음의 근육이란 딴 게 아니다. 숨이 멎는 마지막 순간까지도 가능성과 희망을 잃지 않는 자기 확신 같은 것, 그리고 어떤 상황에서도 "산 입에 거미줄 치랴"라는 자신감 같은 것이다. "새파랗게 젊다는 게 한 밑천"이라는 배짱 같은 거다. "열 걸음 걸어 한 입 쪼아 먹고 백 걸음 걸어 한 모금 마실지언정 새장 속에서 길러지기를 원하지 않는 못가의 꿩"(『장자』, 「양생주」)이 보여 주는 꼿꼿한 마음이다.

그런 자기 확신이나 자신감은 몸의 근육만으로 생기는 것이 아니다. 마음의 근육 없이 몸의 근육만을 키우는 사람들을 향해 니체는 "신체를 경멸하는 자"들이라면서**, "전대미문의 엉터리 치료제"에 도취된 이들의 "영혼을 치료할 새로운 의사"***를 찾기 위해 철학의 망치를 휘둘렀다.

전문가들의 선입견

카를 야스퍼스Karl Jaspers(1883~1969)는 신경쇠약과 같은, 인간

---

* 『노신선집 1』, 자서 중에서, 노신문학회 편역, 여강, 2003.
** 프리드리히 니체, 『차라투스트라는 이렇게 말했다』, 정동호 옮김, 책세상, 2015, 51쪽.
*** 프리드리히 니체, 『아침놀』, 박찬국 옮김, 책세상, 2004, 65쪽.

의 정신에 대해 자연과학적 사고로 접근하는 것에 대한 문제의식을 가지고 철학의 중요성을 역설하고 또 실천한 철학자이다.

카를 야스퍼스는 원래 법학도였다. 그런데 법대 재학 시절 폐결핵으로 학업을 중도포기한 뒤, 주치의의 영향으로 다시 의과대학에 진학하여 심리학과 정신병리학을 공부한다. 28세의 나이에 『정신병리학 총론』을 집필하고 의과대학 교수로 임명되어 강의와 진료활동을 병행한다.

의사로서 심신이 피폐해진 환자를 상대하면서 인간을 하나의 대상으로 삼는, 특히 결코 객관화될 수 없는 인간 개개인의 정신을 과학적 사고방식에 따른 공식과 개념으로 일반화하려는 의학적 접근방식에 한계를 느끼고 의사에서 철학자로 돌아선다. 그는 학창 시절에 철학에 관심을 가지고는 있었지만 정식 철학 수업을 받은 것은 아니었다. 카를 야스퍼스가 철학자로 이름을 알리게 된 것은 순전히 '독학'의 힘이라고 할 수 있다. 그의 아내가 철학도였긴 하지만.

카를 야스퍼스가 말하는 '철학함'이란 난해한 철학자들의 책을 찾아 읽고 곱씹는 것을 말하는 것이 아니라, 자기 확신과 자신감을 가지고 스스로 곤경을 헤쳐나가는 힘, 마음의 힘을 기른다는 의미다. 자신을 옭죄고 있는 상황을 해석하고 그 상황을 돌파하거나 극복하는 힘을 기른다는 뜻이다. 우리에게 익숙한 '성찰'省察이라는 말로 바꾸면 좀더 의미가 선명해진다.

카를 야스퍼스의 성찰, 즉 '철학함'이란 우리 전통문화 속의

'성찰'省察, '사유'思惟, 또는 '궁리'窮理라는 개념과 서로 통하는 말이기도 하다. 철학으로 마음의 병을 치료하겠다는 '임상 철학', '철학 치료'와 같은 발상은 바로 이 지점에 뿌리를 두고 있는 것 같다.

의사들에게 성찰, 즉 철학적 사유의 중요성을 강조한 것은 야스퍼스 이전에 이미 고대 그리스의 플라톤이 주장한 적이 있다. "누구든 무엇에 있어서 유능한 수호자는 그것에 있어서 유능한 도둑"이기도 하다. 그래서 "질병도 막는 데 있어서 능한 이면 이 사람은 몰래 병을 생기게 하는 데 있어서도 아주 능"할 것*이므로, 이런 유능한 수호자의 전횡을 통제할 수 있는 힘은 전문지식이 아니라 철학에 있다는 것이 플라톤의 지론이다.

의사가 보는 인간은 정상과 비정상, 혹은 병든 사람과 병들지 않은 사람 둘로 나뉜다. 검사나 경찰 같은 수사관들이 보는 인간도 범죄자와 비범죄자로 나누어지듯이…. 그래서 비정상을 정상으로 만들 수 있는 지식과 기술을 가지고 있지만 마음만 먹으면 정상을 비정상으로 만들 수 있다. 멀쩡한 사람을 잡아다가 범죄자로 만들고, 건강한 사람을 입원시켜 오히려 병을 키우는 것은 전문가들만이 가지고 있는 독점적인 지식의 힘 때문이다. 성찰이 없는 이런 지식은 선입견을 주입하고 확증 편향을 강화

* 플라톤, 『국가·정체(政體)』, 박종현 옮김, 서광사, 1997, 70~71쪽,

시킨다. 그래서 철학 없는 전문지식이 위험한 거다.*

　근대사회로 진입하면서 과학과 의학은 철학과 결별한다. 의학이 철학과 결별한 것은 특히 정신병리학의 영역에는 치명상을 입혔다. 어떤 순간이라도 "인간은 전체로서 존재"하기 때문에, "공간을 점유하는 신체"로만 파악해서는 안 되고, 그럴 경우 "인간성 자체가 파괴"되는 것이기에, 철학 없는 의사의 처방은 "이론을 통한 폭력"이 되고, "인간의 정신과 영혼을 제한하는 것"이 되며, "비철학이라는 난폭함"을 수반하게 된다는 것이 의사였던 야스퍼스의 의학사상이요, 철학자로서 제기하는 의학에 대한 비판이다.**

· · ·

　확증 편향에 빠진 채 성찰 없는 의사의 처방이 얼마나 난폭할 수 있는지 진술거부증에 시달리던 박준(『소문의 벽』)의 주치의 모습에서 간접 확인할 수 있다. 박준의 주치의는 좀 잔인하다는 느낌을 줄 정도로 "결과만 좋으면 수단은 얼마든지 합리화할 수 있음"을 믿고 있는 의사이고, 환자의 병은 자신이 고칠 수 있다는 자신감이 충만하여 오히려 "독선의 냄새"를 풍기기도 하고, "자신의 진단과 처방에 실패의 기록을 남기지 않"으려는 열정

---

* 카를 야스퍼스, 『정신병리학 총론 1』, 37쪽.
** 카를 야스퍼스, 『기술시대의 의사』, 김정현 옮김, 책세상, 2010, 77쪽.

때문에 "적수를 굴복시키려는 한 고집 센 인간의 오기" 같은 것이 있는 의사다. 어찌 보면 비열하고 치사한 오기이지만, 의사라는 "살인적인 사명감과 자신감으로" 난폭한 처방을 서슴없이 처방한다. 결국 환자인 박준은 발광하고 간호사에게 무자비한 폭력을 휘두른다. 두 사람을 계속 지켜보던 제 3자인 '나'는 묻는다. 의사의 성실성이란 게 도대체 무엇인지를….

야스퍼스가 유독 정신병리라는 영역에서 철학의 중요성을 강조한 이유는 박준의 주치의처럼, 전문가가 가진 확증 편향, 선입견으로부터 의사 자신을 보호하고 나아가 환자를 보호하기 위함이다.

선입견이란 "다른 무엇보다도 전체를 단일하게 파악하려는 충동, 단순하고 최종적인 근원표상으로 만족하려는 것, 또한 이를 통해 하나의 관점, 방법, 범주들을 절대화하려는 경향, 나아가 알 수 있음과 신앙적 확신 사이의 혼동" 같은 것이다.* 이런 선입견은 과학적인 태도라기보다는 칸트의 개념으로 보면 "실용적 신앙"에 가깝다.

그런데 최근 뇌과학과 융합한 첨단 생명공학은 "뇌를 계속 곁눈질하면서 신경학을 모방해 만들어진 체계적 구성물"의 틀 안에 인간의 정신을 가두어버림으로써 결코 객관화될 수 없는 인간의 정신을 분석가능하고 해체 조립까지 가능한 물질의 수

---

* 카를 야스퍼스, 『정신병리학 총론 1』, 56쪽.

　　　　　　　　　　　　　　　　2부 근대의 정신병리

준으로 격하시켜 버렸다. 이를 야스퍼스는 "뇌의 신화"라 불렀다.* 뇌의 신화는 점점 더 강력해져서 뇌가 곧 인간이라는 수준으로까지 비약했다. 21세기의 생명공학자들이 퍼뜨리고 있는 뇌의 신화가 점점 확산될수록 인간은 점점 더 불안해지고, 왜소해진다.

여기서 철학적 사유는 "심리학적으로 또는 해부학적으로 혹은 정체불명의 생물학적으로 변장"된 것을 무비판적으로 수용하려는 태도에 제동을 거는 힘이다. 뇌의 신화에 심취한 대뇌주의자들의 학문은 유한하고 종결된 체계만을 사유하고 탐구한 과학적 연구의 결과와 인간 자신을 동일시하는 나머지, 인간을 과학과 기술에 전적으로 내맡겨버림으로써 인간의 존엄과 자유를 파괴하는 결과를 초래했다. 그래서 철학은 현대의 과학기술 문명의 횡포에 대항하는 "자유의 철학"이어야 한다.

속도, 신경쇠약의 원인

서양에서부터 시작된 과학적 사고, 그리고 과학적 사고에 기반한 기술은 중세의 세계관을 전복시키고 19세기 이후 세계를 재편했다고도 할 수 있다. 일본을 비롯한 동아시아 국가들은 뒤

---

* 같은 책, 60쪽.

늦게 서양의 과학기술을 따라 잡기 위해 근대화를 추진했다. 그 결과가 지금의 문명사회다.

문명사회의 특징이라면 생활환경이 기계화되면서 자연환경이 사라지고 인간이 인공, 기계적 환경에 포위된다는 것을 꼽을 수 있다. 그 결과 인간의 몸이 가진 자율적 조절기능이 더 이상 작동할 수 없게 됨에 따라 현대의 인간은 "신경 내분비성 조정 이상"의 소질을 가진 신경질적 인간으로 변해간다.[*]

과학기술이 인류에게 가져다준 가장 놀라온 변화는 시간과 공간 개념의 변화다. 굉음을 울리며 지축을 흔드는 기차 기적소리와 함께 시작된 인류의 근대는 비행기와 우주선으로 진보하여 지구라는 공간에 갇혀 있던 인간의 사고 범위를 우주로까지 확장시켰다. 그리고 디지털 기술은 공간개념을 아예 없애 버렸다. 바로 내 곁에 앉아 있는 사람을 그림자 취급하면서 멀리 미국에 있는 사람과 더 살갑게 대화를 나누는 것이 디지털 시대의 소통방식이며, 공간개념이다.

현대 문명사회의 특징은 시간은 물론 공간 개념마저 무의미하게 만들어 버린 '속도'에 있다. 야스퍼스는 이 속도가 신경쇠약의 원인이라고 꼭 집어 이야기했다.

속도의 증가, 서두름, 항상 책임감 넘치고 (비형이상학적인) 걱정

[*] 카를 야스퍼스, 『정신병리학 총론 4』, 211쪽.

　　　　　　　　　　　　　　　2부 근대의 정신병리

가득한 불안, 명상의 부족, 그리고 피곤할 때는 내면적, 정신적 효
과 없이 재차 강한 자극을 주는 향락의 추구, 또 작업 능력과 지구
력에 대한 요구의 증가 등. 그러한 생활양식에 빠져 있는 인간은
옛날보다 더 만성적인 피로감에 고통을 겪고 그것에 동반되는 신
경쇠약에 시달린다.

— 카를 야스퍼스『정신병리학 총론 4』[*]

이런 신경쇠약이 구체적으로 드러난 양상이 우울증과 불안이
다. 그래서 우울증과 불안을 포함하는 신경쇠약은 의학적 개념
만으로 설명할 수가 없다. 의학적으로 파고들면 뇌세포와 뇌세
포를 연결하는 시냅스, 시냅스와 시냅스를 연결하는 신경전달
물질에 의해 신체 내에서 나타나는 반응으로 압축된다. 세로토
닌, 도파민, 노르에피네프린…. 장황하게 늘어놓지만 그렇게 세
밀하고도 정밀하게 분석된 수치는 결과이지 원인이 아니다. 원
인과 결과를 혼동하는 오류를 니체는 "이성의 본질적 타락"이라
고 했다.^{**} 원인은 내 몸 밖에 있다. 따라서 우울증이나 불안을
부추기는 신경쇠약은 의학적 개념이 아니라 사회학적 개념에
더 가깝다.

속도가 불러온 존재의 '불안전성', '불확실성', '불안정성'. 이

* 같은 책, 259쪽.
** 프리드리히 니체, 「우상의 황혼」, 『인간적인 너무나 인간적인 / 선악을 넘어서 / 우상의
  황혼』, 강두식 옮김, 동서문화사, 2007, 848쪽.

세 가지 취약성을 지그문트 바우만은 근대의 사악한 삼위일체라고 불렀다.* 근대의 이 "사악한 삼위일체"는 모든 인간들에게 공포와 두려움을 몰고 왔다. 이 공포와 두려움에서 자유로운 사람은 그리 많지 않다. 과학기술에 의존하는 문명의 진보란 고정적인 것이 없고, 확실한 것이 없고 오직 변화와 혁신만 있다는 의미로, 기술이 발전하면 할수록 변화의 속도는 더 빨라진다. 변화의 속도가 빠르면 빠를수록 삶의 일시성과 취약성은 더 강화되고 미래에 대한 전망이 불확실해진다. 두려움과 공포가 전방위로 확산된다. 두려움과 공포의 성격은 바로 이런 거다.

바닥으로 추락하거나 그저 원상태로 돌아갈지도 모른다는 강력한 공포, 중요하지 않은 자가 되는 것, 자신의 존재를 드러낼 아무런 흔적도 남기지 않은 채 연기처럼 사라지는 것, 다른 사람들처럼 되는 것에 대한 두려움, TV와 미디어 세계 저편에 놓임으로써 사실상 보잘것없는 존재가 되거나 자기 존재의 종말을 맞이하는 것에 대한 두려움….
— 지그문트 바우만 · 레오니다스 돈스키스, 『도덕적 불감증』**

한국 사회의 일시성과 취약성이 어느 정도인가는 세칭 걸그

---

* 지그문트 바우만 · 레오니다스 돈스키스, 『도덕적 불감증』, 최호영 옮김, 책읽는수요일, 2015, 302쪽.
** 같은 책 169쪽.

룹, 아이돌 그룹들의 부침에서 쉽게 확인할 수 있다. 화려한 무대 조명 아래에서 뭍에 내던져 놓은 물고기처럼 파닥거리던 몸동작들이 관객들의 괴성이 잦아들고 조명이 꺼지면 흔적도 없이 사라진다. 곧이어 관객들은 좀더 새롭고 신선하고 발랄한 '걸그룹'들을 찾아 소비한다. 이전의 '걸'들은 '애덜트'가 되기도 전에 늙어 버리고, 늙기도 전에 대중들의 기억에서 사라진다. 세월이 흐른 뒤 더러 복면을 쓰고 나왔다가 복면을 벗으면서 눈물을 흘리며 잠시 부활을 하기도 하지만, 반가워서 환호를 내지르는 관객들보다는 복면 뒤의 얼굴이 가수였는지조차도 모르는 사람이 더 많다. 방송이 끝나면 얼굴도 이름도 노래도 금방 잊힌다. 우리는 간혹 자살했다는 소식을 통해 그런 가수가 있었다는 사실을 알게 된다. 이런 하루살이 가수들의 예술, 예능을 한류라 부르고 이들이 부르는 노래를 K-Pop이라 부른다.

"최대의 효과를 짜낸 후 얼마나 빨리 낡아 빠진 것으로 만드느냐"를 기준으로 계산하는 카지노 문화*는 걸그룹들에게만 국한된 것이 아니라 우리 사회 전역에 무작위적이고 무방위적으로 확산되고 있다.

37세 미혼 상태의 실직 남성이 느끼는 몸의 불편함은 그 사람만의 문제가 아니라 삶의 취약성과 일시성에 무방비 상태로 내던져진 이 시대 모든 인간이 느끼는 불편함이다. 그런 불편함을

---

* 지그문트 바우만, 『쓰레기가 되는 삶들』, 정일준 옮김, 새물결, 2008, 215쪽.

몸의 근육을 열심히 키움으로써 잠시 잊을 수 있을지는 모르겠지만, 세상과의 불화로 뒤틀린 마음의 문제가 불러온 불편함은 해결되지 않는다.

삶의 질과 생활수준

근대는 과학기술의 발전이 인류 문명을 발전시키고 개개인의 삶을 더 윤택하고 풍요롭게 만들 것이라는 믿음이 지배하던 시대였다. 그런데 2차 세계대전 막바지에 일본 땅에 떨어진 두 발의 핵폭탄과 과학적인 살인공장이라 할 수 있는 아우슈비츠의 참상은 많은 사람들에게 과학기술에 대한 합리적 의심을 불러일으켰다. 과학기술이 인류 문명을 발전시키는 것이 아니라 오히려 인류 절멸의 재앙이 될 수도 있음을 증명한 사건들이었기 때문이다.

1, 2차 세계대전의 주 무대였던 유럽, 그중에서도 독일과 프랑스가 실존철학의 중심이 되었던 것은 수천만 명이 목숨을 잃고 육백만 명이라는 유대인이 과학적인 방법으로 살인공장에서 과학적으로 '처리'되었던 배경과 무관하지 않다. 그런 점에서 실존철학은 근대를 가능케 했던 과학적 사고, 과학 일반에 대한 비판적 사유를 바탕에 깔고 있다고 보면 될 것 같다.

그런데 한국 사회는 과학과 첨단기술에 대해 대중들의 불쾌감이 없는 나라라고 할 수 있다. 1945년 히로시마와 나가사키에 떨어진 원자폭탄으로 일본 다음 가장 많은 피해를 입은 민족이면서도 원폭이 한국을 일제로부터 해방시켜 주었고, 또 북한의 위협으로부터 남한의 안전을 지켜주는 은혜로운 무기로 인식하고 있다. 또 아우슈비츠와 다를 바 없는 '731부대'의 만행에 대해서는 해방 이후 친일청산 작업이 무산된 이래로 공론화는커녕, 실상조차 제대로 공개된 적이 없고 의료계에서도 문제제기를 한 적이 있다.

산업화 과정에서도 과학기술의 수준은 한국 사회의 수준을 가늠하는 척도와 다를 바 없는 위상을 가지고 있었기에 과학은 비판의 무풍지대에서 파죽지세로 영향력을 높여 왔고 한국 사회에서 '과학적'이라는 수식어가 붙으면 오류가 없고, 진실이라는 뜻으로 통용된다.

우리 사회에서 '과학적'으로 사고한다는 것은 합리적이며, 객관적이고, 이성적이면서도 진실된 사고를 한다는 말과 거의 같은 말로 쓰인다. 사실 '과학적 사고'란 자연현상들에서 인간의 생활습관에 이르기까지 모든 것을 측정하고 수치로 환산할 수 있는 사고를 말한다. 즉 '1+1=2'를 말하는 것이다. 1+1=2라는 것은 반박 불가능한 강제적인 지식이다. 생각을 할 필요도 없고 비판을 할 이유도 없다. 받아들이면 된다. 받아들이지 않으면? 미개인이 되고 무식한 인간이 되는 것이다.

하지만 인간의 삶은 '1+1=2'라는 과학적 사고로는 설명되지 않는 일이 너무 많다. 1+1=3이 될 수도 있고, 100이 될 수도 있는 것이 인간의 삶이다. 과학에서 이야기하는 '1+1=2'이란 것도 부분적인 사실이고 개연성에 불과한 지식이다. 실험실에서 확인된 '1+1=2'가 현실에서는 0이 될 수도 있고 100이 될 수도 있다. 그러나 우리나라는 대통령이 직접 나서서 "1+1=100이라 주장하는 사람들과 싸워야 한다"고 선전 선동을 한다.*

그러면 인간의 삶, 인간의 정신세계도 자연과학적인 방법으로 측정이 가능하고 수치로 환산 가능한가? 불가능하다. 하지만 우리는 삶의 수준까지도 수치로 환산하고, 우울증도 수치로 진단하고, 치매도 수치로 진단하고 행복까지도 '행복지수'라는 것을 만들어 수치로 측정할 정도로 '과학적 사고'에 절어 있다.

행복한 삶을 위한 가장 중요한 기반이라고 할 수 있는 건강도 수치로 측정한다. 어마어마한 규모로 성장한 건강검진 시장에서 판매되고 있는 갖가지 건강검진 상품은 피검자의 건강수준을 완벽하게 측정하고 계산해서 수치로 제공한다. 그 수치에 피검자는 한없이 만족하기도 하고, 막연한 불안에 떨기도 한다. 피검자의 막연한 불안 때문에 건강검진 시장의 규모는 점점 커지고 있다.

그런데 삶의 질이라고 했을 때 과연 그 질이 측정 가능하고 수치로 환산 가능한 것인가. 삶에 대한 인간의 주관적 만족도를

* 「尹 "1+1=100이란 세력과 싸울 수밖에… 제일 중요한 게 이념"」,《중앙일보》2023.8.28.

2부 근대의 정신병리

객관적으로 측정한다는 것이 현실성이 있는 것인가. 하지만 우리는 늘 측정하고 언제나 평가하고 항상 비교하면서 숨이 차서 헉헉대고 산다. 그나마 기후변화, 초고령 사회, 인구절벽, 지방소멸과 같은, 이제껏 단 한 번도 겪어 보지 못한 문제로 우리 사회를 설명하는 지금까지의 모든 지표들, 양으로 계산·계량·계측되는 지표들이 낙서에 불과한 것으로 변해 가고 있다. 그런데도 예전의 잣대로 계산하고 계량하는 삶을 추구하고 있다.

만약 생활 수준이 높다면 무엇을 기준으로 한 수준일까? 소득수준이 곧 생활수준을 의미하는 것은 아니다. 우리는 오랜 세월 일인당국민소득이 펼치는 주술에 현혹되어 왔다. 일인당 국민소득이 증가한다는 것은 국민 전체의 소득이 증가한다는 의미가 아니라 소득양극화가 그만큼 심해졌다는 의미를 담고 있다. 우리나라에서 소득양극화라는 말이 신문지상에 오르내리고 사회문제가 되기 시작한 것은 우리나라의 일인당국민소득이 2만 달러, 3만 달러를 넘어서면서 선진국 문턱에 들어섰노라며 축배를 터뜨릴 때의 일이다. 국가의 경제성장률이 높다는 것도 수치가 주는 정서적인 포만감은 느낄지는 몰라도 내 삶에 끼치는 직접적 영향은 극히 미미하다.

아무튼 우리는 지금 소득수준도 높고 소비수준도 높은 나라에 살고는 있다. 하지만 삶의 질이 높다고 자신 있게 이야기하는 사람은 없고, 생활수준도 그다지 높은 것은 아니다.

생활수준이란 것이 소비수준을 말하는 것이 아니다. "돌발적인 위기 — 실직으로 인한 급격한 소득감소, 높은 물가, 또는 가족 부양자의 사망 — 를 극복할 수 있는 능력"과 함께 "먼 장래까지 내다보고 계획을 세울 수 있는" 안목, 이 두 가지가 높을수록 개개인의 생활수준이 높아진다.[*] 이런 성격의 생활수준이 소득수준을 높인다거나 경제성장률이 올라간다고 해서 나아지는 것이 아니다. 세상을 내다보는 안목, 세계의 부조리와 부닥칠 수 있는 마음의 힘, 즉 철학이 있어야 한다. 지금 우리의 삶이 소득수준에 비해 생활수준도 삶의 질도 그리 높지 않은 이유는 단 한 가지, 삶의 철학이 없이 살고 있기 때문이다.

철학을 우리 식으로 바꾸면 궁리, 즉 생각한다는 말이다. 그런데 지금 우리가 살고 있는 세계는 기계화, 무인화, 자동화되어 가고 있다. 인간이 기계로 대체되는 세계의 범위는 앞으로 점점 더 확장될 것이다. 이런 세계에 사는 사람은 굳이 생각할 필요도 없고 생각할 여유도 없다. 기계가 작동하는 질서에 아무 생각없이 순응하기만 하면 되고, 기계의 명령어에 충실하게 복종하면 되기 때문이다. 지하철의 자동개찰기를 통과하는 데에 무슨 생각과 무슨 판단이 필요한가. 생각이 필요없는 반사적 행동만 있으면 된다.

한편 기계의 질서에 순응하지 못하거나 기계의 명령에 불복하는 인간은 기계가 알아서 무지막지하게 응징을 한다. 능지처

---

[*] 위르겐 오스터함멜, 『대변혁 I』, 박종일 옮김, 한길사, 2021, 533~534쪽.

참을 해 버리는 경우도 있다. 그래서 기계에 포위되어 살아가는 삶이 겉으로는 편리하고 화려하고 활기 넘쳐 보이겠지만, 시간이 흐를수록 심신은 점점 더 피폐해진다. 생각이 없으니 그 상태를 알아차리지도 못한다. 끝내 다 소진되고 나면 그저 눈만 껌벅거릴 뿐이다.

전통의 지혜와 현대적인 삶

실존철학의 아버지라고 평가받는 키르케고르가 살았던 19세기의 초입의 유럽은 신의 계시가 무력화되고 개인의 자유가 고양되는, 자유·평등·박애를 기치를 내세운 세속화의 물결이 거세게 일던 시기였다. 그 물결 앞에 내던져진 인간이 겪게 되는 근원적인 문제를 키르케고르는 '불안'이라고 했다. 따지고 보면 키르케고르의 실존철학이 제기하는 문제는 신의 문제요 신앙의 문제다. 그 신앙은 바로 서구의 역사를 관통하며 지배력을 행사해 온 기독교 신앙의 문제다.

계시를 버린 대신 자유를 얻은 근대인은 근원을 알 수 없는 불안에서 벗어날 수 없고 죽음에 이르는 지독한 병인 '절망'에 빠져 허덕이는, 실존의 위기를 겪을 수밖에 없는 운명이라는 것. 그렇다면 키르케고르의 실존이 겪는 불안이나 절망이 동아시아 문화권, 특히 근대화된 한국인들도 마땅히 겪어야 되는 그런 감정이요 정서인가? 철학으로는 그렇다고 말할 수 있어도 역사로 말하면 그렇다고 할 수 없다.

우리 민족의 신앙이나 종교에서 절대자, 혹은 초월자인 신을 섬긴 종교는 없다. 19세기 말 기독교가 유입되면서 절대 유일하다 하여 '하나님'을 모시고 왔으나 그 역사라고 해 봐야 한반도 역사에는 찰나에도 미치지 못한다.

우리 고유사상의 근간을 이루는 유불선儒佛仙, 이 세 글자는 모두 똑같이 사람 인(亻) 부수를 쓰는 한자다. 한자에서 보듯이 유불선 모두 서로 약속이나 한 듯이 신을 섬기지 않는다. 우리 민족이 섬기는 대상은 기독교의 신처럼 결코 천상의 초월적 존재가 아니라 사람이다. 유교는 성인을, 불교는 부처를, 도교는 신선을 섬긴다. 토착신앙인 무교도 삼라만상에 깃들어 있는 온갖 신을 섬기지만, 천상에 머물면서 아래를 내려다보는 절대자를 섬기지는 않는다.

유교에서는 수신을 통해 누구나 성인이 될 수 있음을, 불교에서는 깨달음을 통해 누구나 부처가 될 수 있음을, 도교에서는 도의 실천을 통해 누구나 신선의 경지에 이를 수 있음을 가르친다. 19세기에 온 나라를 개혁의 물결로 뒤덮었던 동학교도들이 섬기던 한울님, 즉 하늘도 천상의 하늘이 아니라 바로 사람(人乃天), 즉 사람을 하늘처럼 섬기자던 신앙이었다.

그러므로 우리는 신 앞에 선 단독자가 느끼는 불안을 느낀 적이 없었다. 자연과의 합일을 갈구하였지 유아독존적인 개인의

　　　　　　　　　　　　2부 근대의 정신병리

자유를 추구한 적이 없었다. 지금 한국 사회에 팽배한 불안과 우울의 정동은 신의 계시에서 풀려난 뒤 자유를 얻은 19세기 유럽인들이 느꼈던 불안과는 성격이 다른 불안이다.

우리는 근대화를 기치로 열등 콤플렉스에 시달리며 한 세기가 넘도록 서양의 그림자를 쫓으며 살아왔다. 하지만 그 그림자의 발끝도 따라잡지 못하고 있다. 서양이란 실체가 있는 것도 아니거니와 따라갈수 있다고 해서 서양이 그 자리에 있을 것도 아니기 때문이다. 그런데도 우리는 오랜 세월 서양의 그림자를 쫓아가지 않는 사람들을 '미친 놈' 취급해 왔다.

> 만원열차, 호텔, 자극적으로 추근대는 음악이 울리는 꽉꽉 미어지는 카페, 우아한 사치, 도시의 바와 버라이어티쇼, 만국박람회, 경마장, 교양에 목마른 자를 위한 강연회, 거대한 운동장…. (중략) 그러나 반대로 극히 드문 일이긴 하지만 나에게 행복과 환희와 체험과 무아경과 승화를 주는 것들을, 세상 사람들은 기껏해야 문학에서나 찾고 이해하고 좋아할 뿐, 삶에서 그것들을 대하면 미친 짓이라고 생각한다.
>
> 그리고 세상이 옳다면, 다시 말해 카페의 음악이나 대중의 향락이나 값싼 만족에 길들여진 이런 미국식 인간들이 옳다면, 내가 틀렸고, 내가 미친 것이다.
>
> — 헤르만 헤세, 『황야의 이리』

"우리도 한번 잘살아 보세"라며 시작한 조국 근대화, 그리고 뒤이은 세계화…. 그런데 도대체 무엇인가. 지금 우리가 못살고 있는 것인가? 잘산다. 넘쳐나서 매일 버리고 또 버려야 할 정도로 잘산다. 그럼에도 불구하고 지금 우리는 "고향도, 공기도, 양식도 찾지 못하는 짐승, 낯설고 알 수 없는 세상에 길을 잘못 들어선 짐승", 돌아갈 곳을 찾지 못한 한 마리 초라한 '황야의 이리'가 되어 길거리를 서성대는 신세들이다.

• • •

우리 사회의 근대는 서양의 근대적 이성에 의해 우리의 전통적 지혜가 부정되어 온 시대였다고도 할 수 있다. 오랜 세월 익숙했던 것이었고, 당연한 것으로 여겨 오던 것들을 부질없고 하찮고, 불편하고 수준 낮은 것으로 생각하게 만든 시대였다. 법이전에 공동체의 질서를 유지하게 하던 불문의 규범이 힘을 잃은 시대였다.

서양의 철학은 나 자신을 탐구한다기보다는 누군가를 이기고, 무언가를 정복하기 위한 학문이며, 인간이 신의 자리까지 비상하기 위한 학문이다. 그래서 정작 철학은 철학을 하는 자기와는 무관하고 철학하는 자기 자신조차 망각하게 만든다. 이 사실을 정확하게 지적한 철학자가 니체다.

우리는 자기 자신을 잘 알지 못한다. 우리 인식자들조차 우리 자신을 잘 알지 못한다. 여기에는 그럴 만한 충분한 이유가 있다. 우리는 한 번도 자신을 탐구해 본 적이 없다. (중략)

필연적으로 우리 자신에게 이방인이다. 우리는 우리 자신을 이해하지 못한다. 우리는 우리 자신을 혼동하지 않을 수 없다. "모든 사람은 자기 자신에 대해 가장 먼 존재다"라는 명제는 우리에게 영원한 의미를 지닌다. 우리 자신에게 우리는 '인식하는 자'가 아닌 것이다.

— 프리드리히 니체, 『도덕의 계보』, 서문*

자신이 누구인지도 모른 채 자기 자신에게 이방인으로 살아가야 하는, 분열된 삶을 불안하게 살아가야 하는 것은 백색 피부의 서양 사람들이 짊어지고 가야 할 업보이다. 우리가 그 업보를 같이 짊어져야 할 이유는 없다.

우리가 '사유'를 한다는 것은 내가 어디에서 와서 어디로 가는가를 찾아가는 지난한 과정이었다. 근본으로 되돌아가자는 몸부림 같은 것이었다. 누구를 이기기 위해서 무언가를 정복하기 위해 궁리를 하고 사유를 한 것이 아니라, 오로지 나를 찾고 나를 지키기 위한 공부였다(爲己之學, 『논어』「헌문」).

그런데 우리는 지금 불안하다. 불안한 삶을 살고 있다. 그 이유는 내가 내 자신이 누구인지를 모르고, 내가 어디서 와서 어디

* 프리드리히 니체, 『선악의 저편·도덕의 계보』, 338쪽.

로 가는지를 성찰할 수 없게 만든 근대의 물살에 휩쓸린 탓이다.

한국인의 콤플렉스란 게 무엇인가. 반만년 세월을 거치면서 주조되고 단련되어 온 삶의 태도와 사유를 100년도 채 안 되는 짧은 시간에 부정하고 압축하여 뒤바꾸어 버리는 과정에서 짊어진 업보와 번뇌, 갈등이 아니라면 무엇이 우리의 콤플렉스이겠는가. 뿌리가 뽑힌 채 허공에 붕붕 떠다니는 "정신없는" 정신이 불안이 아니면 어떤 감정이 불안일까

근대의 병리, 콤플렉스와 불안신경증을 극복하는 것은 근대화의 강박에서 벗어나 현대의 길로 들어서서 전통의 지혜를 재발견하면 된다. 과거에서 지혜를 얻어 오늘을 해석하고 미래를 향한 대안을 찾는 것, 그것이 현대적 사고요 현대적인 삶이다. 현대란 "근대적 이성에 의해 부정된 전통적 지혜의 의미를 재발견하는 시대"로 정의할 수 있기 때문이다.[*]

자신의 몸은 물론 마음의 근력까지도 키우던 지혜는 바로 우리 전통의 유교 문화 속의 수신, 불교 문화 속의 수행, 도교 문화 속의 수양에 녹아들어 있다. 수신, 수행, 수양의 궁극적인 목표는 몸과 마음이 하나가 되는 심신일여心身一如 상태다.

전통과 문화는 머리가 아닌 인간의 몸이 기억한다. 우리는 근대화를 추구하면서 데카르트 이후 서양의 전통으로 굳어진, 몸에서 분리된 서양의 마음을 좇아갔다. 따라서 우리 민족의 지

---

[*] 湯淺太雄,『身體論』, 講談社學術文庫, 2021, 278面.

난 한 세기는 몸과 마음의 분열이 일어난 시대였다고도 할 수 있다. 우리 전통의 수신, 수행, 수양의 문화는 몸과 마음이 분리되지 않도록 하는 '마음 수련'이라고도 할 수 있다. 그렇게 수련된 마음과 단련된 몸이 세상을 바꾸는 힘이 된다 내 마음이 바뀌면 세상도 바뀐다. 아주 급진적으로⋯.

급진적Radical이라는 말은 근본Root으로 되돌아간다는 뜻을 품고 있다.

전통과

Philosophical counseling

현대

수신(修身)과 인(仁)

수행(修行)과 각(覺)

수양(修養)과 도(道)

11장 수신(修身)과 인(仁)

억압과 중화(中和)

프로이트의 정신분석학은 억압에 관한 이론이 거의 전부라고 할 수 있다. 히스테리에서부터 불안신경증, 강박신경증, 성도착증 같은, 거의 모든 정신질환이 억압된 성충동이 촉발하는 내면의 갈등 탓으로 해석하기 때문이다. 그래서 얼핏 보기에 갖가지 신경증의 치료 방법은 간단할 것 같다. 억압된 성충동을 해소하거나 발산하게 하면 될 것 아닌가.

프로이트는 정신분석의 효과가 인간을 "성욕의 굴레로부터 해방"시킴으로써 "성충동을 좀 더 고차원적인 목적으로 승화시킬 수 있도록 도와주는 데 있다"고 했다. 좀더 거칠게 말하면 정신분석은 인간을 승려나 수도사와 같은 금욕주의자로 만들어주는 기능이 있다는 것으로 해석될 여지도 있다. 그러나 실지 프로이트가 살았던 유럽 사회의 성문화는 전혀 그렇지 않았음을 앞에서 살펴본 바 있다.

인간이면 누구나 가지고 있는 성충동이 마냥 억압될 수 있는 것인지, 또 인간의 정신에 무의식이라는 것이 실재하는지도 의문이다. 의식은 물론이고 무의식이나 리비도까지도 공간을 차지하는 물질이 아닌 이상 실체가 없는 무의식이나 리비도가 실재하는지 여부를 우리는 확인할 수가 없기 때문이다. 그래서 무엇이 무엇을 어떻게 억압한다는 것인지가 불분명하다. 억압이 가능하다하더라도 과연 성욕이 마구잡이 억압한다고 해서 억압이 되는 것인가.

옛 사람들은 색욕을 비유하기를, 얼음잔에 끓는 물을 붓는 것과 같고 깃털이나 마른 쑥에 불을 지르는 것과 같다 하였으니 삼가함이 옳지 않겠는가.

—『활인심방: 퇴계 이황의 평생 건강 비법』[*]

우리나라의 전통 정서에는 식욕과 성욕을 같은 것으로 보고 무한정 억압할 수 있는 것이 아니라 오히려 적절하게 충족을 시켜야 되는 욕구로 이해했고, 건강을 위해 음식을 절제하는 것처럼 색욕도 적절한 선에서 절제하는 것을 우선으로 삼았다.

* 『활인심방: 퇴계 이황의 평생 건강 비법』, 이철환 엮음, 나무의꿈, 2009, 129쪽.

• • •

프로이트의 억압에 대응하는 우리 고유의 심리적 기제가 있다면 그것은 절제라는 말로 대체할 수 있을 것 같다. 억압과 달리 절제는 절제하는 바로 내 자신이 절제를 결정하는 주체가 된다. 우리 문화에서 절제라는 것은 내 자신의 의지로 내 몸과 마음을 자연의 순리에 따르도록 하는 것을 말한다. 억압은 나의 의지와는 무관하게 '나' 바깥에 있는 어떤 힘이 작용했을 때 쓸 수 있는 말이다.

하루에는 해 뜨고 해 질 무렵이 있을 것이고, 사람에게는 일어날 때와 잠들 때가 있고, 일해야 할 때와 쉴 때가 있다. 일년에는 봄·여름·가을·겨울 사시四時가 있고, 사시의 변화에 따라 사람의 생활태도도 같이 변한다. 사시에 상응하는 하늘(乾)의 덕을 각각 '원형이정'元亨利貞이라 하였다.

춘하추동 사시에는 각각 3절, 3기가 있어 1년을 24절기로 나눈다. 농경사회가 아닌 지금, 전통사회에서 24절기가 가졌던 의미는 많이 퇴색되었지만 아직도 24절기는 우리나라 사람들의 생활 흐름을 아퀴 짓고, 몸으로 일구어 가는 삶의 호흡을 가다듬는 조절자로 중요한 역할을 하고 있다.

지금 우리의 생활 흐름은 서양식 시간 기준에 맞추어져 있다. 그런데 옛사람들이 시간의 흐름을 사시와 24절기로 나눈 것은 천문지리와 자연현상을 설명하려는 목적만은 아니었다. 하늘이

운행하는 시간에 절기가 있다면, 시간에 실려 살아가는 사람에게는 시간에 맞춘 절도가 있어야 했기 때문이다.

사람은 때에 맞추어 보아야 할 것과 보지 말아야 할 것, 들어야 할 것과 듣지 말아야 할 것을 가리고, 때에 맞게 할 말과 하지 말아야 할 말을 가늠하고, 그리고 때와 장소를 가려 적절하게 마음을 쓰야 한다. 이를 절도節度라 했다. 대나무 마디를 의미하는 절節이란 글자는 믿음과 신의의 상징인 한편, 사물을 절제하여 웅대한다는 뜻도 담겨 있다.

시절이 달라지면 그 시절을 지탱하는 절도, 즉 예의 기준도 분명 달라지겠지만 시절의 변화와는 무관하게 인간 사회를 관통하고 있는 절도를 들라면, 힘과 재물을 가졌을 때는 절제節制를, 뜻을 품었을 때는 절개節槪를, 마음을 다스려야 할 때는 절조節操를, 만물을 대할 때는 필요한 만큼 아껴 사용하는 절용節用이라는 미덕들을 꼽을 수 있다. 이는 하늘의 사시四時에 상응하는 사람의 예법, 즉 사절四節이며, 사절四節의 실천 수단이 사용四用이다.

하늘에는 사시가 있고 사람에게는 사용이 있다. 보고 그 모양을 아는 데는 눈보다 밝은 것이 없고, 들어 그것을 밝히는 데는 귀보다 더 총명한 것이 없으며, 묵직하게 그것을 닫아버리는 데는 입보다 더 단단함이 없고, 감싸서 그것을 소중히 간직하는 데는 마음보다 더 깊은 것이 없다. 눈으로 그 모양을 보고 귀로 소리를 들으며

입으로 그 성誠을 달하는 마음으로 그 정精을 다하면 만물의 변화
는 모두 극極에 달한다.

—『회남자』,「무칭훈」

성충동과 같은 감정을 감춘다고 감추어지고 억압한다고 억
압되는 것이 아니다. 희노애락의 락樂, 즉 즐거움 중에서 최고의
즐거움을 '운우지락'雲雨之樂이라 여겼던 전통사회에서 성의 억
압이란 당치도 않은 것이다. "감추는 것만큼 오히려 더 잘 드러
나고 숨기는 것만큼 더 잘 드러나는 것"도 없으니,(『중용』1장) 감
춘다고 감추어지는 것도 아니고 숨긴다고 숨길 수 있는 것도 아
닌 것이 성충동과 같은 욕망이다. 오직 삼가고 절제함이 옳다.
절도를 지켜 절제를 실천함으로써 모자라지도 지나치지도 않도
록 하는 것이 우리 전통사회의 성문화였다. 그래서 즐기면서도
전혀 방탕하지 않을 수 있었던 것이다(樂而不淫). 성충동이 억압
되어 불안신경증이 생긴다는 것은 우리나라 문화와는 먼 이야
기이고, 그나마 프로이트의 주장이 맞는지도 불확실하다.

우리 전통사회에서 성은 억압되지도 않았고, 그렇다고 방탕
과 방종으로 흐르지도 않은 가운데 밀실에만 갇혀 있었던 것이
아니라 예술로 승화시켜온 것이 우리 민족의 지혜다. 정신분석
의 도움을 받지 않았어도.

하늘 가득 밝은 달, 뜰 가득 예쁜 꽃(滿天明月滿園花)

꽃그림자 달그림자 서로 엉켜 있는데(花影相添月影加)

달 같고 꽃 같은 두 사람 마주하니(如月如花人對坐)

세상의 영욕이 뉘 집의 일이던가(世間榮辱屬誰家)

— 「사대부가의 여장부 김삼의당」 시**

인간이 가지는 성충동이나 성적인 쾌락을 통한 감정도 희로
애락의 한 부분인데 감정을 드러내지 않는 것을 프로이트는 억
압이라고 했지만, 우리 전통의 정서에서는 '중'中이라 하였고, 절
도에 맞게 드러내는 것을 '화'和라 하였다.

기쁨·노여움·슬픔·즐거움(喜怒哀樂)이 겉으로 드러나지 않은
것을 '중'中이라 하고, 그것들이 나타날 때 절도에 맞는 것을 '화'和
라 하였으니, 중中이란 천하의 대본大本이요, 화는 천하의 달도達
道이다.

— 『중용(中庸)』1장

온화함과 절제 ─ 조선의 아름다움

근대 이전의 우리 예술에 대한 최초의 역사서를 쓴 사람은 카

* 송재소, 『한국한시작가열전』, 한길사, 2011, 463쪽.

3부 전통과 현대

톨릭 베네딕트 교단의 신부이면서 미술사학자인 독일인 안드레 에카르트Andre Eckardt(1884~1971)이다. 그는 1909년 선교사 신분으로 20여 년간 조선에 머물면서 조선 미술을 섭렵했다. 경성제국대학에서 미술사 강의도 했던 그가 1928년 고국 독일로 돌아가서 이듬해에 『조선 미술사』를 발간한다. 조선 미술에 대한 고유섭, 김용준의 글이 1930년대 후반에 나오기 시작한 것과 견주어 보면 에카르트의 『조선 미술사』는 우리 전통미술을 미학적인 관점에서 정리한 최초의 책이라는 평가를 받을 만하다.

이 책에서 에카르트는 조선 미술의 가치를 '절도'라는 딱 한마디로 압축한다. 중국이나 일본의 예술품과는 달리 조선의 미술품에는 "과장이나 왜곡이 없고", 또 "여성의 전족"이나 "일본의 분재"처럼 "불구의 미"가 없는 이유는 조선의 예술가들이 "위대한 조율성과 섬세한 감정으로 중용中庸을 지킬 줄 알았"기 때문이라고 평가한다.

물론 서양인 에카르트가 조선 미술과 함께 조선 사회 전체를 긍정적인 시각으로만 평가한 것은 아니다. 조선 미술에는 창의성보다는 모방성이 강하다고 평가를 하면서, 그 이유를 "무미건조한 한자 공부"와 "이해력보다는 기억력"을 중요시하여 정신마저도 "새로운 창조보다는 재생산"에 치우치도록 만드는 학문 풍토에서 찾는다. * 사실 조선시대의 공부라는 것이 천자문을 외운

* 안드레 에카르트, 『에카르트의 조선 미술사』, 권영필 옮김, 열화당, 2003, 21쪽.

뒤, 사서삼경을 끌어안고 책을 묶은 끈이 끊어질 정도로(韋編三絶) 읽고 또 읽는 것이 전부였다고도 할 수 있으니 틀린 지적은 아닌 것 같다. 집집마다 활기와 개성이 넘치는 서양에서 살다 온 서양인의 눈에 비친 조선의 마을은 거의 서로 닮은 꼴로 "죽어버린 것처럼 보이고", "변화도 없고 아무런 활기도 없"는 분위기였다. 그 원인을 에카르트는 자신이 "절망적인 철학"으로 평가한 유교와 "염세적인 교리"를 설파하는 불교의 영향으로 보았다.[*]

그런데 한 민족의 문화에 이런 평가는 옳고 그름의 문제가 아니라 상대적인 것 아닐까? 서구 철학은 순전히 창의적 사상인가. "모든 서양철학은 플라톤의 주석에 불과하다"는 평가가 있는가 하면, 근대 서양 문명을 촉발시킨 르네상스 문화는 고대 그리스로마 문화의 모방이다. 그걸 재생·부활이라고 색칠한 것 아닌가. 니체는 불교를 "지쳐 버린 문명을 위한 종교"라고 했던 반면, 그리스도교에 대해서는 "야만인들을 지배하기 위해서 야만적 개념과 가치"를 만들어 내는 종교라고 했다.[**]

프란츠 파농이 "이분법적 착란"에 빠진 문명이라고 했던 서양 문명은 세상을 선과 악으로 나누고, 타자를 악으로 규정한 뒤 자신들의 욕망을 충족하기 위해 폭력으로 자신들의 가치관을 강

[*] 안드레 에카르트, 같은 책, 58쪽.
[**] 프리드리히 니체, 『바그너의 경우·우상의 황혼·안티크리스트·이 사람을 보라·디오니소스 송가·니체 대 바그너』, 백승영 옮김, 책세상, 2002, 239~240쪽.

요하는 문명이다. "지배를 위한 자신의 투쟁을 야만에 대한 인간성의, 무지에 대한 이성의, 편견에 대한 객관성의, 주술에 대한 과학의 열정에 대한 합리성의 신성한 전투로 묘사해 온" 서구 문명*의 바탕에 깔려 있는 종교는 어떤 종교인가.

폭력에 가까운 편협함으로 세상을 선과 악으로 나누고 자신들을 선으로, 정의로 규정하고 타자를 악으로, 설교의 대상으로, 회개의 대상으로 삼아 왔던 종교 아닌가. 신앙이 다르다는 이유로 사람을 불태워 죽인 문명이 비유럽 문화권 어디에 있었던가. 신 또는 정의의 이름으로 대량 살육을 합리화하던 종교 아니었던가? 지금 이 시간에도 세계 곳곳에서 벌어지고 있는 전쟁에 그들만의 '신'이 개입되지 않은 전쟁이 있는가.

지금 인류가 부닥치고 있는 제일 큰 문제는 인간이란 존재의 유일한 기반이라고 할 수 있는 지구환경의 지속가능성에 빨간불이 켜졌다는 것이다. 현 상황에 만족하지를 못하고, 더 큰 욕망 충족을 위한 진보와 혁신만을 숭상하는 서양 문명이 초래한 결과다. "아는 것이 힘"이라 믿고, 인간의 지식을 자연정복을 위한 도구로 삼아온 탓이다. 만약 그리 멀지 않은 장래에 인류의 절멸이라는 상황이 찾아온다면 그것은 온 지구촌이 서양 문명으로 획일화됨으로써 나타난 참극일 것이다.

미술도 마찬가지다. 에카르트가 인식하고 있는 유럽의 미술

---

* 지그문트 바우만, 『현대성과 홀로코스트』, 정일준 옮김, 새물결, 2013, 171쪽.

은 도무지 그칠 바를 모르는 서양 문명처럼, 화려하긴 하지만, "끊임없이 새로운 표현양식을 좇는 데 시종始終을 다하고 있어서 이미 존재하고 있는 것에는 누구도 만족하지 않는다"라고 평가하고, "새로운 것만을 추구하는 것은 쇠약衰弱의 시작"이라고 했다. 겉보기와는 달리 서양미술이 쇠약으로 접어들었다는 의미로 받아들여도 될 듯하다.

미술사학자인 에카르트가 서양미술에서 결코 볼 수 없는 것, 중국과 일본의 예술에서도 볼 수 없었던 것을 조선의 예술품에서 발견한다. '절도'다.

조선 미술이 가지는 특징은 "품위와 고아함이 어우러진 진지함이고, 제작시 아이디어의 다양함이고, 또 형태를 완성시키는 고전적인 선의 운영이고, 간결하고도 절도 있는 억제된 형식의 표현이며, 오로지 그리스 고전 미술에서 발견되는 바와 같은 온화함과 절제"라고 하고, 이는 "높은 예술 이해의 정신, 영속하고 있는 강한 자의식과 내성을 향한 본성, 온화하며 과장에 빠지지 않고 절도가 있는 형성력"이 바탕에 깔려 있어 가능한 것이라고 했다.*

<hr />

* 안드레 에카르트, 『에카르트의 조선 미술사』, 375~376쪽.

'집기양단'(執其兩端), '윤집궐중'(允執厥中)

20세기를 '극단의 시대'로 몰고 갔던 제국주의 역사는 서구, 유럽 사람들의 그칠 줄 모르는, 도무지 만족을 모르는 욕망 때문이었고, 족함을 알고 여한이 없는 삶을 살기를 바라는 비유럽권 문화에 대한 멸시와 조롱에 뿌리가 있다. 그래서 그들의 시각에서는 절제의 미덕으로 '중'中을 지키려 했던 우리 민족이 한심해 보였을 수도 있고 사회 전체가 무미건조하다 못해 퇴락해 가는 사회로 비쳤을 것이다. 서양인보다 더 서양인 행세를 하던 일본 제국주의자들은 진보의 이상은 없고, 요순이 지배하던 상고시대를 전범으로 삼아 끊임없이 복고를 주장하는 사상에 심취한 민족을 서슴없이 야만인, 미개인으로 몰아부쳤다.

후쿠자와 유키치의 문명 분류법에 따르면 조선은 완전 야만은 아니지만 '반개'半開에 해당된다고 할 수 있다. "세세한 것을 모방하는 데는 능하지만 새로운 물건을 만들어 내는 공부가 부족하고, 옛것을 닦을 줄은 알지만 고칠 줄은 모르고, 인간의 교제에 규칙이 없는 것은 아니지만 습관에 압도당하는 사회…."*

그러나 밖에서 보기에는 허약하기 짝이 없었겠지만 중용의 통치 이념은 조선 왕조를 500년 이상 버티게 해 준 힘이었다. 중세 이후 인류의 역사에서 500년 이상 지속된 왕조를 찾기란 쉽

---

* 후쿠자와 유키치, 『문명론의 개략』, 17쪽.

지 않다.

동아시아 문화권, 그중에서도 한민족의 철학은 더함도 덜함도 아닌 '중'中을 잡으려는 절도의 철학이다. 그 중中이라는 게 누구나 함부로 체득할 수 있는 것이 아니다. 한결같은, 뼈를 깎는 듯한 섬세한 노력이 필요하다. 중국 고대 요순시대의 순임금은 "남에게 묻기를 좋아하고 비근한 말에 귀 기울이기를 좋아하셨으며 악은 숨기고 선을 드러내며 양쪽 끝을 잡아"(執其兩端, 『중용』 6장) 중용을 통치 철학으로 삼았던 군주다. 순임금이 우왕에게 군주 자리를 넘겨주면서 남긴 통치철학 역시 중용이다.

인심은 오직 위태롭고 도심은 오직 미미하니, 오직 정밀하게 하고 오직 한결같이 해야 진실로 그 중용의 도를 붙잡을 것이다.(允執厥中)

—『서경』, 「대우모」

수천 년을 이어 온 동아시아 문화권의 통치 이념은 좌도 우도 아닌 중화中和와 중용中庸이었다. 좌, 우 한쪽에 치우친 것을 이단으로 규정했고 이단에 빠져드는 것은 극히 해로운 일(『논어』, 「위정」)이라고 믿었던 것이 유교의 정치철학이다.

정밀하게, 신중하게 중용의 가치를 실천하려는 '집기양단'執其兩端, '윤집궐중'允執厥中의 태도는 서로 다름에 대한 포용성 그리고 극단으로 치닫는 원심력을 제어하는 힘이 있다. 온화함과 절제로 드러나는 중용의 힘은 한민족이 반만년 역사를 지탱해 올 수 있게 한 힘이었다.

그 사실을 들어 오히려 정체된 사회였다고 비판할 수도 있겠지만, 그렇다고 해서 조선이라는 나라가 고여 있는 물처럼 썩어 간 것이 아니라 느린 걸음이긴 하지만 앞으로앞으로 조심스럽게 나아가는 사회였다. 그 과정에 피를 뿌리지는 않았다. 서양이 가진 진보의 이상은 피를 뿌려야만 움직이는 기관차 같은 것이다. 자기 나라에서 뿌릴 피를 찾지 못하면 거리낌 없이 남의 나라를 쳐들어가서 피를 뿌려야 움직이는 기관차다. 뒤로 돌아갈 수도, 옆으로 돌아갈 수도 없고, 피를 뿜어대며 굉음을 울리면서 그저 직선으로만 내달리는 기관차. 그 기관차의 종점이 어디일까.

그런데 에카르트의 눈에는 안타깝게도 "해를 거듭할수록 조선은 민족으로서의 특징을 잃어 가고" 있었다. 그 까닭은 진보의 이상이 없는 철학의 취약성 때문이 아니라 식민지를 둠으로써 서구의 문명사회의 일원이 되고자 했던 일본 제국주의자들의 무력 침탈 때문이었다. 온화함과 절제로 함축할 수 있는 우리 민족의 심성이 '야만인', '미개인'의 표상처럼 매도되면서 전통의 중용 이념이 무력화된다. 대신 주권을 잃고 식민지가 되었다는 열등감에 의해 우리는 자학 사관에 깊이 젖어 들게 된다. 열등 콤플렉스는 자학 사관의 다른 표현이다.

중용의 이념이 곰팡내 풀풀 나는 고전 속에서나 찾을 수 있는 두 글자에 불과하다 할 정도로 나락으로 굴러떨어진 것은 역시 일제강점과 한국전쟁이라는 아픈 역사에서 찾아야 한다.

우리 민족이 근대화되는 과정에서 우리는 극단적인 콤플렉스에 시달려야 했다. 일제강점에 따른 '열등 콤플렉스', 그리고 동족끼리의 이념 갈등 때문에 생긴 '레드 콤플렉스', 서양에 대한 모방 심리에서 생긴, 굳이 이름을 붙이자면 '화이트 콤플렉스' 사이에서 아슬아슬한 줄타기가 거의 한 세기 이상 지속된 것이다. 여기에 중도가 발을 붙일 곳은 없었다. 중도는 세상 모두로부터 불신을 받는, 비열한 기회주의적 이념이요 처신으로 손가락질을 받았다.

한국의 정치지형에서 중도를 표방한 정치세력이 성공한 사례가 있는가? 한때 좌도 우도 아닌, '극중주의'라는 생소한 노선의 정치 이념을 제시한 정치인*이 있긴 하였으나 세상의 조롱거리로 전락하고 지금은 정치적 존재감도 가물가물하다. 그의 '극중주의'는 좌우를 넘나드는 현란한 자신의 정치 경력을 세탁하기 위한 수사에 불과한 것임을 모르는 국민은 없었기 때문이다.

중용, 인간에 대한 예의

홍쾌식 옹(이문구 단편소설 「장석리 화살나무」 주인공)의 청년시절은

---

* 「안철수의 '극중주의'란? "탈이념, 실용·합리주의"」, 《세계일보》 2017. 8. 5.

3부 전통과 현대

한국전쟁을 전후하여 속칭 빨갱이들에 대한 예비검속이 한창일 때였다. 경찰들이 들이닥쳤을 때 그는 이웃의 헛간에 숨어들었다가 운 좋게 목숨을 건진 뒤 야반도주, 경비가 그다지 삼엄하지 않던 해안가 갯벌로 숨어들었다가 용케도 살아남아 팔순 잔치까지 한 사람이다.

그 시절은 "말 번드러허면 남로당"으로 몰리고, "붙잡히면 붙잡은 자의 마음먹기에 따라 목숨이 왔다갔다 하는" 세상이었고, "바다에 수장당한 사람이 하도 많아", "홍어의 내장 속에서 사람 손가락" 나올 정도여서, "고기도 껄적지근해서 아무 고기나 함부로 사다 먹을 수" 없는 시절이었다. 혹여 이웃에 숨어든 '빨갱이'를 발고하지 않으면, "빨갱이는 씨를 말리"라는 원칙에 따라 "새끼덜버텀 밟아버려도" 아무런 문제가 되지 않는 세상이었다.

그런 험한 세상에서 빨갱이라는 의심을 사면서도 꿋꿋이 살아남아 팔순잔치까지 할 수 있었던 처세의 철학을 묻는 말에 홍쾌식 옹의 대답은 이러했다.

있지, 딱 하나 조심할 게 있어. 그게 뭣인고 하면 세상이 뒤숭숭할 적마다 누가 물어보기두 전에 나는 중도여, 중간이여, 허구 돌아댕기는 사람덜… 가령 갑 쪽이 세 불리허다 싶으면 갑 쪽을 찔러박어서 고 공으루 을 쪽에 가 붙구, 또 을 쪽이 세 불리허다 싶으면 을 쪽을 찔러박어서 그 공으로다가 갑 쪽에 가 붙구 허는 사람덜 말여. 저버텀 살구 볼라니 저허구 가까운 사람버텀 궂혀야 허

닝께 결국 남어나는 사람이 없더만 그려. 이렇게 살을라구 그랬던
지 나는 츰서버텀 그런 사람덜을 알어봤어.

— 이문구, 「장석리 화살나무」

　친일 부역배들이 친미 반공투사로 전향되는 과정을 이보다
더 실감나게 묘사하기는 어려울 것 같다. 지금 이 시대의 중도
도 일관된 철학이 있는 것이 아니라 선거철만 되면 철새처럼 날
아와 자신들의 성향들을 고스란히 드러낸다. 우리 사회에서 중
도가 불신의 대상이 되고 기회주의로 비난받는 이유는 중도가
가진 철학의 곤궁함에 있다.

　중용을 버린 중도가 기댈 철학이 어디 있겠는가. 중용은 눈치
살피다가 쉽게 끼어들 수 있는 좌우의 틈새시장이 아니다. "참
으로 지극한 것이어서 오래 지키기도 힘든 것"이고, "어울리면
서도 휩쓸리지 않아야 하고, 중심에 서서 기울어지지 않아야 하
고, 죽는 자리에서도 바꾸지 않는 절개가 있어야 지킬 수 있는
가치"다(『중용』 10장).

　공자는 "나라의 걱정은 재물이 적은 것이 아니라 균등하지 못
한 것"이라 했고(『논어』, 「계씨」), 맹자는 힘 있는 자들의 농단을 막
고, 백성들에게는 "항산恒産이 있도록 해서 항심恒心을 유지"케
하는 것이 군주의 책임이라 했으며(『맹자』, 「양혜왕, 상」), 순자는 "인
간 사회의 예의라는 것은 분배를 통해 온 천지의 생명을 차별 없
이 기르는 것(養)"이라 정의했다(『순자』, 「예론」).

이를 꼬투리 잡아 공자, 맹자, 순자를 좌파로 분류하는 무식한 인간이 있을지는 모르겠지만, 분배는 좌우 이념의 문제가 아니라 고대사회 때부터 인간에 대한 예의의 문제요, 중용의 실천 윤리다. 유가의 대척점에서 무위無爲의 정치를 주장하던 도가도 사회의 약자에 대한 군주의 유위有爲, 즉 군주의 책임만큼은 분명하게 명시해두고 있다(『도덕경』 78장).

좌도 우도 원래는 우리와 무관한 것들로 우리가 원하지 않았던 불청객이었으나 난폭한 불청객들이 한반도를 남북으로 갈라놓고 각각 안방을 차지하고 주인 노릇을 하고 있다. 우리가 안방자리를 불청객에게 내줌으로써 화려한 외양을 얻긴 하였지만 쉽게 해결되지 않는 '불안'을 떠안게 되었다. 우리를 괴롭히는 불안은 서양 사람들이 느끼는 실존의 불안과는 다른 성격이다. 프로이트의 리비도와는 전혀 상관없는 정서다. 우리가 지금 불안한 삶을 살고 있는 이유는 중화와 중용의 가치를 잃어버린 탓에 현기증이 일어날 정도로 쉴 새 없이 양끝을 향해 곁눈질을 해야 하기 때문이다.

관계의 철학, 인(仁)

외세의 힘에 떠밀려서든 아니면 권력의 강압에 의해서든 우리의 생활양식이 근대화, 서구화되는 지난 한 세기 동안 우리는 쉼없이 곁눈질을 하면서 누군가와 비교하는 삶을 살아왔다. 밖으로는 서양과 우리를 비교하고, 일본·중국과 비교를 하고, 안으로는 남북을 비교하고, 경상도와 전라도를 비교하고, 그리고 내 이웃에게, 내 동료에게, 내 가족들에게까지 곁눈질을 하며 살아왔다. 끝없는 키재기가 지금 이만큼의 풍요로운 삶을 살게 만든 동력이 되었을지는 모르겠지만 내가 뒤처지는 것은 아닌가 하는 불안과 함께 끝 모를 키재기에 온 나라가 지쳐 가고 있다. 중용의 가치를 잃어버리면서 어울리는 삶, 함께 하는 삶의 즐거움마저 잃어버렸고, 사람과 사람 사이에 관계 파탄이 일어났다. 그 사이에는 돈과 기계가 끼어들었다.

아득한 옛날 "사람이 별을 보고 길을 찾던 시대"가 있었다. 그리고 사람이 사람에게 물어서 길을 찾던 시대도 있었다. 이제는 사람 대신 네비게이션이 길을 인도한다. 편리하고 자세하기도 하고 틀림이 없을뿐더러 사람에게 길을 물을 때처럼 답례 인사를 해야 할 성가심도 없다. 하지만 사람과 유대가 끊어지고 기계의 지시에 따라 한 치의 오차도 없이 작동하는 도시의, 너무나 편리하여 오히려 삭막하고 그런 살풍경함 뒤에 숨어 있는, 무언가 형용하기 어려운 살기, 불쾌하면서도 섬뜩한 살기는 편리함을 누리는 대가로 얻는 덤이다.

우리는 불안하다. 인간을 편리하게 만들어 준다는 '시스템' 때문에 불안하다. 사회가 시스템에 의해 돌아가면서 시스템에 의해 내 성과가 평가되고, 시스템에 의해 급여가 산정되고 시스템에 의해 해고와 채용이 결정된다. 시스템에 의해 결정된 것에 대해서는 이의를 제기할 수도 저항을 할 수도 없다. "시스템 오류" 때문에 입은 피해에 대해서는 항의할 곳도 구제받을 곳도 없다. 인간이 한 일이 아니므로. 그래서 나에게 상처를 주고 해 꼬지를 하고 벼랑 끝에 내몰아버린 사람을 특정할 수가 없다. 시스템이 했기 때문에…. 과학적이고 합리적이긴 하지만 온기 는 없는 시스템 때문에 결국 막장으로 내몰린 사람의 반응은 대 략 두 가지다.

"다 죽여 버리겠어…." 우리나라가 개인의 총기 휴대가 금지 된 나라여서 다행인지도 모르겠지만 '묻지 마 칼부림'은 이제 엄 연한 현실이다. 예방하기도 예측하기도 어려운 무서운 현실이 되고 말았다. 또 한 가지는 자살이다. 코로나 대유행 기간 동안 코로나에 감염되어 사망한 사람의 수보다 자살자 수가 더 많은 나라가 우리나라다.* 이제 코로나는 잠잠해졌지만 자살은 여전 히 역병보다 더 무서운 기세로 번지고 있다.

이 살벌한 현상은 관계의 파탄이 불러온 결과다. 우리 사회에 관계가 있다면 '경쟁관계' 아니면 어떤 관계가 남아 있을까. '공 생관계'는 능력주의자들끼리의 카르텔일 뿐, 서민들의 인간관 계와는 아무 상관없다.

경쟁관계를 넘어서는 전통의 지혜는 '주이불비'周而不比의 정

---

* 「지난 3년 코로나 사망자보다 자살자가 더 많았다」,《중앙일보》, 2023. 6. 8.

신이고, 부도덕한 공생관계에 휘말리지 않으면서 자기 정체성을 지키는 처세는 '화이부동'和而不同의 지조이며 절개를 지키려는 중용의 철학이다. 중용은 이념에 대한 집착이나 세뇌가 아니라 언제 어디에서도, 어떤 상황에서도 흔들리지 않는 '나'를 지키고 '나'로 살아가게 하는 힘이다.

주이불비, 화이부동의 정신은 온화함과 절제가 바탕에 깔려 있기도 하고, 자신을 닦아서 남을 편하게 하는 것이다(修己以安仁, 『논어』, 「헌문」). 이웃의 측은지심惻隱之心에 기대어 사는 병자의 삶을 "비참", "비겁", "허튼 도덕"이라 경멸하고, 상대에 대한 혐오와 멸시의 시선이 짙게 배어 있는 니체의 "거리두기의 파토스"와는 전혀 성격이 다르다.* 끝없이 곁눈질(比)을 하며 줄을 서야 (同) 살아남을 수 있다는 강박과 불안신경증은 약으로, 정신분석으로 다스려질 수 있는 것이 아니다. 약이 아니라 철학! 삶의 철학이 필요하다.

거경궁리(居敬窮理)

철학이란 원래 '지혜를 사랑한다'는 말의 라틴어, Philosophia

---

* 프리드리히 니체, 『바그너의 경우·우상의 황혼·안티크리스트·이 사람을 보라·디오니소스 송가·니체 대 바그너』, 175~176쪽.

를 근대의 일본학자들이 일본식 한자말로 번역한 것을 우리가 그대로 받아 쓰고 있는 말이다. 그래서 우리가 철학이라고 한다면 그것은 당연히 고대 그리스의 플라톤, 아리스토텔레스에서부터 현대의 들뢰즈, 푸코와 같은, 서양철학자들의 사상을 일컫는 것으로 이해하면 된다. 19세기 말, 우리 사회가 외세에 의해 근대사회로 탈바꿈하기 전에는 '철학'이라는 말을 쓴 적이 없기 때문이다. 탄허 선사吞虛 禪師(1913~1983)는 철학이란 "시공이 끊어지고 분별이 사라진 진지眞知가 아니라 분별망상이 붙어 있는 망지妄知"이므로 우리 전통사상 '유불선'儒佛仙을 동양'철학'이라고 하면 안 된다고 했다.*

우리가 쓰던 낱말로 철학에 대응할 수 있는 것은 이치를 따져서 사물의 성격을 깨우친다는 의미의 궁리窮理, 또는 궁구窮究를 꼽을 수 있다. 미륵반가사유상에서 보듯이 불교에서 쓰는 '사유'思惟라는 말로 대체할 수도 있을 것 같다. 궁리나 사유는 사실 심오한 뜻을 품고 있는 것이 아니라 '생각한다'는 거다. "그냥 배깔고 누워서 생각하는 것"이 철학이다. 그래서 세상을 해석하기 위해, 불안과 우울에 시달리는 나를 달래기 위해 어려운 철학을 할 필요는 없다. 우리가 오래 전부터 해 오던 대로 편안하게 누워 '궁리'하거나 '사유' 즉 생각하면 된다.

유교철학에서 제일 강조하는 것은 내 몸을 닦는 수신이다. 그

---

* 문광, 『탄허 선사의 사교 회통 사상』, 민족사, 2020, 25쪽.

몸은 서양의 몸과 달리 마음과 분리되지 않은 몸, 즉 몸과 마음이 하나인 전체로서 '나'이다. 그래서 수신을 위해서는 마음으로 하는 '궁리'와 함께 몸으로 실천하는 역행이 필요하다. 그런 수신의 목표는 단 한 가지 '온전한 나 자신'이 되는 것이다.

수신을 통해 온전한 나 자신이 된다는 것은 이 시대 사람들이 앓고 있는 지독한 병, 이 시대 만병의 근원이라고 할 수 있는, "사물을 자기 자신과 동일한 것"으로 여기는 병(認物爲己之病)*을 다스리는 처방이다. 이 병은 자신이 타고 다니는 승용차와 자기를 동일시하고, 사는 아파트 평수와 자기를 동일시하고, 연봉과 자기 자신을 동일시하는 병이다. 이 병은 끊임없이 곁눈질하면서 주변과 자신을 비교하게 만든다(比而不周). 그중에서도 난치병이라 할 정도로 가장 중증의 병은 한순간 덮어쓰고 있는 가면에 불과한 벼슬을 자기와 동일시하는 병이다.

퇴계는 인간이 온전한 자기 자신으로 되돌아가기 위한 수신의 태도를 '경'敬이라는 한 글자로 표현했다. 퇴계가 강조한 '경'을 현대적 감각으로 재해석한 한형조는 "경건한 태도와 지속적 자기 성찰"로 번역할 수가 있다고 했다. 그래서 경이란 "일상의 비자각, 자기 망각을 극복하고 스스로의 힘과 가치를 회복해 나가는 존재의 훈련"이며 그 첫걸음이 흩어진 심신을 추스르는 것

* 퇴계 이황 편저, 『성학십도, 자기 구원의 가이드맵』, 한형조 독해, 한국학중앙연구원출판부, 2018, 195쪽.

3부 전통과 현대

(收斂)이다.* 다시 말하자면 경이란 심신미약 상태에 놓여 있는 자기 자신을 확고하게 되찾게 하는 힘이며, 삶의 태도인 것이다. 경 대신 인습이나 관행, 태만에 자신을 의탁하는 것을 방사放肆라 하였는데, 이는 사물에 의해 자기 자신이 소외된 상태로 전락하게 된다. 이런 삶이 바로 자포자기의 삶이다.

우리의 전통철학은 나를 강조하는 개인의 철학이 아니라 '나'와 '너' 사이의 관계의 철학이다. '나'와 '너' 사이의 관계는 수사학과 논리학으로 단련된 이성이 내뿜는 차갑고 세련된 논리(巧言令色)가 아니라, "강하고 군세지만 한편으로는 질박하고 어눌"(剛毅木訥)한 심성에 의해 유지된다. 그것이 '인'仁, 어짊이다.

경敬에 머물며 인仁을 실천하는 것이 '예'禮이기에, 공자는 사물四勿을 강조했다. 예가 아니면 보지도 듣지도 말하지도 말고 경망스레 움직이지도 말라는 거다. 그리고 사물四勿과 함께 또 하지 말아야 할 네 가지(四絶)가 있다. 사견私見을 함부로 내세우지 말고(毋意), '반드시', '기필코'라는 강박에 찌들지 말고(毋必), 분별없는 아집에 빠지지 말고(毋固), 이기적인 개인주의에 물들지 않는 것(毋我).

지금 우리 시대를 괴롭히고 있는 시대의 정신병을 다시 살펴보면 사견에서 헤어나지 못하는 '편견', 반드시 기필코라는 '강박증', 자기 아는 것만 보는 '확증 편향', 자폐 수준의 '나르시시즘'

* 같은 책, 118~199쪽.

에 뿌리를 두고 있는 것이다. 그리고 강하고 굳세지만 한편으로는 질박하고 어눌(剛毅木訥)한 심성이 남을 이기고 제압하기 위한 교언영색巧言令色에 짓눌림으로써 관계의 파탄이 일어난 데 따른 것이기도 하다.

공자가 사물四勿과 사절四絶을 통해 얻고자 하는 궁극의 가치는 바로 인仁이며, 인을 바탕으로 한 나와 너 사이의 관계가 사회로 확장된 것이 의義이다. 지금 한국 사회가 또 한국 사람이 불안하다면 그것은 너와 나 사이의 관계의 파탄에 있고, 관계의 파탄이 일어나면서 인의仁義가 붕괴된 것이 제일 큰 원인이다. 원인으로는 일제가 뿌려놓은 서양에 대한 열등 콤플렉스와 자학 사관의 영향이 크다.

길이 없으면 돌아가면 된다. 서양에 대한 열등 콤플렉스에서 벗어나는 길은 '빨리빨리' 서양을 닮아가는 데 있는 것이 아니라 우리 민족의 역사를 반만년이나 이어 오게 만든 전통의 지혜로 천천히 느린 걸음으로 되돌아가는 것이다. 그것은 좌도 우도 아닌 중용, 중화의 지혜다. 경에 머물며 사물의 이치를 살피는 '거경궁리'居敬窮理의 자세를 통해 우리가 찾아야 할 것은 서양인 에카르트가 우리 민족의 본성이라고 했던 '절제'와 '온화함', 꾸밈 없는 '간결함'과 넉넉한 '포용성'이다. 그리고 스스로 고개 숙일 줄 아는 '겸손함'이다.

그런 우리 민족의 본성을 오롯이 담고 있는 것이 백자 달항아리다. 우리가 보지 못했던 것을 서양인들이 먼저 본다. 20세기 초 독일 사람 에카르트에 이어 21세기 들어와서는 프랑스 작가에 의해서 재발견된다. 동네방네 헤매고 다니며 찾던 '힐링'이 바로 우리 곁에 있었던 거다.

항아리는 궁색한 것이 아니라 지금의 존재에 만족할 뿐이다. 세속의 지위 때문에 오만하거나 불안해 하는 사람에게 또는 이런저런 집단에서 인정받고자 안달하는 사람에게, 이런 항아리를 보는 경험은 용기는 물론이고 강렬한 감동을 줄 수 있다. 다시 말해, 겸손함의 이상을 확실히 목격함으로써 자신이 그로부터 멀어져 있음을 확인하게 된다. 자 여기, 겸손은 항아리 속에 담겨 우리를 기다리고 있다. 바탕은 진실하고 착하지만 자신의 취약한 부분을 방어하려고 되레 오만이 습관처럼 쌓인 사람이 이 달항아리를 찬찬히 살펴본다면 어떨까.

—『알랭 드 보통의 영혼의 미술관』*

* 알랭 드 보통·존 암스트롱 ,『알랭 드 보통의 영혼의 미술관』, 김한영 옮김, 문학동네, 2013, 42쪽.

12장 수행(修行)과 각(覺)

무의식과 마음

국내의 한 학자가 쓴 프로이트의 평전『프로이트』(한길사)의 부제가 눈길을 끈다. '무의식을 통해 마음을 분석하다'이다. 무의식을 문자 그대로 해석을 하면 '의식이 없는 상태'라고 할 수 있다. '무'無라는 말은 겉으로 드러나지 않는 것, 지금 여기 우리 눈앞에 보이지 않는 것으로 '없다'는 뜻이기 때문이다. 그러면 마음은 무엇인가? 적어도 불교 철학의 관점에서 보면 마음 역시 없는 것이다. 그래서 '없는 것'(무의식)으로 '없는 것'(무)을 분석하면 결과는? 아무것도 없는 것이 되지 않을까? 그런 점에서 정신분석은 어찌 보면 실체도 없는 허깨비를 분석했다고 주장하는 것과 별반 다르지 않다 정신이란 것이 기체도 액체도 고체도 아닌데 정신의 어떤 속성을 분석한다는 것인가.

동서고금 어디에도 마음이 무엇인가에 대한 논쟁에서 결론이 내려진 것은 없다. 그래서 최근에는 마음을 신경계의 분자생물학적 활동에 의해 일어나는 화학반응의 결과로 해석하는 뇌과학이 목소리를 키우고 있는 모양새다. 뇌과학자들은 각각의 마음(기쁨, 슬픔, 흥분, 분노 등등)을 관장하는 신경세포들과 짝짓기만 하면 마음의 과학적 실체를 확인할 수 있을 것처럼 떠들긴 하는데, 신경과 의사인 내가 보기에는 참 무모한 연구인 것 같다. 어제 다르고 오늘 다른, 변화무상한 인간의 마음을 몇 마디 개념 언어로 정형화한다는 것이 가당키나 한 일이지….

　　그래서 우리는 모르는 거다. 저런 연구를 하는 뇌과학자들의 깊은 속마음을. "원래 없는 것으로 생겨난 적도 더해진 적도 없고, 이름을 붙이려 해도 이름을 붙일 수도 없고, 그림을 그리려 해도 그릴 수 없는 것"(不曾生不曾滅 名不得狀不得)*이 마음일진대 이것을 과학으로 그 실체를 입증하겠다는 발상 자체가 얼마나 어리석은 일인지.

　　몸은 보리수이고(身是菩提樹)

　　마음은 명경대와 같다(心如明鏡臺)

　　때때로 부지런히 털고 닦아서(時時勤拂拭)

　　티끌이 끼지 않도록 해야 하리(莫遺有塵埃)

* 청허 휴정, 『선가귀감』, 신지견 역해, 새움, 2017, 15쪽.

— 신수神秀, 시법시示法詩

보리는 본래 나무가 없고(菩提本無樹)

명경 또한 대가 아니어서(明鏡亦非臺)

본래 한 물건도 없는데(本來無一物)

어디에 먼지가 쌓인다는 건가(何處惹塵埃)

— 혜능慧能, 시법시示法詩

　두 선승의 마음에 대한 시각의 차이는 무엇일까. 신수神秀는 마음이란 먼지만 끼지 않는다면 거울처럼 맑고 깨끗한 것이기에, 늘 쓸고 닦고 털어서 거울처럼 맑은 마음을 가지라는 것이다. 반면에 혜능慧能은 마음이라는 것이 원래 "실체가 없고 항상 머물지도 않은 것"이어서 번뇌든 망상이든, 죄업이든 어느 것 하나 끼어들 데가 없는데, 도대체 어디에 무슨 먼지가 낀다는 말인가라는 반박성 물음이다. 이 논쟁은 돈수頓修와 점수漸修의 논쟁으로 지금껏 결말이 나지 않은 논쟁이지만, 돈수든 점수든 끝내 놓아 버리면(放下敎義) 문득 스스로 자기 마음의 실체를 알게 된다고는 하는데, 놓아 버린다는 게 그리 쉬운 일인가.

· · ·

　기계Mechanics의 작동 원리인 기전Mechanism으로 삼라만상을 이해하고 설명하려 드는 과학적 사고로는 신수와 혜능의 논쟁을 이해할 수도 없을뿐더러 실용성이나 경제성이라고는 눈곱만큼도 없는 선사들의 한가로운 음풍농월로 비춰질 터이다. 특히 마음의 모든 실체가 인간의 몸, 그중에서도 뇌와 신경세포 속에 탑재, 저장되어 있다고 믿는! 뇌근본주의자들의 신앙심과 다를 바 없는 얕은 지식으로는 "바람에 깃발이 흔들리는" 자연현상을 놓고, 흔들리는 것이 깃발인지 아니면 마음인지를 놓고 정진에 정진을 거듭해 온 선승들의 미련함이 도저히 이해 불가의 영역일지도 모른다.

동아시아 문화권의 전통 사상인 성리학과 주자학, 양명학 그리고 불교, 도교에서 이야기하는 마음은 서양의 프시케Pysche에서 출발하여 해부학으로 분석된 정신과는 개념이나 성격이 다르다. 동아시아 문화권의 마음은 서양의 정신과 달리 해부학이나 생리학과 같은 자연과학의 법칙이나 개념에 물들지 않은 것이어서 서양의 기계적 사고방식에서 출발한 기전Mechanism으로는 설명이 불가능하다. 영어를 몇 마디 섞어야 자신의 말에 품격이 있다고 생각하는 사람들은 '마인드'Mind라는 말을 쓰기도 하는데, 이 또한 분석할 수 있는 실체가 없는 것은 마찬가지다.

만약 '비즈니스 마인드'라는 말을 '사업가의 태도'와 같이, '마인드'를 '태도'로 바꾸면 의미는 좀 더 선명해지고 분석 대상이 뚜렷해진다. 사람의 태도라는 것은 내 몸 밖의 사물, 세계에 대한 내 몸의 반응이다. 그런 몸의 반응을 보고 사람들은 내 마음을 읽는다.

사람의 삶은 몸으로 꾸려가는 것으로 몸은 해부학적 구조를 가진 생물학적인 몸인 동시에, 그 몸을 둘러싼 세계의 역사와 문화가 침전된 몸이다. 따라서 '나' 또는 '너'의 마음은 몸짓이나 태도에 의해서 드러날 때 짐작할 수 있을 뿐 몸 속에 확인가능한 실체가 있는 것은 아니다. 인간의 몸짓 하나하나에, 숨소리조차 인연 없이 홀로 이루어지는 것은 없다. 그러므로 인간의 몸짓이나 태도, 표정은 나와 너의 관계에서, 그리고 관계를 지탱하는 문화에 의해 결정되어 세대를 거듭하며 역사가 되어 전승되는 것이지 고립된 몸속에, 몸 안의 두개골 속에 고립되어 있는 뇌가 결정하는 것이 아니다.

정동장애

무엇을 마음이라 할 것인가에 대해서는 의학적으로도 확실한 개념 정립을 하기가 어려운데, 현대의 정신의학자들은 마음의 변화를 통칭하여 정동Affection이라 하고, 이 정동이 불안정하거나 또 사회 일반의 공통감과 거리가 있는 사람은 자기 자신은 물론 곁의 이웃까지 불편하게 만드는 경우가 있다. 정신의학자들은 이런 사람들을 정동장애Affection Disorder가 있는 것으로 진단한다. 지금 조현병, 우울증, 불안증, 강박신경증 같은, 모든 정신질환을 포괄하면 넓은 의미에서 정동장애의 범주로 묶을 수 있다.

그렇다면 이 정동을 또 어떻게 정의할 것인가? 무엇을 마음이라고 할 것인가와 마찬가지로 무엇이 정동인가라고 물을 때도 선명한 답을 하기 어렵기는 한가지다. 정동은 지극히 주관적인 감정과 관련된 것이기 때문이다. 정동과 유사한 의미로 정서라는 말이 있는데, 정서에 대해서 프로이트는 "인간의 가장 내밀한 주관적 본질로서 감정들의 지속적인 종합"이라고 정의하고 있다.* "지속이 종합된 것"을 달리 표현하면 역사나 문화가 된다. 따라서 인간의 정서에는 반드시 역사와 문화가 반영되어 있다. 그러므로 정신의학이 인간의 정서를 분석하고 치료하는 데는 한계가 있다. 정신의학에서 분석 대상으로 삼는 정신에는 역사나 문화가 전혀 반영되어 있지 않기 때문이다. 그래서 역사나 문화에 대한 일말의 숙고도 없이 오이디푸스 콤플렉스, 근친상간과 부친 살해 충동이 온 인류의 보편적 본능이라는 주장을 함부로 할 수 있었던 거다.

그러면 무엇을 정동이라고 할 것인가. 의학교과서에 나오는 정의도 저자에 따라 제각각인데 일본의 철학자, 유아사 야수오 湯淺太雄(1925~)가 인문학적인 시각에서 정의한 정동에 대한 분류와 정의를 인용해 보면 다음과 같다. 'Affection'을 정동이라 번역하는 우리와 달리 일본 철학자는 'Emotion'을 정동이라 번역

---

* 지그문트 프로이트, 『꿈의 해석』, 88쪽.

하고 있는 것이 눈길을 끈다.

먼저 감정feeling은 "기쁨과 화냄이라고 하는, 비교적 단순한 개개의 과정"들을 말하고, 정동emotion은 "지속 시간은 짧은 범위에 한정되어 있지만 감정보다는 강력한 감정의 경과"이며, 기분Sentiment은 "일정한 감정이 장시간에 걸쳐서 한 가지 형태로 막연한 상태에서 지속되는 것", 그리고 충동Appetite은 "생리적이고 본능적인 욕구와 결합된 채로 나타나는 정동"을 말하고 정념Passion은 정동과 거의 같은 의미로 해석되기도 하지만 "충동에 가까운 뉘앙스"로 사용된다. 생리심리학적 관례에 따라 이 다섯 가지를 총칭해서 '정동'이라고 부른다는데, 한국에서 '정동'이라고 번역하는 'Affection'에 대해서는 별도의 정의나 설명이 없다.*

정동이라고 할 수 있는 위의 다섯 가지 마음 외에도 열정이라고 할 수 있는 '파토스'Pathos, 그리고 집단 정서나 시대 정서라고 할 수 있는 '에토스'Ethos라는 정동도 있지만 우리말로 대체할 용어가 없는지 대부분의 번역서에는 원어 발음 그대로를 한글로 풀어 쓰고 있다.

정동이나 정서에 대한 이러한 정의와 소분류가 과연 얼마나 타당성이 있는지는 모르겠으나 학자의 역할과 학문의 속성 자체가 분류와 명명命名에 있는 것인 만큼 정동장애를 치료하거나

* 湯淺太雄, 『身體論』, 237面.

상담을 해야 하는 치료자의 처지에서는 상당한 도움이 될 것도 같다. 임상의학이라는 것이 사실 정의를 기준으로 해서 정상과 비정상을 분류하고, 비정상을 정상으로 되돌리려는 인간의 이성이 펼치는 노력과도 같은 것이기 때문이다.

모든 정신질환에 대한 정의와 기준을 집대성해 놓은 지침서가 『정신질환 진단 및 통계 편람』DSM인데, 이 지침서는 미국에서 교육받고 훈련받은 정신보건 전문가들로 구성된 '미국정신의학협회'가 만든 것이다. 사실 거의 모든 나라에서 정신질환의 진단은 이 지침을 따르는데, 그래서 온 세상이 "미국처럼 미쳐 간다"라고 하는 사람도 있다.* 아무튼 지금 이 세상에는 '미쳤다'라고 할 수 있는 사람이 있는 것은 사실이기 때문에 어떤 기준이 필요하긴 하다. 다만 정상과 비정상을 가르는 기준을 누가 정하는가, 무엇을 기준으로 할 것인가는 쉽게 결론을 내리기 어렵다.

스님이 웃으며 말하기를(師微笑曰)

독한 약을 써서 무엇하리(何心眩瞑)

어거지로 이름만 붙이지 않는다면(但物强名)

본래부터 병은 없는 것이거늘(自然無病)

— 고은, 『선禪』

* 에단 와터스, 『미국처럼 미쳐가는 세계』, 김한영 옮김, 아카이브, 2011 참고.

고대 중국의 선가 4대조 도신道信이 '좌탈입망'坐脫立亡하기 직전 후계자인 5조 홍인弘忍에게 남긴 법어다. 몸에 생긴 병도 굳이 이름을 붙이지 않으면 병이랄 것도 없는 건데, 하물며 있지도 않는 마음에 정신이라 이름을 붙이고 정상/비정상을 갈라 치료를 하네, 격리를 하네, 법석을 떨 필요가 있을까. 서산대사의 일갈이다.

가지가지 온갖 것에다 이름을 어거지로 갖다 붙여 놓고 마음이라 하기도 하고, 부처라 하기도 하고, 중생이라 하기도 하는 거다. 한 생각만 어그러지면 금방 비뚤어지는 게 마음이지만 본질은 다 같은 것!

이름 몇 자 안다고 까불지 마라!

— 청허 휴정,『선가귀감』*

물속에서 달 찾는 사람들

우리가 흔히 '마음'이라고 부르는 것과 좀더 학술적인, 혹은 의학적인 용어로서 '정신'은 같은 것일까. 융의 분석심리학에서

* 청허 휴정,『선가귀감』, 25~26쪽.

는 'Psyche', 'Geist', 'Seele'를 구분하고 우리말로는 각각 심혼心魂, 정신精神, 영혼靈魂으로 번역한다. 이 셋의 차이를 우리가 선뜻 이해할 수 있는 개념으로 구분하기는 쉽지 않다.

우리가 정신이라고 번역해 쓰고 있는 프시케Psyche의 어원은 고대 그리스 시대의 아리스토텔레스가 "생물들의 제 1 원리"라고 한 것*으로 분석심리학에서는 이 '프시케'를 "개인의 인격을 형성하는 종합적 심리현상"이라 설명하는데, 심리학Psychiatry과 정신의학Psychology이 상대하는 정신은 필경 이 프시케에 뿌리를 두고 있는 것일 터이다.

'Geist' 역시 정신으로 번역되기는 하지만 프시케와는 전혀 다른 개념이다. 헤겔은 정신Geist을 "지성의 역동적 활동"으로 설명하면서, 해부학과는 전혀 상관없음을 강조한다. 신경해부학에서 "뇌섬유 등이 정신의 존재로 간주하는 것은 그 자체가 한낱 가설"에 지나지 않고, 그것이 실재로 존재하고 눈에 보이는 것이라 하더라도 그것은 "생명 없는 죽은 몸"에서 찾은 것이라 정신의 증거라고 할 수 없다는 거다.** 헤겔의 정신은 정치와 경제, 역사와 문화가 응집된 것으로 당시 신경해부학자들이 뇌지식으로 설명하려 드는 정신과는 성격이 다르다. 그래서 헤겔은 당시의 골상학과 신경해부학이 인간의 정신을 과학의 언어로

---

* 아리스토텔레스, 『영혼에 관하여』, 유원기 역주, 궁리, 2001, 65쪽.
** G. W. F 헤겔, 『정신현상학 1』, 임석진 옮김, 한길사, 2005, 367쪽.

규명하려 드는 것을 용납할 수 없었다.

분석심리학파의 융은 'Geist'를 "화산 분출"이나 "간헐천"間歇川과 같은 의미*를 담고 있는 "비물질적 실체"임을 분명히 하고, "보이지 않는 현존의 의인화"를 가능케하는 것이라고 정의한다.** 우리말의 얼이나 넋에 상응하는 개념이라고 볼 수 있을 것 같다.

그렇다면 'Psyche'와 'Mind'의 차이는? 'Psyche'는 라틴어 Anima에 상응하는 개념으로 "호흡이 있는 생명체의 형상"이란 의미에서 생물학적 개념이되, 종교적 윤리적 개념을 내포하지 않는 반면,*** 'Mind'는 단순한 심적 능력으로 생물학적 개념과는 무관하게 통용된다. 대신 프시케와 달리 마인드에는 종교적이거나 윤리적인 개념이 내포되어 있다. 요즘 세간에서 많이 유통되는 '멘탈'Mental은 순전히 중추신경계의 기능과 관련된 용어이지, 마음이나 정신에 필적할 만한 개념은 아니다.

현재 의학적 측면에서 바라보는 프시케, 즉 정신은 형이상학적 의미는 거의 상실하고 뇌와 신경계에서 분비되는 신경전달물질의 작용으로 일어나는 심리적 반응을 설명하는 말로 축소

---

* 칼 구스타프 융, 『칼 융, 차라투스트라를 분석하다』, 김세영·정명진 옮김, 부글북스, 2017, 291쪽.
** 칼 구스타프 융, 『원형과 무의식』, 한국융연구원·C. G. 융 저작 번역위원회 옮김, 솔, 2002, 274~282쪽.
*** 맥스웰 R. 베넷·피터 마이클 스티븐 해커, 『신경 과학의 철학』, 이을상 외 옮김, 사이언스북스, 2013, 49쪽.

되어 있다. 정신도 근대 이후 발전하기 시작한 해부생리학, 생물학이라는 실증적 지식에서 다듬어진, 즉 자연과학적 개념으로 설명하고 있기 때문이다.

프로이트가 활약했던 19세기는 해부학 중에서도 신경해부학과 뇌과학이 발달하여 신경국재화 이론이 확립된 시기이기도 하다. 프로이트가 인간의 정신을 하나의 물질로 보고 분석의 대상으로 삼았던 것도 그가 원래 신경해부학자였기도 하고, 당시의 생물학과 신경해부학의 발전 성과에 따른 것이다. 신경해부학자들은 뇌와 뇌세포에는 인간의 행동과 사고를 결정하는 고유한 영역들이 있다는 사실을 확인하고 각각의 영역들과 기능을 표시하는 지도를 만들었다. 이 지도는 지금도 신경과 질환의 진단과 치료에 중요한 근거 자료로 사용되고 있다.

동아시아 문화권에서 인간의 몸은 정기신精氣神으로 구성되어 있는 것으로 설명할 뿐 '정신'에 대한 언급은 찾기 어렵다. 정신에 상응할 만한 말은 오로지 '마음'뿐이다. 얼과 넋이란 말이 있긴 하지만 학술용어로는 그다지 많이 쓰이는 것 같지 않고, 마음이나 '심리'라는 말이 더 폭 넓게 사용되는 것 같다. 동아시아의 마음은 뇌의 기능과는 전혀 무관하고 심장에서 생기는 것으로 이해했다는 점에서 서양의 'Psyche'나 'Mind'와는 차이가 있다.

프로이트가 분석한 정신은 엄밀하게 보면 광의의 정신이 아니라 마음을 분석한 것이라고 할 수 있다. 마음도 마음먹기에 따라 온 세상을 품을 수도 있는 것이지만, 프로이트가 분석한 것은 탐욕과 분노, 어리석음, 즉 탐진치貪瞋痴에 물든 것, 그중에서도 오직 하나, 색탐에 물든 것을 콕 집어 리비도로 부르고, 리비도가 억압이 되면 병이 된다는 주장에 유럽의 백인 남성들이 옳거니 박수를 친 것에 불과한 것이다.

그러면 도대체 마음이란 게 무엇인가? 어디에 있는 것인가? 최근에는 신경과학자들이 뇌 속에서 마음을 찾겠다고 두개골 속 1,400그램짜리 단백질을 휘젓고 있다.

뇌는 두개골 속에 밀폐된 채로 두개골의 보호를 받고 있다. 두개골 밖으로 나온 뇌는 아무런 기능도 없고 빠른 시간에 부패되어 갈, 불쾌한 물질에 불과하다. 그리고 두개골은 피부가 둘러싸고 있다. 피부가 벗겨진 두개골, 즉 해골 속에 들어 있는 뇌는 순식간에 액체로 변하여 원효 같은 이에게는 깨달음을 주는 감로수일지는 몰라도, 대부분의 사람들에게는 혐오감과 함께 진저리를 치게 만드는 악취를 풍긴다.

뇌는 그런 물질일 뿐이다. 그런 물질이 어떻게 인간으로 하여 말하게 하고, 생각하고 하고, 춤추며 노래하게 하고, 지난 일들을 기억하게 하고, 앞날을 예측하고 상상하게 할 수 있는 마음을 만든다는 것인가.

없다. 원래 없는 것이다. 마음은 어디에도 머물지 않는 것이어서 찾을 수가 없다. 생긴 적도 없고 소멸된 적도 없다. 마음이란 "기러기가 날아오면 기러기의 형체를 비추어 주는 거울못 같은 것이고, 바람이 불어오면 소리를 내는 대나무 숲 같은 것이어서 기러기 날아가고 바람 그치면 형체도 흔적도 없이 사라지고 마는 것"이다(채근담).

그래서 마음을 찾겠다고 뇌와 사람의 몸속을 뒤지는 것은 못에 비친 기러기를 찾겠다고 못 속에 뛰어드는 꼴이요, 바람을 찾겠다고 대나무 숲을 헤치고 다니는 것이나, 물에 비친 달을 찾겠다고 물길을 헤치고 물속으로 뛰어드는 꼴(撥波覓月)과 마찬가지다.

무명번뇌 그 자체가 바로 불성이요(無明實性卽佛性)
허수아비같이 덧없는 육신이 그대로 법신이다(幻化空身卽法身).

결국 "만상이 원래 빈 것"(空)이라는 것, 한 물건도 없다(無一物)는 것을 깨닫는 것이 곧 불성이요 법신이다. 지금 우리가 보고 있는 것 일체가 환영에 불과한 것이어서, 깨달음이란 일체의 법이 공空임을, 그리고 마음 또한 '적寂한 것임을 아는 것, 이것이 바로 각覺! 깨달음이다.

파란 눈의 서양 사람이 불교 철학의 이 깨달음을 일러 정각正覺이라 하였다. 정각이란 육진의 오염이 없는 청정한 상태의 마음을 유지하여 "외부의 명령이 아니라 내면의 소리에 귀 기울이게 하는 것"으로, 내면의 소리를 듣게 되면, "자기가 높은 목표도 없이 갈등도 없이 향상도 없이, 자그마한 쾌락에 만족하면서도 결코 흡족해 하지 못한 채 헛되이 보낸 세월이 얼마나 길었던가"를 성찰하게 된다(헤르만 헤세, 『싯다르타』).

이 깨달음은 정신분석을 통해 얻을 수 있는 것은 아니다. 깨달음이란 결국 아무것도 없다는 것, 한 물건도 없다는 것을 아는 것인데, 한 물건도 없는 것에 대해 무엇을 분석할 것이며 분석한 결과를 어디로 끌고 갈 것인가.

정신분석과 명상

자연과학적인 방법으로 무언가를 분석하기 위해서는 돌멩이처럼 지금 현재 일정한 공간을 차지하고, 일정한 무게나 성질을 가지고 있어야 한다. 하지만 정신이나 마음은 공간을 차지하고 있는 물질이 아니고, 일정한 형상을 가진 것도 아니다. 따라서 칸트의 인식론에 따르면 정신분석은 "직관 없는 개념"으로만 접근하는 것이어서 "공허"한 분석이 된다.

프로이트가 직접 내린 '정신분석'의 정의에 따르면 "어떤 다른 방식으로는 접근이 불가능한 정신적 과정의 탐구를 위한 절차"이고, "신경질환(신경증)을 치료하기 위한 방법의 이름"이며, 한편으로는 "해석의 기술"이며 "발전 도상에 있는 과학"이라고 했다.* 그런데 그 해석이 어떻게 천편일률적으로 과학적 근거가 빈약한 성충동으로 귀결될 수 있는지 의문스럽다. 그래서

* 지그문트 프로이트, 『과학과 정신분석학』, 137쪽, 142쪽.

프로이트의 정신분석은 과학이 아니라 좋게 말하면 사변철학으로 흘러갔고, 야스퍼스는 프로이트의 영향력에 대해 "단체를 설립하고, 배반한 제자들을 파문하는 방식을 통해 종파 설립의 형식을 취"한 것으로 "과학의 옷을 입은 신앙운동"이라고 혹평했다.*

의료 행위로서 정신분석이 시도된 것은 19세기, 지역으로는 유럽에서부터인데, 정신분석이 겨냥하고 있는 신경증은 순전히 '근대'라는 시대가 만들어 낸 질병이다. 신경증은 근대를 살아가는 근대인의 특성, 즉 "생각과 통찰에 의해서가 아니라 오로지 충동과 욕망에 의해 좌우되는" 삶(헤르만 헤세, 『싯다르타』)을 살아가기 때문에 얻게 된 질병인데, 프로이트가 겨냥한 정신분석은 바로 이 충동과 욕망이다. 의식 아래로 억압되어 있는 충동과 욕망을 의식 위로 끌어올려 해소시킨다는 것이 정신분석이 노리는 치료 효과다. 이때 분석의 대상이 되는 나와 나의 정신은 나의 의지와는 무관하게 철저하게 분석을 하는 의사에게 대상 혹은 객체로 전락하게 된다.

일천한 정신분석의 역사와 달리 나 자신의 깨달음으로 가는 길을 인도하는 참선의 역사는 우리 역사만큼이나 뿌리가 깊다. 참선은 권위있는 제 3자의 분석과 처방에 의해 충동이나 욕망을 제어하고 소멸시키는 것이 아니다. 돈오든 점수든 자기 자신의

* 카를 야스퍼스, 『정신병리학 총론 4』, 311쪽.

노력에 의해 자기의 본성을 깨닫는 데 있다. 내 몸과 마음을 억압하고 있는 것이 있다면 그 억압을 제거하는 것이 아니라 억압의 실체를 바로 아는 데 있다.

참선의 과정은 경전이나 권위있는 문서에 집착하거나 의지하지 않고(不立文字), 경전에 절대적 가치를 부여하지 않는 대신 체험을 중요시하며(教外別傳), 이를 통해 자신이 가지고 있던 본질을 드러내고(直指人心), 그리하여 지금껏 자신의 내면에 감추어져 있던 불성佛性을 알아봄으로써 깨달음을 얻는 것(見性成佛)이다.

자기 시대와 자기를 둘러싸고 있는 세계에 절망한 서양인의 눈에 비친 깨달음이란 내가 "시간에 예속되어 있는 덧없는 피조물"임을 알고 "형상의 세계란 것이 다 무상한 것"임을 알고난 뒤….

갈증으로부터 벗어나고 소원으로부터 벗어나고 꿈으로부터 벗어나고 기쁨과 번뇌로부터 벗어나고 자기를 배우는 것. 자기 자신을 멸각시키는 것, 자아로부터 벗어나 이제 더 이상 나 자신이 아닌 상태로 되는 것, 마음을 텅 비운 상태에서 평정함을 얻는 것, 자기를 초탈하는 사색을 하는 가운데 경이로움에 마음을 열어 놓는 것….

— 헤르만 헤세, 『싯다르타』

하여 내가 살아 있도록 해 준 인연의 무게, 살아 있다는 것에 대한 신비로움과 경이로움, 죽음으로 완성되는 삶의 거룩함과 장엄함에 기꺼이 무릎 꿇고 고개 조아릴 수 있게 하는 것. 그것이 깨달음이다. 그리고 죽음 직전의 "마지막 경련"은 새로운 깨달음을 알리는 몸부림 같은 것이다.

> 한 번 태어난 것은 반드시 죽기 마련이며, 죽지 않기를 바라는 것은 어리석은 생각이느니라…. (중략)
> 죽음이란 몸의 죽음일 뿐, 여래의 죽음이 아니니라. 여래는 몸이 아니라 깨달음이며 지혜이니라….
>
> —『금강경』*

수행, 깨달음의 방편

정신분석은 몸과 마음을 분리된 것으로 보는 데카르트 이후의 서양철학의 전통을 따라 몸에서 분리된 정신을 분석한 것으로 몸은 배제된다. 반면 동아시아 문화권에서 몸과 마음은 분리된 별개의 것이 아니라 하나인 '전체'다. 몸이 곧 '나'인 것이다(身則我). 그래서 깨달음으로 가는 과정은 몸과 마음이 같이 움직이는 '수행'에 의해서 이루어진다.

* 『깨달음으로 가는 금강경』, 법산 편역, 운주사, 2010, 643쪽.

그렇다면 수행이란 무엇인가. 수행 또한 아득히 멀리 있는 것이 아니고 까마득히 높다란 곳에 있는 것도 아니다. 개념이 아니라 체험으로 지혜를 얻는 것이기 때문이다. 가고 머물고 앉고 눕는 것(行住坐臥), 말하고 입 다물거나 쫓아다니거나 제자리에 머무는 것(語默動靜), 매일 밥 먹고 차 마시는 것(日常茶飯事), 그리고 배속에 가득한 근심을 풀어내는 것(解憂)…. 이렇게 매일매일 몸으로 하는 실천이 곧 수행이며, 수행의 궁극적 목적은 만상이 텅 빈, 공空임을 깨닫는 데 있다.

텅 비었다. 원래 텅 빈 거다. 삶이란 원래 텅텅 비어 있어야 하는 거다. 밥 먹고 돌아서서 장을 비우고, 물 먹고 돌아서면 방광을 비워야 하고, 시험을 치고 나면 머리 속에 든 것을 다 비우고, 월급받고 돌아서면 통장을 비우고, 때가 되면 내가 앉아 있던 자리를 비워 줘야 된다. 어제도 텅 비었고 내일은 아직 채우지도 않았으니 텅 비어 있고, 오늘도 속절없이 지나가는 것일 뿐, 채우기 위해 붙들 수 있는 것이 없다. 죽는다는 것은 마침내 내 살던 방에서 누군가가 내 몸을 치워 방을 비우는 거다.

그런데도 우리는 꽉 차 있는 줄 안다. 채울 수만 있으면 얼마든지 더 채울 수 있는 줄 안다. 꾸역꾸역 채우기만 하면, 자신은 늙지도 않고, 병들지 않고, 죽지도 않을 것이라는 세 가지 교만에 빠져 늙고 병든 자들, 그래서 죽어 가는 자들을 경멸하고 멸시하고 침을 뱉는다.

생각과 통찰 없이 욕망과 충동으로만 얼룩진 마음이 내 몸까

3부 전통과 현대

지 병들게 만든다. 그 얼룩만 벗겨내면 청정한 상태로 되돌아가는 것을, 도대체 무엇을 분석한다는 것인가. 그것도 서양 사람들의 이야기를 빌려와서….

말을 떠난 진여(離言眞如)…. 진여란 본래의 깨달음(本覺) 아닌가. 일체의 망상이 다하고 한마음이 밝아 티끌 하나 없으매 거기에 일체 만상이 함께 나타나는 바가 큰 바다에 바람과 물결이 하나가 되거니와, 만약 바람이 자면 물결이 고요해져서 거기에 하늘의 구름과 만상이 다 나타나지 않을 수 없는 것과 같다. 그것이 깨달음이다. 이것이 본래의 깨달음이며 이것이 본래 진리의 세상이며 바로 비로자나불 그 법신法身의 세상인 것이다. 아니 그것은 세계 그 자체인 것이다. 부처란 이렇게 망망대해 그것이 아니던가! 일컬어 해인삼매海印三昧 아니던가!

— 고은,『화엄경』

깨달음을 얻기 위해 환상이거나 허깨비에 불과한 서양의 숲에서 헤맬 것이 아니라, 고개 숙여 내 발밑에 있던 익숙하던 곳을 찾아 되돌아가면 된다. 나를 찾고 나의 소명을 알기 위한 수행과 명상은 내가 가장 익숙했던 삶 속에 숨어 있던 지혜를 찾는 것과 마찬가지다.

회광반조回光返照!

돌아가라! 매일 밥 먹고 차 마시던 그 자리로.

진종일 봄 찾아 헤맸지만 찾지 못하고(盡日尋春不春見)

짚신짝 끌며 잿마루 구름 두루 밟았네(芒鞋踏破嶺頭雲)

집에 돌아와 우연찮게 매화꽃 냄새 맡으니(歸來偶把梅花嗅)

봄은 이미 매화가지에 또렷이 있는 것을(春在枝頭已十分)

—「鶴林玉露 悟道頌」*

---

* 두송백,『선과 시』, 박완식·손대각 옮김, 민족사, 2000, 267쪽.

13장 수양(修養)과 도(道)

도(道)와 인격

　철학이라고 하면 우리는 대개 고대 그리스에 뿌리를 둔 서양 철학을 먼저 떠올리게 되는데, 우리 전통 학문에서는 보기 힘든 서양의 철학 용어 하나를 꼽으라면 '존재'라고 할 수 있다. 철학이란 말이 일본을 통해서 흘러들어온 일본식 한자이기도 한 데다가, 일본 철학계에서 만든 한자어로 '존재'라고 하면 다소 거창하고 어려워 보이지만 우리가 쉽게 쓰고 있는 말로 바꾸면 그냥 '있다'는 말이 된다.

　"존재만이 있다. 무는 불가능하며 생각될 수도 없다. 비존재는 없다"라는 고대 그리스 철학자 파르메니데스Parmenides (540~480, B.C)의 존재론은 '존재'와 '존재자', '존재성'과 같은 개념으로 전개되면서 현대의 하이데거Martin Heidegger(1889~1976)에 이르기까지 서양철학을 관통하는 핵심 문제가 된다. 그래서 '존재'라는 개념은 '허'虛, '무'無, '환'幻, '공'空, '적'寂, '정'靜처럼, 비어 있거나 없음, 정지됨, 또는 실체 없는 환영을 화두로 잡아 사유와 궁리를 반복해 온 동아시아 사유체계와는 거리가 멀어도 한참 멀다. '있다'(有)라는 것도 일시적으로 현상계에 머무는 것일 뿐, 눈앞에 펼쳐진 만상 그 자체가 텅 빈 공空, 즉 '가유'假有라는 것이 동아시아의 사유다. 그런 점에서 존재의 분별에 집착하는 서양철학과는 교집합을 찾기가 어렵다. 세계의 유래와 관련해서도 창조론과 진화론이 다투는 것은 절대자인 신이 인간과 우주를 창조했다고 믿어 온 서양 사람들의 오랜 믿음과 과학의 발전에 따른 사고의 변화가 충돌해서 빚어진 논쟁이지 만물이 '무'(『장자』, 「경상초」)에서 생겨난다고 생각한 노장으로 대표 되는 도교적 관점에서 보면 부질없는 논쟁이다.

공자는 천지와 우주의 창조, 생명의 기원에 대한 말을 한 적은 없다. 대신 노자가 말했다. "섞여 있는 무언가가 천지보다 먼저 생겼는데. 그것이 천지의 어머니인 도道다." 즉 도가 천지를 만들었다는 것이다(『도덕경』, 25장).

하지만 도는 인식하기도 어렵고 파악하기도 어려운 것이어서 개념을 정의하기가 불가능하다. 그래서 공자는 "도를 알면 저녁에 죽어도 좋다"고 했고, 노자는 개념으로 설명할 수 있는 도는 도라고 할 수 없다고 했다. 다만 도의 빛깔만큼은 검고도 검은 (玄之又玄) 빛이라고 분명히 밝혔다(『도덕경』, 1장).

하늘(天)의 빛깔을 두고 천자문에서는 검다(玄)라고 한다. 고대 동아시아 사람들이 하늘빛을 정말 검은(玄) 색으로 보았을까? 아니다. 여기저기 파란 또는 푸른 하늘(蒼天, 靑天)이란 뜻이 담긴 표현들이 널려 있다. 장자莊子가 "하늘의 저 푸른빛이 원래 제 빛일까, 아니면 멀리 떨어져 있어 그렇게 보이는 것뿐일까?"(『소요유』)라고 의심은 하지만 하늘이 원래 가지고 있는 푸른빛을 부정한 것은 아니다.

현玄이 뜻하는 '검음'이란 인간의 감각기관으로 인지할 수 있는 검음(黑)과는 차원이 다르고, 시간이 갈수록 엷어지는 그믐날 밤의 어둠(晦)과도 성격이 다르다. '현'玄이란 해가 지고 어둑살이 뻗치면서 사방이 짙은 어둠 속에 깔렸을 때, 그 어둠 속에 무엇이 있는지 우리가 알 수가 없고, 또 아득하고도 멀어서(幽遠) 쉽게 다가갈 수 없는 그런 검은 빛깔이다. 시간이 갈수록 더 짙어지고, 짙어진 만큼 또 깊이를 헤아릴 수 없는 것. "사물이 지극한 궁극"(玄也 物之極也)에 이르렀을 때의 빛깔이다.*

노자가 검은(玄) 빛깔로 표현했던 이 도道를 인간의 '인격'이라고 했던 서양 사람이 있다. 프로이트와 결별하고 새롭게 분석심리학파를 꾸린 칼 구스타프 융이다.**

---

* 왕필, 『왕필의 노자주』, 임채우 옮김, 한길사, 2005, 77쪽.
** 칼 구스타프 융, 『인간과 문화』, 한국융연구원·C. G. 융 저작 번역위원회 옮김, 솔, 2004, 33쪽.

거꾸로 선 사람들

인격을 영어로 쓰면 'Personality'가 된다. 이 단어의 어원은 페르소나Persona인데, 고대 그리스에서 연극배우들이 쓰는 가면을 뜻하는 라틴어다. 인간의 삶을 각본 없는 한 편의 연극이라고 했을 때 이 글을 쓰는 나는 의사라는 가면을 쓰고 있는 셈이고, 법조인들은 각각 판사·검사·변호사의 가면을, 언론인들은 기자의 가면을 쓰고 있는 연기자들이 된다. 그러므로 다른 사람이 보는 '나'는 나의 인격이 아니라 내가 쓰고 있는 가면을 보고 있는 것이다. 내 스스로도 잘 알지 못하고, 또 남이 쉽게 알 수 없는 '나'의 인격은 현란한 가면에 불과한 '페르소나' 뒤에 가려져 있다.

페르소나와 인격을 동일시할 수 없다는 사실은 전국에 생중계되는 고위 공직자들의 청문회에서 확인할 수 있다. 페르소나를 벗어던지고 맨얼굴로 청문회에 나타난 인물들의 인격은 거품이 낀 정도가 아니라 악취마저 풍길 때가 있다.

청문회에 등장하는 인물들은 대부분 전문가들이다. 이른바 우리나라 전문가들은 대개 "암기 위주의 주입식 교육"에 잘 적응하고 "문제풀이 요령" 습득에 천재 같은 재주가 있어 어렵다는 자격시험에 합격한 사람들이다. 그런데 이들의 자격시험에는 수험생의 교양 수준이나 직업윤리, 역사관, 민주주의와 시민의식, 인권 감수성 같은 것들을 평가할 수 있는 과목이 없다. 물

3부 전통과 현대

론 양심이나 인격을 평가하는 과목도 없다. 양심이나 직업윤리, 시민의식은 자기 수양에 의해 길러지는 것이지 암기능력이 좌우하는 시험성적으로 평가할 수 있는 것은 아니다.

자격증을 취득한 전문가는 자격증을 거머쥐는 동시에 거대한 조직에 소속된다. 조직에 소속되는 바로 그 순간부터 전문가들은 조직의 관행과 인습에 자기 자신을 의탁한다. 닦여져 있는 길을 따라가기만 하면 되기 때문에 자기수양, 자기계발보다는 숙고나 성찰 없는 모방에 익숙해진다. 조직이 크면 클수록, 조직의 힘이 강하면 강할수록 조직에 소속된 사람은 "도덕성과 지능의 측면에서는 우둔하고 포악한 짐승을 닮"아 가는 경우*가 많지만, 정작 전문가들 스스로는 자신들의 행위를 항상 절대 '선', '정의', '진실'에 두는 자기최면에 빠진다. 게다가 전문가들은 자격증에 의해 독점, 배타적 지위가 보장되기 때문에 시장원리에 따른 경쟁으로부터도 자유롭다. 그나마 조그마한 불이익이라도 있을라치면 조직을 앞세운 집단행동으로 사회 전체를 협박한다.

그런 점에서 보면 전문가란 악행을 포함한 자기 자신의 모든 행위를 정당화할 수 있는 능력을 가지고 있기 때문에 인격 수양이나 자기 성찰의 필요성이 별로 없는 사람들이라고 할 수 있다. 우리나라는 이런 사람들이 정관계의 요직을 독점하고 있는

---

* 칼 구스타프 융, 『인격과 전이』, 한국융연구원 · C. G. 융 저작 번역위원회 옮김, 솔, 2004, 50쪽.

사회다.

그런데 이런 유형의 사람들의 정신 상태가 썩 깔끔하지 못하다. 특히 조직 안의 직위나 직책에 대한 '갈애'渴愛가 심하고, 직책과 자신을 동일시하는 사람들의 인격에 낀 거품은 자아에 심각한 분열을 일으킨다. 이런 유형의 인물을 장자는 "거꾸로 선 사람"(倒置之民)이라고 했다. 현대의 감각에 맞는 말로 다시 풀면 '미친 놈'이 되겠다.

옛날 소위 뜻을 이룬다 함은 높은 벼슬을 얻는다는 말이 아니었다. 더할 나위 없는 즐거움을 얻는다는 뜻이었다. 오늘날 뜻을 이룬다 함은 벼슬을 얻는 것을 말한다. 벼슬이 몸에 붙어 있다 함은 본래의 성명性命이 아니고 밖에서 사물이 우연히 찾아들어 잠시 머물고 있는 것뿐이다. 잠시 머물기만 하는 것이란 그것이 왔을 때 거부해도 옳지 않고 그것이 떠나갈 때 만류해도 옳지 않다. 그러니까 옛 사람들은 벼슬을 얻었다고 멋대로 굴지도 않고 곤궁에 빠졌다고 세속을 따르지도 않았다. 그러나 요즘 사람들은 벼슬이 잠시 머물렀다가 가 버리면 즐거워하지 않는다. 이런 점에서 생각해 보면 벼슬을 얻어 즐거워한다 해도 틀림없이 마음속은 불안하여 거칠어질 것이다. 그래서 사물에 눈이 어두워져서 스스로를 잃고 세속에 휘둘리어서 본성을 잃게 되는데, 이런 사람을 '거꾸로 선 인간'(倒置之民)이라 한다.

—「繕性」,『莊子』

       3부 전통과 현대

거꾸로 선 사람이 때가 되어 조직에서 밀려 나와 혼자 바로 서야 할 때가 되면, 그래서 조직의 관행과 인습으로부터 보호 받지 못할 처지가 되면 정말 미치는 경우도 있다. 처신과 언행이 얄궂어진다. 주변에서는 '치매'를 의심할 정도다. 이유는 똑바로 선 자세에서 가면을 벗어버린 얼굴만으로는 세상을 바로 볼 자신이 없고 앞으로의 삶에 뚜렷한 전망을 가질 수 없기 때문이다. 그래서 이들은 새로운 가면을 덮어쓰기 위해 굶주린 늑대처럼 늘 권력 주변을 어슬렁거리고 다닌다. 그래 봤자 불안감과 공허함만 더 깊어진다. 세상에 대한 자신감과 삶에 대한 전망은 돈과 권력만으로 세워지는 것이 아니기 때문이다.

인생의 결과

염색을 한 탓인지 새카만 색에 숱이 무성한 머리에다 청바지와 운동화 차림의 60대 남성이 진료실 문을 열고 들어선다.

언뜻 보아 열혈 청년 같은 외모와는 달리, 진료실 의자에 앉은 그의 얼굴은 어두웠다. 가라앉은 목소리로 온갖 불편함을 쏟아 낸다. 머리가 아프고 귀에서 소리가 나서 잠을 깊이 못 이루지 못하고, 밤에 화장실 때문에 두어 번은 깨야 되고, 어깨와 목에 통증이 심하고, 손이 떨리고, 의욕이 없고 짜증이 늘고, 기억력이 자꾸 떨어져서 실수할 때가 많고….

60대 나이의 대부분 남성들이 겪을 수 있는 증상인지라 딱히 '환자'라고 규정하기도 어려운데 당사자는 증상에 해당되는 모든 검사를 원한다. 이런 경우 의사도 이 사람이 정말 적잖은 의료비를 써 가며 온갖 '정밀검사'를 통해서 자기 몸에 무슨 문제가 있는지를 확인하고 싶은 것인지, 아니면 없다는 것을 확인하고 싶은 건지 판단하기가 쉽지는 않다. 한 가지 뭔가 모르게 불안하고 뭔가에 쫓기듯 한 것만은 분명한 사실이다. 그 나이에 제일 두려워하는 것은 치매다.

그런데 주고받는 대화 속에서 혼잣말로 "무슨 놈의 인생이 결과가 하나도 없는지…"라는 탄식을 내뱉는다. 고개는 숙이고 있었지만 목소리는 가라앉아 있었고 눈가에 물기가 좀 묻어 있는 듯했다. 어떤 말 못 할 슬픈 가정사가 있는지는 모르겠으나 검사를 위한 처방을 들고 나가는 그의 뒷모습은 구부정했다. 목과 어깨 통증 탓인지….

그런데! 인생의 결과라는 게 도대체 무엇인가? 재물인가 아니면 퇴직 직전의 직책이나 직위인가? 아니면 자녀들의 자립과 혼사? 아니면 60이 넘은 지금 현재 '나'의 지위나 위상? 이 모든 것들은 결과가 아니라 살아가는 과정에서 내 몸에 붙어 있는 곁가지 아닌가? 정상의 지위에 올라 정오의 햇살을 한 몸에 받는 사람의 인생도 그 자리가 결과가 아니다. 정오의 햇살이 금방 기울듯이 곧 쓸쓸하면서도 비참한 하강이 기다리고 있다. 재물조차도 마지막에는 단 한 푼도 내 몸에 붙여 놓을 수 없는 것 아닌가.

3부 전통과 현대

그렇다면 인생의 결과라는 것은 무엇인가? 죽음이다. 인생이 원래 치사율 100퍼센트의 약도 없는 무시무시한 괴질이다. 그래서 생명 있는 모든 것들, 형상이 있는 모든 것들과 마찬가지로 인간 역시 무상한 존재이며, 공호, 무無를 향해 단 한 순간의 쉼 없이, 단 한 치의 우회도 없이 한길로 달려가는 존재다.

지금은 100세 시대가 현실이 되어 있고, 늙음이 치료가능한 질병으로 인정되는 시대인 만큼 생물학적인 기준으로 늙음을 재단하는 것은 아무런 의미가 없다. 늙음을 부정하는 사람은 꼿꼿한 자세로 서서 "나이는 숫자에 불과한 것"이라며 근육질의 탄탄한 몸매를 자랑하기도 한다. 그러나, 아무리 그래도 아무리 의학이 발전하여 늙음을 퇴치시킬 수 있는 질병으로 만든다고 하더라도 나이는 숫자에 불과한 것이 아니라 숫자가 맞다.

인간에 대한 평가는 대개 숫자로 시작하여 숫자로 끝난다. 학생들의 성적이 숫자에 불과한 것이라고 말하는 사람은 아무도 없다. 교수가 학점? 그거 숫자나 기호에 불과한 것이라고 한다면 아하! 그렇군요 하고 수긍할 학생들이 있을까. 고용주가 연봉? 그거 숫자에 불과한 것이라고 한다면 그때 임금노동자들의 반응은 어떻게 나타날까. 100세 철학자가 휘두르는 필봉에 사람들이 주목하는 이유는 그 철학자의 사상이 심오해서가 아니라, 철학자 앞에 붙어 있는 100이라는 숫자가 주는 신비 혹은 당혹감 때문이다. 정녕 나이가 숫자에 불과한 것이라면 '19 금'이 왜 필요하며, 왜 어린 아르바이트 학생들은 그냥 숫자만 많을 뿐

인 '아재'들로부터 욕설 섞인 반말 찌꺼기를 들어야 하나. 행복
도 지수라는 걸 만들어 숫자로 평가하고, 치매나 우울증도 점수
로 진단하고, 학자로서의 자질도 발표된 논문의 수와 '수주'해
온 연구비 액수로 평가하는데 나이만큼은 숫자에 불과한 것이
라고?

　우리는 흔히 "나이도 먹을 만큼 먹은 사람"이란 말을 한다. 나
이를 얼마나 먹어야 먹을 만큼 먹은 것인지 기준을 정할 수는 없
지만, 그 말 뒤에는 언제나 부정적이거나 비난 투의 말들이 따라
붙는다.

　"나이도 먹을 만큼 먹은 사람"에게 기대하는 것은 그칠(止) 바
를 아는 것이다. 그칠 바를 알기 위해서는 자신의 나이를 숫자
로 헤아릴 줄 알아야 한다. 속으로는 다들 헤아리고 있으면서도
"나이는 숫자에 불과"한 것이라고 자신을 속이는 거다. 그런데
나이 들어서도 그칠 바를 모르는 것이 아니라 그칠 수 없는 현실
이 더 문제 아닌가.

　"인생에 결과가 없다"는 넋두리는 나이도 먹을 만큼 먹었음에
도 불구하고 쉴 수도 그칠 수도 멈출 수도 없는 척박한 현실에
대한 원망을 토해 낸 것이리라. 그럴수록 늙은 몸에 대한 집착
이 더 강해진다. 종합검진보다는 정밀종합검진을, 정밀종합검
진보다 더 세밀하고 정확하다고 선전해 대는 '토탈정밀종합검
진'으로 몸을 샅샅이 살핀다. 그래 봤자 늙은 몸이 죽음으로 치
닫는 것을 막을 수는 없다.

그런데 현대의 첨단의학은 아무리 나이를 먹었어도 나이는 숫자에 불과한 것이라며 생명이 붙어 있는 한은 마지막 순간까지 결코 체념할 수 없도록 만드는 힘이 있다. 그래서 아예 삶을 체념할 테니 내 몸에 손대지 말라고 서약서까지 쓰는 사람들이 나올 정도의 희한한 풍경들이 펼쳐지고 있다. 이름하여 '연명치료 거부에 관한 서약서'이다.

소명

"나이도 먹을 만큼 먹었다"는 말과 함께 "살 만큼 살았다"는 말도 황혼의 나이에 접어든 사람들이 자주 내뱉는 말이다. "살 만큼 살았다"는 말에는 죽음에 대한 동경이 담겨 있는 말이다. 삶을 통해서 얻을 수 있는 그 무엇이 더 이상 없다는 뜻으로 여한이 없고 후회 없는 삶을 살았다는 만족의 표현이다. 남은 것은 죽음뿐이다.

죽음이 삶 속에 손길을 뻗치는 곳에서는 살벌한 분위기만 있는 것이 아니라 그윽하고 사랑스러운, 가을날처럼 흡족한 분위기도 있는 것이다. 죽음이 임박하면 삶의 작은 등불은 그만큼 더 절실하게 타오르는 것이다.

— 헤르만 헤세, 『나르치스와 골드문트』

사물이 지극한 궁극에 이른 것이 검은 빛깔의 도道라면, 인간의 삶이 지극한 궁극에 이른 것은 죽음일진대, 결국 삶의 완성이 바로 죽음이 될 것이고, 죽음의 모습은 죽은 몸의 주인인 그 사람의 살아온 인격이 완성되어 드러난 것일 터, 그래서 융은 "도는 인격이다"라는 결론을 내린 것이리라. 옛사람들은 삶이란 도의 가택假宅일 뿐, 죽음이야말로 도의 본택本宅이라고 했던 것이다 이런 이유 아닐까(『淮南子』, 「무칭훈」).

　그렇다면 도에 이른 좋은 죽음이 있고 도에 이르지 못한 나쁜 죽음이 있을까. 그런 건 없다. 죽음은 죽음일 뿐, 죽음 뒤에 지상에 남겨진 주검은 정해진 법과 절차, 그리고 예법에 따라 처리해야 할 흉물과도 같은 것. 굳이 좋은 죽음과 나쁜 죽음을 구분하려 든다면 좋은 삶과 나쁜 삶을 가르면 될 터이다.

　지금 우리 시대의 죽음은 몹시 천하다. 대단히 값싼 죽음들이 줄을 잇고 있다. 그 이유는 죽음이 천해져서가 아니라 지금 우리의 삶이 한없이 천하고 값싸졌기 때문이다. 살아 있다는 것에 대한 신비가 사라진 세상이 되었기 때문이다. 덩달아 죽음의 신비도 장엄함도 사라졌다.

　21세기는 삶도 죽음도 모두 과학의 언어로 설명한다. 게다가 지금은 과학의 진보에 대한 믿음으로 가득 차 있다. 과학이 진보 발전하여 우리의 삶을 개선할 것이라는 믿음은 맹신이나 미신의 수준이 아닌 근거가 있는 확신이다. 이런 과학에 대한 기대를 가지는 한 "여한이 없는 삶"은 불가능하고, 살 만큼 살았다는 포만감을 가질 수 없다. 결국 결과 없는 인생이 지루하게 이어지고, 삶의 권태가 짙어지는 것이다. 끝내 삶에 대한 환멸로 이어지게 된다.

과학이 설명하는 물은 단 세 글자, H_2O로 표시할 수 있고 세계 어느 곳을 가더라도 보편적으로 통용될 수 있는 물에 대한 과학적 표기다. 그런데 이 H_2O라는 기호만으로 왜 누군가는 물을 최고의 가치(上善若水)로 여기고, 왜 "어진 사람은 산을 좋아하고, 지혜로운 자는 물을 좋아하는지"(『논어』, 「옹야」)를 설명할 수가 없다.

의사는 사람의 죽음을 의학적으로 설명할 수는 있지만, 무지막지한 전쟁에서 비참하게 속절없이 무더기로 쏟아지는 '죽음'에 대해서는 단 한마디도 합리적 설명을 할 수가 없다. 전쟁 같은 절망적인 현실에서 삶의 희망을 얻지 못하면 내세에서만은 희망이 있을 것이라는 믿음이 사람을 살아가게 만드는 힘 아니겠는가. 그러나 과학(의학)의 언어에는 내세가 없고 희망이란 말이 없다. 그래서 과학적 사고에 물든 의사도 전쟁으로 "아무 뜻도 의미도 없이" 무더기로 쌓여 가는 죽음을 보고서는 종교와 신의 필요성을 인정하는 거다(김은국, 『순교자』). 잿더미 속에 파묻혀 있을지도 모를 한 줌의 희망을 찾을 수만 있다면 그 방법은 과학이 아니어도 된다.

과학적 공식과 개념만으로 인간의 삶과 죽음을 설명할 수가 없다. 과학이 인간에 대해 확인할 수 있는 것은 인간의 부분적인 상狀이지 전체로서의 인간은 아니며 과학은 우리가 어디서 와서 어디로 가는지에 대해서는 답은커녕 최소한의 언질도 주지 않는다. 인간은 그런 짧은 지식으로 자연을 정복했을 뿐 아니라 정신까지 해부하고 분석했다.

전체로서 통합된 인간은 혼과 백이 서로 껴안고 하나가 되어 서로 떨어지지 않는 상태를 말한다(載營魄抱一, 『도덕경』 10장). 혼백의 통합으로 해서 인간은 생물학적 존재를 넘어 영적 존재가 된다. 그러나 과학적 사고에 물든 우리 시대의 합리적 의식은 죽음이나 영적 존재의 재탄생과 같은 '신비', '장엄', '불가사의'를 인정하지 않는다.

현대인은 혼과 백이 분리된 상태로 살아간다. 몸과 마음이 하나가 아니라 분리된 둘이다. 그것은 서양의 근대과학이 이룬 성과다. 몸에서 분리된 정신은 뿌리 없이 "공중에 매달려 있는 꼴"이 되어 불안과 신경증을 유발한다. 이런 상태에서는 소명을 들을 수가 없다.

소명이란 과학으로는 설명되지 않는 비합리적인 울림이요 신비로운 속삭임이다. 그리고 "자신의 영혼과 양심 속에서 일어나는 축복"이며, "신분 상승이 아니라 나의 길을 가게 하는 내적인 독촉과 격려"다(헤르만 헤세, 『유리알 유희』). 그러므로 소명을 듣지 못한 인간은 가야 할 길을 잃고 방황한다. 한평생 술에 취한 듯 살다가 아무것도 깨닫지 못하고 꿈 꾸듯이 죽음을 맞이하는 것, '취생몽사'醉生夢死하는 거다.

지금은 소명을 들으려 해도 들을 수가 없다. 소명을 듣기에는 주변이 너무 소란스럽고, 사색과 성찰을 하기에는 환경이 너무 화려하고 자극적이기 때문이다. 그칠 바를 모르는 욕망이 들끓는다. 잠시라도 누워서 생각 좀 해 보는 것이 불가능할 정도로 삶이 황급하고 조급하고 각박하다. 빽빽한 관계망 속에 쉴 틈 없이 울리는 기계음에 갇혀 있고, 너무나도 야멸차고 각박한 경쟁심리로 서로 키재기를 하는데, 한가하게 내면의 소리를 들을 틈이 있기라도 한 것인가.

수양과 도(道)

인간의 삶이란 태어나서부터 죽음에 이르기까지 모든 과정이 '관계'에 의해 얽혀 있는 것이긴 하지만 지금 현대인이 겪고 있는 현실은 '관계'의 과잉에 의한 과잉각성 상태에 놓여 있다고 할 수 있다. 과거에는 생각조차 할 수 없던 관계들이 SNS, IT 기기를 통해 형성되고, 주체적 판단을 할 겨를도 없이, 또 인간이 가진 뇌용량으로는 감당하기 어려울 정도의 정보가 쏟아진다. 원하지 않더라도 디지털 시대에 살고 있는 이상 우리는 파도처럼 쉴 새 없이 밀려드는 쓰레기 정보를 피할 수가 없다. 그 속도는 생각할 겨를조차 없게 만든다. 과잉정보는 과잉각성을 유발하고 과잉각성은 심신을 옥죄는 강박증으로 이어진다. 이런 상태가 지속될 때 심신이 지치고 결국은 모든 가능성이 소진된 채 인격 자체가 피폐해진다.

그래서 최근에 나타난 문화현상 중의 하나가 '멍때리기'다. 생각을 멈추고 몸동작을 멈추고 잠시나마 모든 관계를 끊고 그저 나 자신을 내버려 두듯이 하는 이 '멍때리기'는 대회까지 열릴 정도로 많은 호응을 얻고 있고, 이른바 힐링 시장에서 주목받는 신종 힐링 상품이기도 하다.

멍때리기보다 한 발 더 나간 놀이가 '시체놀이'다. 놀 것도 볼 것도 많은 세상에 웬 시체놀이인가 싶은데, 시체놀이가 가진 함의가 여러 갈래다. 시체처럼 늘어진 당사자는 각박하고 살벌한 세상에 대한 거부감을 드러낸 것일 수도 있겠고 그 섬뜩한 광경을 보는 사람에게는 항의 아니면 시위의 효과도 있을 수 있기 때문이다.

이런 '멍때리기'나 '시체놀이'는 현대 디지털 시대의 새로운 문화현상이 아니라 동아시아 사회에서는 이미 고대 시대부터 도가의 실천철학이었다. 장자 시대의 남곽자기南郭子綦가 책상에 기대어, "몸을 고목처럼, 마음을 불이 꺼지고 남은 재"처럼 만들어 장례 치르듯, 자신을 잊어버린 상태, 상아喪我의 경지에 이르렀다. 요즘의 '시체놀이'를 한 셈이다. 상아의 상태에 있던 남곽자기는 갖가지 바람이 일으키는 온갖 소리를 다 듣는다. 사람이 부는 퉁소 소리뿐 아니라 땅이 울리는 퉁소 소리, 하늘이 부는 퉁소 소리까지(『제물론』). 하늘이 부르는 소명을 들은 거다.

장자는 상아와 함께 또 좌망坐忘을 이야기했다. 좌망이란 인의를 잊고, 예약을 잊은 뒤 얻게 되는 마음가짐으로 경전의 암송에 바탕을 둔 유가의 공부방식과 출세지향적 사고에서 벗어나는 것을 말하는 것이다. 그리하여 "손발이나 몸을 잊고, 귀와 눈의 작용을 물리쳐서 형체를 떠나 지식을 버리고 위대한 도와 하나"(『대종사』)가 되면 분별이나 차별이 없어지고, 집착이 사라지게 된다. 끝내 마음이 텅 빈 상태, 심재心齋에 이른다. 심재에 이르러서야 비로소 눈에 들어오는 것은 존재가 아닌, 공空이요 허虛이다.

저 텅빈 곳을 보아라. 아무것도 없는 텅빈 방에 눈부신 햇빛이 비쳐 저렇게 환히 밝지 아니한가. 행복도 이 호젓하고 텅빈 곳에 머무는 것이라.

—『장자』,「인간세」

우리가 지금 편안하지도 행복하지 못할 뿐 아니라 불안하고 우울한 것은 스스로 '심재'에 이르려고 노력하는 것이 아니라, 몸과 마음이 따로 떨어진 채로, 몸이 따라가지도 못하는 곳에 마음만 내처 내달리는 '좌치'坐馳 상태에 있기 때문이다. 소비수준으로 자신의 정체성을 확인하는 소비사회에 온몸을 내던진 채오색 오음에 취하여 눈과 귀는 멀고, 말달리며 사냥하듯 살아간 탓에 심신이 발광할 지경에 이르렀기 때문이다(『도덕경』, 12장, 馳騁田獵 令人心發狂).

믈이 흐르는 소리, 별이 내뿜는 빛, 바람이 일으키는 흔들림, 빗방울이 대지를 적실 때의 생기, 오고가는 구름의 유유자적함, 하늘의 청명함은 장자의 시대와 전혀 달라진 것이 없지만 문명인들은 자연의 소리와 움직임을 볼 수도 들을 수도 느낄 수도 없다. "비뚤어진 문명인은 공적으로 보증되지 않는 소리를 자각할 능력이 없"기 때문이다.*

> 오스트레일리아의 어떤 지방의 늙은 농부들은 지금도 숲속의 나무들이 살아 있다고 믿는다. 그래서 특별한 이유가 없는 한 나무에 생채기를 입혀서는 안 된다고 여긴다.
> — 조지 프레이저, 『황금가지』

숲속의 나무가 살아 있지 않으면 그게 숲이라고 할 수 있나? 어처구니 없는 백색 문명인의 자연관이다. 나무를 생명 없는 한갓 물질로 아는 문명인들, 그래서 숲을 불도저로 밀어버리는 데에 아무런 망설임도 주저함도 없었던 거다. 지금 지구는 점점 뜨거워지고 있고 여기저기서 불길이 치솟고 있다. 쉽게 꺼지지도 않는 불길이 거세게 타오르며 세상을 야금야금 잠식하고 있다. 이 재앙은 분명 "비뚤어진 문명인"들이 감당해야 할 업보다.

* 칼 구스타프 융, 『인간과 문화』, 29쪽.

프로이트는 슬픔이란 "세상이 빈곤해지고 공허해져서" 생기는 감정이지만, 우울증은 "자아가 빈곤해지는 것"이라고 설명하면서 슬픔과 우울증을 구분한다. 약간은 다른 이 두 가지 감정이 촉발되는 계기는 똑같이 나와 관계를 맺고 있는 것들의 '상실'이다. 상실에 따른 빈자리를 채우지 못하면 슬픔이나 우울증으로 이어지는 것인데, 우울증의 경우는 슬픔과 달리 자아가 빈곤해짐으로써 "자기비하감"과 "자기애의 상실"로 이어진다는 것이 프로이트의 주장이다.*

　　'빈자리'라는 프로이트의 관점에 따를 때 '도'와 '우울'은 같은 성격이지만 전혀 다른 모습으로 드러난다. 빈자리를 '상실'로 받아들이면 우울증이 될 것이고, 한쪽의 빈자리가 다른 쪽의 채움이 되는, 다 같은 '하나'임을 깨닫게 되면 도道의 경지에 이르는 것이다. 이런 도의 경지에 이르기 위한 수양이란 '나를 가득 채우고 있는 것들'을 내 스스로 내 의지로 나날이 비우고 들어내는 일이다(『도덕경』 48장, 爲道日損. 損之又損). 그래서 '인생의 결과'라는 것은 마침내 텅 빈 것임을 깨닫는 것이다.

　　도의 경지에 이른다는 것은 '조철견독'朝徹見獨! 즉 동터 오르는 '새벽 같은 환한 깨달음'으로 삶이란 '혼자 왔다 혼자 가는 길'

* 지그문트 프로이트, 『정신분석학의 근본 개념』, 244~248쪽.

임을 깨닫는 거다. 나를 이 세상에 던져지게 만든 소명을 따라가는 길은 쓸쓸하면서도 고독한 길임을 깨닫는 것, 되돌아 갈 수도 없는 그 길 끝이 무無라 할지라도 흔들림없이 가야만 한다는 것을 깨닫는 것이다. 그 길 끝이 도道이며, 가면(페르소나)를 벗어던진 뒤에야 비로소 드러나게 되는 완성된 나의 인격이다. 그래서 사람이 죽는 순간까지 수양을 게을리 할 수 없는 이유는 끝내 '하나'로 귀결되는 '길'(道)을 잃지 않기 위함이고, '길'을 잃지 않음으로서 완성된 인격체가 되기 위함이다.

> 천하를 잊고, 천하를 잊고 난 뒤 사물을 잊고, 사물을 잊고 난 뒤 삶을 잊고, 삶을 잊고 난 뒤 비로소 얻게 되는 환한 깨달음, 그 깨달음을 통해 도의 절대적인 경지인 '하나'를 보게 되고, 도의 절대적인 경지인 '하나'를 보고 나니 고금을 초월하고 죽음도 삶도 없는 경지에 들어가게 되더라.
>
> ―『장자』, 「대종사」

마치며

'척제현람'(滌除玄覽)

　우리는 지난 한 세기 동안 잠시도 한눈 팔지 않고, 근대화, 즉 서양을 닮아야 한다는 강박에 시달려 왔다. 유럽이 300~400년 이 넘는 시간이 걸려 이룬 근대사회를 우리는 불과 반 세기 만에 이루어 낸 것이다. 이를 두고 '압축 성장'이라는 네 글자로 간단히 설명하고 말지만, 속도만큼은 세계사에서 유례를 찾기 힘들고, 그 과정에서 우리 것을 송두리째 부정하는 파괴적인 변화가 일어났다.

　그리하여 우리의 몸과 외양은 서양보다 더 서양 같은 모습을 갖추게 되었지만 몸과 마음의 거대한 분열이 일어남으로써 정체성의 극심한 혼돈에 빠져 버렸다. 내 자신이 누구인지를 나도 모르는 상태에서 내가 어디에서 와서 어디로 가는지 길을 잃어버린 처지에 놓여 있는 것이다. 과거와 현재, 그리고 미래의 정신 사이에는 간격을 가늠하기 어려운 분열로 말미암아 극심한 갈등과 불안에 시달리고 있다.

인간은 누구나 죽어서 '완성'되는 존재이기에 살아가는 것은 그저 하나의 과정일 뿐, 서로 시기하고 질투하고 아웅다웅할 것도 없지만 우리는 그리 살아왔다. 더군다나 결코 싸워서는 안될, 같은 민족끼리 총부리를 겨누고, 경쟁이 될 수도 없고 경쟁할 필요도 없는 서양과 키재기를 하면서, 그저 서양의 그림자를 쫓아간 것에 불과한 경쟁 끝에 우리의 몸은 물론 마음까지 지쳐 있다. 지친 마음은 어디 정착할 곳도 기댈 곳도 없이 둥둥 떠다닌다.

일제의 강점이 끝나자마자 국토의 허리가 남북으로 잘리고, 남북은 이념으로 갈라져 사생결단의 전쟁을 치렀다. 이때부터 형성된 레드 콤플렉스로 말미암아 우리는 우리 민족 특유의 온화함과 절제, 포용성이라는 본성을 잃어버렸다. 대신 원한과 증오를 마음 한가득 심어 놓았다. 일제가 우리 민족에게 저지른 가장 악독한 죄는 같은 민족끼리 서로 증오하면서 총부리를 겨누도록 만들어 놓은 것이다. 그리고 근대화에 대한 조급증은 '유유자적'하면서 '풍류'와 '해학'을 즐기던 우리 민족 고유의 본성을 잃게 했고, 거친 물질주의와 조급한 한탕주의가 온 세상을 가득 채우도록 만들었다. 그 결과는 외환위기와 함께 경제주권의 상실로 이어졌다. 1997년의 외환위기로 말미암은 경제주권의 상실은 한국 사회를 지탱해 오던 정신세계의 몰락을 부추긴 참극이었다. 1997년 외환위기 이후, 우리 사회에 생긴 변화 중에서 과거에는 생각지도 못했던 몇 가지가 있다.

먼저 젊고 건강한 근육질의 몸에 대한 숭배, 예찬과 함께 늙은 몸에 대한 혐오와 멸시의 문화다. 이런 현상은 한반도 역사에서 유례가 없는 일이다. 그런 한편으로 인문 교양이 시장에서 거래되는 상품으로 변질되고, 여유 있는 자들의 속물 근성을 가리기 위한 포장지가 된 것이다. 그 대신 강단 인문학은 날개도 없이 추락했다. 또 아날로그 시대와 달리 지면의 제한이 없어지자 경박스럽게, 황급하게, 조잡하게, 거칠게, 천박하게, 악랄하게 써 내려간 글들이 쏟아져 나오고, 대상을 가리지 않는 가학적 언어가 칼이 되어 사람들의 영혼까지 난도질하고 있다. 그렇게 상처 난 영혼을 달래기 위해 사람들은 또 시장을 기웃거린다. 힐링 시장이다.

근대 이후 의학 기술의 진보는 눈부시다. 잘려 나간 팔을 이어 붙이기도 하고 심장을 갈아 끼워 죽어 가는 사람을 살리기도 하고, 아이를 갖고 싶어하는 독신녀에게 원하는 아이를 만들어 주기도 한다.

그러나 의학은 밤하늘에 반짝이는 한 줄기 별빛이 사람을 어떻게 깨달음으로 이끌 수 있는지는 설명하지 못한다. 바람 소리, 풀벌레 소리, 빗방울 소리의 '데시벨'을 측정하여 청각에 미치는 효과는 정확히 계산하지만, 그 소리들이 어떻게 상처 난 마음을 달랠 수 있는지는 해명하지 못한다. 왜 세상이 이토록 비참한지, 과연 신이 있기나 한지, 절망을 견뎌내는 힘은 어디서 찾을 수 있는지에 대한 물음에는 아무런 답을 얻을 수가 없다. 답을 못하는 것뿐만 아니라 관심이 없다.

그래서다. 얽히고 꼬이고 응어리져 있는 마음, 허수하여 갈피를 잡지 못하는 마음, 증오와 원한으로 꽁꽁 얼어붙은 마음, 감정 없는 차갑디 차가운 기계에 포위된 채 점점 삭막해지고 있는 마음을 풀고 녹이고 따뜻하게 다독일 수 있는 처방이 필요하다.

옛 사람들은 병 중에서도 마음의 병을 다스리고 예방하는 침을 '잠'箴이라 했다. 이 침은 침이로되, 철로 된 '침'針이나 돌로 된 '돌침'(砭)과는 달리 말과 글로 된 침이다. 그런데 이 침은 죽어가는 사람의 목숨까지 살리는 의료 시장이나 나날이 성장하고 있는 힐링 시장에서 살 수 있는 상품은 아니다. 문학과 철학을 비롯한 인문학 속에 깊숙이 숨어 있는 것이어서 자기 스스로 찾아야 한다. 모래사장에서 바늘을 찾듯이 책장을 넘기고 또 넘겨야 한다. 그 침을 찾는 세월이 얼마나 걸릴지는 아무도 모른다. 몇 달, 몇 년이 아니라 일생을 바쳐야 할지도 모른다. 그렇게 해서 찾아낸 침, 한마디 말이나 한 줄의 글로 된 침을 '잠언'箴言이라 한다.

말이나 글로 된 침은 몸에 나는 열을 당장 내리게 하거나 몸을 괴롭히는 통증을 없애는 효과는 없다. 다만 안으로 나를 살펴 부족한 부분을 채우고, 지난날의 허물을 거울 삼아 내일을 경계하게 하는 효과는 분명히 있다. 비록 시간이 걸릴지는 몰라도 몸의 근육이 아니라 마음의 근육을 튼튼하게 하는 효과만큼은

확실하다. 켜켜이 쌓인 미움과 원망의 마음을 씻어내고, 부질없는 욕망을 덜어내고 다스리는 효과는 분명하다.

책갈피 속에 숨어 있는 침을 찾는 과정은 읽고 쓰고 고치고 또 읽고 쓰고 고치는 과정을 되풀이해야 한다. 그것은 나를 찾아서 나를 완성시켜 나가는 수신, 수행, 수양의 과정이기도 하다. 읽고 쓰고 고치는 일을 되풀이하는 까닭은 많이 알고 잘 써서 남을 이기기 위함이 아니라, 어제보다 더 나은 내가 되었음을 확인하기 위함이다. 지식의 광대함 앞에서 겸손을 배우기 위하여, 광활한 우주 속에서 나는 그저 점 하나에 불과한 것이며, 그것도 한 순간 머물다가 흔적도 없이 사라지고 마는 그런 점임을 '깨닫기' 위하여 읽고 쓰고 고치고를 되풀이하는 것이다.

말과 글 속에서 어렵사리 찾아낸 침, 내 마음 속의 한 문장인 잠언箴言이 세상을 바꿀 힘은 없다. 일자리를 찾아주는 것도 아니다. 수익성이 있는 것도 아니다. 다만 나 하나를 바꿀 수 있는 힘은 있다. 만약 내가 달라져서 세계를 바라보는 나의 생각이 바뀌면 세계도 바뀐다. 내가 바뀌는 것과 세상이 바뀐다는 것은 같은 뜻의 다른 표현이기 때문이다. 이것이 바로 '철학 치료'의 효과다.

'척제현람 능무자'(滌除玄覽 能無疵)

척滌은 씻는다는 뜻이다. 제除는 제거한다는 뜻이다. 람覽은 살

핀다는 뜻이다. 자疵는 병이라는 뜻이다. 육부六府를 깨끗이 씻어

내고 오정五情을 제거하며 신기神氣를 텅 비우니 도(玄)를 살필 수

있어서 안팎이 모두 맑고 평온해지고 병이 없다.

— 성현영, 『노자의소』 10장*

---

* 성현영, 『老子義疏 노자의소』, 최진석·정지욱 옮김, 소나무, 2007, 157쪽. 역자들은 현
(玄)을 묘리(妙理)로 해석하였으나 앞에서 현(玄)을 도의 빛깔로 설명하였기에 도(道)로
바꾸었다.

참고 문헌

참고 및 인용 국내외 소설 (가나다순)

「금강」, 『신동엽전집』, 창작과비평사, 1980.

『나는 고양이로소이다』, 나쓰메 소세키, 김난주 옮김, 열린책들, 2009.

『나르치스와 골드문트』, 헤르만 헤세, 임홍배 옮김, 민음사, 1997.

「눌함」, 『노신선집 1』, 노신문학회 편역, 여강, 2003.

『데미안』, 헤르만 헤세, 전영애 옮김, 민음사, 2000.

『데카메론』, 조반니 보카치오, 박상진 옮김, 민음사, 2012.

『마담 보바리』, 귀스타브 플로베르, 김화영 옮김, 민음사, 2000.

『마당 깊은 집』, 김원일, 문학과지성사, 2002.

『마음』, 나쓰메 소세키, 송태욱 옮김, 현암사, 2016.

『마의 산』, 토마스 만, 홍성광 옮김, 을유문화사, 2008.

「만한(滿韓) 이곳저곳」, 『몽십야』, 나쓰메 소세키, 노재명 옮김, 하늘연못, 2004.

『멋진 신세계』, 올더스 헉슬리, 안정효 옮김, 소담출판사, 2015.

『목로주점』, 에밀 졸라, 유기환 옮김, 열린책들, 2011.

『미덕의 불운』, D.A.F. 드 사드, 이형식 옮김, 열린책들, 2011.

『백치』, 표도르 도스토옙스키, 김근식 옮김, 열린책들, 2007.

『변신·시골의사』, 프란츠 카프카, 전영애 옮김, 민음사, 1998.

『분신』, 표도르 도스토옙스키, 석영중 옮김, 열린책들, 2010.

『서유기』, 최인훈, 문학과지성사, 2008.

『세로토닌』, 미셸 우엘벡, 장소미 옮김, 문학동네, 2020.

『소립자』, 미셸 우엘벡, 이세욱 옮김, 열린책들, 2009.

『소문의 벽』, 이청준, 문학과지성사, 2011.

『선』, 고은, 창작과비평사, 1995.

『소송』, 프란츠 카프카, 홍성광 옮김, 펭귄클래식코리아, 2009.

『순교자』, 김은국, 도정일 옮김, 문학동네, 2010.

『싯다르타』, 헤르만 헤세, 박병덕 옮김, 민음사, 1997.

『아홉 켤레의 구두로 남은 사내』, 윤흥길, 문학과지성사, 1997.

『어느 섬의 가능성』, 미셸 우엘벡, 이상해 옮김, 열린책들, 2007.

『언덕 위의 구름(坂の上の雲)』, 시바 료타로(司馬遼太郎), 文藝春秋, 2023.

「오이디푸스 왕」, 『소포클레스 비극 전집』, 소포클레스, 천병희 옮김, 숲,
    2008.

『유리알 유희』, 헤르만 헤세, 이영임 옮김, 민음사, 2011.

『이방인』, 알베르 카뮈, 김예령 옮김, 열린책들, 2011.

『인간 짐승』, 에밀 졸라, 이철의 옮김, 문학동네, 2014.

『일리아스』, 호메로스, 천병희 옮김, 숲, 2009.

『잃어버린 시간을 찾아서 1』, 마르셀 프루스트, 김희영 옮김, 민음사, 2015.

『잃어버린 시간을 찾아서 5』, 마르셀 프루스트, 김희영 옮김, 민음사, 2015.

『잃어버린 시간을 찾아서 7』, 마르셀 프루스트, 김희영 옮김, 민음사, 2019.

『잃어버린 시간을 찾아서 8』, 마르셀 프루스트, 김희영 옮김, 민음사, 2019.

「장석리 화살나무」, 『내 몸은 너무 오래 서 있거나 걸어왔다』, 이문구, 문학동
    네, 2000.

「조만득 씨」, 『다시 태어나는 말』, 이청준, 문학과지성사, 2017.

『조선』, 다카하마 교시, 김영식 옮김, 소명출판, 2015.

『죄와 벌』, 표도르 도스토옙스키, 홍대화 옮김, 열린책들, 2007.

『철도원 삼대』, 황석영, 창비, 2020.

『까라마조프 씨네 형제들』, 표도르 도스토옙스키, 이대우 옮김, 열린책들, 2009.

『캉디드 혹은 낙관주의』, 볼테르, 이봉지 옮김, 열린책들, 2009.

「코」, 『페테르부르크 이야기』, 고골, 조주관 옮김, 민음사, 2002.

『태풍』, 최인훈, 문학과지성사, 2009.

『투쟁 영역의 확장』, 미셸 우엘벡, 용경식 옮김, 열린책들, 2017.

『펠로폰네소스 전쟁』, 투퀴디데스, 천병희 옮김, 숲, 2011.

『혼불』, 최명희, 한길사, 1996.

『화두』, 최인훈, 민음사, 1994.

『화엄경』, 고은, 민음사, 1991.

『황야의 이리』, 헤르만 헤세, 김누리 옮김, 민음사, 2002.

「회상」, 『몽십야』, 나쓰메 소세키, 노재명 옮김, 하늘연못, 2004.

『회색인』, 최인훈, 문학과지성사, 2008.

『1984년』, 조지 오웰, 박경서 옮김, 열린책들, 2009.

『82년생 김지영』, 조남주, 민음사, 2016.

동양 고전 출처

『논어』, 최영갑 옮김, 펭귄클래식코리아, 2009.

『대학·중용』, 최영갑 옮김, 펭귄클래식코리아, 2012.

『맹자요의』, 정약용, 다산학술문화학술재단 맹자요의강독회 옮김, 이지형 감수, 사암, 2020.

『문심조룡』, 유협, 최동호 역편, 민음사, 1994.

『서경강설』, 이기동 옮김, 성균관대학교출판부, 2007.

『순자』, 김학주 옮김, 을유문화사, 2008.

『왕필의 노자주』, 왕필, 임채우 옮김, 한길사, 2005.

『장자』, 안동림 역주, 현암사, 1998.

『채근담』, 홍자성, 조지훈 역주, 현암사, 1968.

『회남자』, 이석호 옮김, 세계사, 1992.

철학 치료

철학, 병든 시대를 견디게 하는 힘

초판 1쇄 발행 2024년 9월 2일

지은이 김진국
펴낸이 오은지
책임편집 오은지
표지 디자인 박대성

펴낸곳 도서출판 한티재
등록 2010년 4월 12일 제2010-000010호
주소 42087 대구시 수성구 달구벌대로 492길 15
전화 053-743-8368 팩스 053-743-8367
전자우편 hantibooks@gmail.com 블로그 blog.naver.com/hanti_books
한티재 온라인 책창고 hantijae-bookstore.com

ⓒ 김진국 2024
ISBN 979-11-92455-56-3 93100

이 책은 대구출판산업지원센터의
'2024년 대구우수출판콘텐츠제작지원사업'에 선정되어 발행되었습니다.